世界公民叢書

未來的・全人類觀點

世界文明原典選讀 VI

天主教文明經典

主編

輔仁大學哲學系講座教授 | 黎建球

精選原典、專業註解
遨遊人類心靈孕育的智慧天地
探究源遠流長的文化核心

臺灣大學哲學系教授 傅佩榮──總策劃

世界文明原典選讀VI：天主教文明經典

【目錄】本書總頁數共456頁

總序／傅佩榮　*007*

世界三大宗教起源圖　*010*

導言／黎建球　*017*

1　《舊約聖經》

　　　　導論　*022*

　　　　創世紀　*030*

　　　　出谷記　*047*

　　　　撒慕爾紀下　*059*

　　　　依撒意亞　*060*

　　　　耶肋米亞　*068*

　　　　瑪拉基亞　*070*

2　《新約聖經》中的福音與宗徒大事錄

　　　　導論　*073*

　　　　馬爾谷福音　*080*

　　　　瑪竇福音　*107*

　　　　路加福音與宗徒大事錄　*132*

3 《新約聖經》中的若望著作

導論 *169*

若望福音 *176*

若望壹書 *233*

若望默示錄 *241*

4 《新約聖經》中的宗徒書信

導論 *250*

哥羅森書 *257*

厄弗所書 *265*

斐理伯書 *276*

羅馬書 *284*

弟鐸書 *301*

希伯來書 *303*

雅各伯書 *309*

伯多祿前書 *313*

伯多祿後書 *319*

猶達書 *325*

5 早期教父

導論 *328*

羅馬的聖克萊孟：《致格林多人第一書》的〈大祈禱文〉 336

安提約基雅的聖依納爵：《致羅馬人書》 *339*

《致狄奧尼書》 *346*

聖儒斯定：《與脫利風對話錄》 *355*

聖宜仁：《駁異端書》 *366*

亞歷山大的克萊孟：《勸勉希臘人》 *372*

奧力振：《原則論》 *385*

聖巴西略：《聖神論》和〈隱修長規章〉序 394

聖金口若望：《雕像講道詞》 *404*

敘利亞的聖厄弗冷：《論基督降生》 *411*

6 奧古斯丁的《懺悔錄》

導論 *412*

懺悔錄 *416*

總序

　　本書所謂「世界文明」，是指起源甚早、影響至今的六大文明：中國、希臘、印度、猶太教、佛教與天主教。這六大文明的起源，皆在二千年之前，源遠流長而有豐富的經典，其影響則遍及今日世界大多數人。正確認識這些文明的核心觀念，是我們現代人共同的心願。

　　在中文用語上，「文明」與「文化」可以相通，皆指人類運用智慧以因應自然、安頓自己的成果。對照西方語系，可知「文化」一詞源於「耕種」，「文明」一詞出自「市民」，同樣與因應自然與安頓自己有關。《易經・賁卦・彖傳》說得恰到好處：「觀乎天文，以察時變；觀乎人文，以化成天下。」天文為自然界的規律，今日科學已可把握其大要；人文為人類的行止，但「化成天下」一語仍遙遙無期。學習及了解六大文明，是當前無法迴避的挑戰。

　　現在簡單說明選擇這六大文明的理由。首先，中國是文明古國，在人類歷史上，無論就器物、制度、理念的任何方面看來，皆有領先之處與傑出成績。更何況其人口在今日仍居世界最多，身為中國人，怎能不率先閱讀自己的經典？其次，希臘文明直接影響了歐洲與北美，而歐美不僅是現代化的領先國家，同時也主導了世人對全球事務的關注焦點。不認識希臘的文學與哲學，將難以欣賞西方文明的後續發展。然後，印度也是文明古國，其傳統所塑造的神明觀、社會觀與人生觀，至今對廣土眾民仍有深刻的引導作用。印度本身有其繁複多樣、色彩繽紛的宗教，又能孕生佛教成為普世宗教之一，我們自然不宜錯過其經典。

接著上場的是三大宗教。宗教是文明的具體成就之一，而宗教本身也可以形成體大思精的文明。首先，猶太教是猶太人的民族宗教，何以值得瞭解？原因有二。一是以其為源頭，才有所謂的「三大」一神教，即是猶太教、基督宗教（依序包括天主教、東正教與基督教），以及伊斯蘭教。二是出身猶太教背景而有全球影響力的人才極多，如耶穌（基督宗教的奠基者）、馬克思（共產主義的創始人）、愛因斯坦（現代物理學的標竿人物）等。在此補充一句，就是本書所論未及於伊斯蘭教，主要因為其年代太晚，在西元後第七世紀才登上歷史舞台。

　　其次，佛教文明出於印度，但成為最早的普世宗教之一。佛教傳入中國之後，由朝廷支持而有長期及大規模的譯經事業，使許多佛經以優美典雅的文體出現，得以廣為傳頌而深入人心，進而與中國本土文化進行有機的融合，發展出大乘佛教。此時回溯其源頭，明白其原本教義，或許可以相互參照、啟迪新解。

　　最後，值得學習的是天主教文明。所謂基督宗教，是指相信「耶穌是救世主基督」的信徒所組成的團體。其出現時代較晚，約在西元前後一百年間。耶穌的門徒所組成的是天主教。天主教在十一世紀分裂出東正教，到一五一七年宗教改革時期，又分裂出基督教（也稱新教，但其原名是抗議教，所針對者即為天主教）。這一教三系所信的是同一位耶穌、同一本聖經與同一位天主。因此，認識天主教文明，所知者可以大體涵蓋這一教三系的原本教義，以及大約二十五億基督徒的想法。好學之人怎能錯過此一機緣？

　　本書共有六卷，分別介紹上述六大文明。各卷主編具備相關的學術專長，可以自負其責，選擇合適的經典，並為各卷作

序。在所選經典之前，皆有扼要說明，便於讀者理解。本書最大特色，是全部使用我們所習慣閱讀的白話文。經典之所以為經典，不在其文字載體，而在其智慧結晶。文字不應構成障礙，我們的時間也無比珍貴，所以就請藉由淺顯易懂的白話文，徜徉遨遊於人類心靈在初期階段所孕育的智慧天地中。我們相信，愈能深入理解過去，也愈能站穩現在的腳步，並以堅定信心走向一個充滿希望的未來。

傅佩榮

世界三大宗教起源

至第五世紀時天主教會傳播區域：
義大利，高盧，西班牙，北非，埃及，
巴勒斯坦，小亞細亞，萊茵河流域，
多瑙河流域，大不列顛，波斯

天主教文明起源：巴勒斯坦

猶太教文明起源

歐洲

大西洋

克里特島

地中海

羅德島

非洲

阿拉伯海

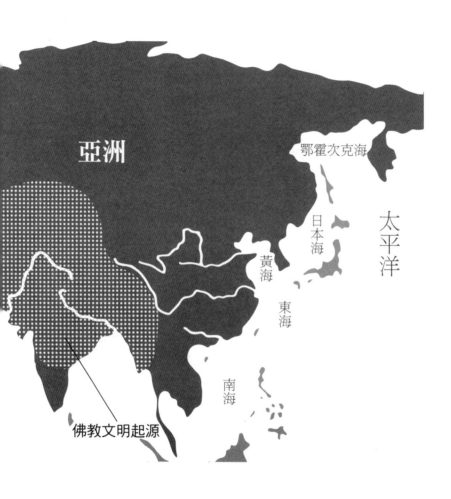

亞洲

鄂霍次克海

日本海

黃海

東海

南海

太平洋

佛教文明起源

耶路撒冷城。耶穌在此地受難，埋葬，復活。圖前方為聖殿遺跡，在西元七〇年，羅馬大將弟督將耶路撒冷聖殿拆毀，只剩牆基，即今日的哭牆，也應驗了耶穌的預言「石不疊石」（路21：5-6）。（圖片來源：Wikipedia Commons，作者：Godot13）

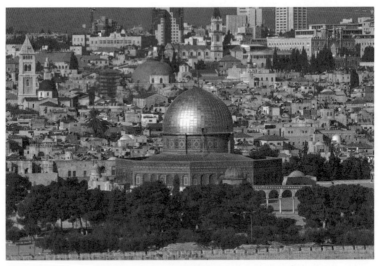

金色圓頂的清真寺為七世紀時阿拉伯人占領耶路撒冷時於聖殿山上所建。（圖片來源：Wikipedia Commons，作者：Berthold Werner）

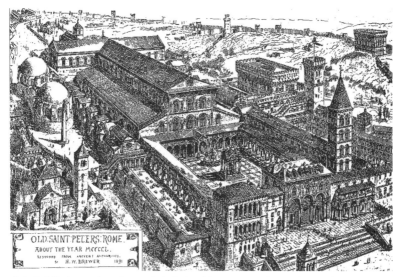

舊聖伯多祿大殿。由君士坦丁大帝資助,於西元三二六年祝聖使用,為拉丁十字形狀的巴西利卡式建築形式,一般認為老聖伯多祿大殿是在聖伯多祿的墓地上建立。在左邊的圓形大廳,由卡拉卡拉(Caracalla, 211-217)所建,它和方尖碑後來轉移到聖伯多祿廣場。大約在四〇〇年,狄奧多西一世建造了另一個圓形大廳。在新的聖伯多祿大殿落成之後,原建築被稱為老聖伯多祿大殿,與新建築物區別。(圖片來源:Wikipedia Commons,作者:H.W. Brewer)

聖伯多祿大殿原址濕壁畫。早期基督宗教教堂為巴西利卡式(Basillica),是希臘、羅馬時代大會、廟宇與私宅的混合體;因其寬闊的空間適合基督宗教禮儀儀式,又具皇家的莊嚴,顯其國教的地位。其建築特色為長形主殿、兩側走道配上高側窗、主祭台和木料天花板。外部簡樸,內部華麗,藉由高聳的頂部與雙層柱,可讓人覺得教會的偉大與堅實。(圖片來源:Wikipedia Commons)

西元三六〇年的石棺，存於梵蒂岡的梵蒂岡博物館。正中間是耶穌基督的標記，基督徒透過十字架找到復活的耶穌基督和得到永遠的安息。而鴿子是早期基督徒的象徵，也是聖神的標記，表示死者的靈魂飛升向天主。左邊是聖伯多祿被兩位士兵帶走的圖案；再左是加音與亞伯爾向神獻上禮物。右邊是聖保祿，他的手被綁在背後。執法官拿著劍；最右邊是年輕的約伯，他的妻子，和一位朋友站在他面前。（圖片來源：Vatican Museums）

好牧人像。羊在天主教中代表的是無辜，溫柔，無畏，並完全地信任牧羊人。早期基督徒以羊和牧羊人的形象表示基督的形象與精神。在舊約出埃及紀中有以羔羊的血拯救以色列和埃及；新約時，天主的兒子成為真正的以色列人為我們的過犯受苦，如同無辜的羔羊被犧牲。及至耶穌復活，羔羊坐在神的寶座上，成為將新羊群領到生命活水泉的牧羊人（默7：17）。（圖片來源：Wikipedia Commons，作者：shakko）

羅馬地下墓穴。地下墓穴在激烈的教難時期,除了埋葬死人與殉道者之外,也充做避難
所,小堂聚會使用。羅馬的地窟,大多低窄,墓穴以石板封閉,並刻上死者姓名。墓穴
以甬道相通,墓上以牆上多以象徵性的圖案裝飾,例如,以魚代表「耶穌、基督、天主
子、救世者」;筵席表示聖體等。此陵墓約建於西元三五〇至三六〇年。(圖片來源:
Wikipedia Commons,作者:Dnalor_01)

埃德薩耶穌聖容聖像。約三至五世紀，藏於梵蒂岡宗座禮儀聖器室，此畫來源據稱是埃德薩國王阿布加爾在耶穌蒙難後，派遣畫師前往聖地描繪耶穌聖像，但耶穌面容發光，畫師無法以傳統畫法呈現，便以清水清洗耶穌的臉，以布巾擦拭，結果奇蹟出現，聖容轉印至布巾上，畫師將布巾帶回，治癒了國王的痲瘋病。其後，朝聖者以布帛覆於此聖像上，以補捉神蹟，甚至演變為傳統，希臘文「acheiropoieton」專指「非人手繪製」的圖像。外框則為十七世紀所製作。（圖片來源：Wikipedia Commons，作者：Wolfgang M.）

導言

　　天主教文明承接了猶太人的宗教、希臘人的哲學與羅馬人的制度，而文明的發展則是奠基於信經的基礎與對聖經的解釋。天主教承接了猶太教對舊約的精神，在兩千多年前因為天主子耶穌降生成人，而與猶太教分道而行，成為天主教。經過這兩千多年，天主教會從微小而興起，有衰弱，有強大，有分裂，曾有廣大的土地，也有現在小而美的梵蒂岡國，不論興衰盛微，這個宗教始終屹立不搖，由歷史來見證這是個真實的信仰。

　　耶穌基督（「基督」的原文是希臘語：Χριστός，可轉拼為Christos），是希伯來文稱號「彌賽亞」（希伯來語：חישמ為mashiach）的希臘文翻譯，是「受膏者」的意思，而「彌賽亞」是先知所預言的解救萬民的救主。宣講天國的福音道理，祂的十二位門徒繼續發揚耶穌基督在世之時所宣揚的道理，逐漸成為了天主教會，特別是在耶穌基督去世那年（西元34年），原本是猶太教的重要三大朝聖節日之一的七七節，在那天，聚集了許多來自各地回到耶路撒冷的猶太人，眾人一同見證了耶穌的十二位門徒領受天主聖神的降臨（請參閱《新約聖經》宗徒大事錄第二到第四章），同時也見證了天主教會的成立，當時大約有三千人領洗成為天主教徒，形成了初期教會。在羅馬帝國的壓迫下，許多教難發生，但教會反而逐漸增長，吾人可說真理永遠不會被掩蓋在室內，反而會如同燈塔之光，在最顯眼之處引領世人。

天主教會在第二世紀末即傳播至整個羅馬帝國與鄰近幾國，但教會內部開始出現不同的聲音，有禮儀習俗的問題而產生衝突，也有教難時期背教、但過後又想回到教會懷抱的人，也有為主教職位而爭吵，但最嚴重的是第二世紀期間教會內部產生一些與基督的福音持不同看法的教義思想，而這些思想的人又形成不同派別，與教會對立。因此，有許多主教與博學之士（通稱為教父）站出來駁斥異端，維護教會的信仰，並且確立聖經的內容，即是我們今日所見的聖經。而早期教父駁斥異端的思想與解經方式，深受當時古典希臘哲學的影響，一開始是柏拉圖及其學派，及至士林哲學時期則深受亞里斯多德的影響，這些哲學思想匯入天主教中，強化了教義的系統性與全面性。本書即以聖經與這些初期教父的文典為內容，希望能幫助讀者從原典認識天主教會。

天主教的教會制度，則是受到羅馬帝國所影響，君士坦丁大帝（Flavius Valerius Aurelius Constantinus, 274-337）是第一位歸化為天主教的羅馬皇帝，在他的統治下，天主教快速地向羅馬帝國及其周邊國家傳遞，而教會因快速擴充而逐漸制度化，羅馬帝國的元老院制度，有代表，有職權，可諮詢的方式影響了教會制度的形成。西元三二五年君士坦丁大帝召開的第一次尼西亞大公會議，就是以元老院的方式進行，此次會議影響深遠，許多教義、宗教法規都得以確定，信經（全名為尼西亞信經）也是在此次大公會議中確立，維護了教會的正統性與合一性。

而天主教的文字語言，早期常用是希臘文，之後則是拉丁文。希臘文不僅是文化、哲學上的語文，也是國際商業通用的語言，在羅馬和西方各大城都受到公認，也因此，希臘文成了教會使用的第一種語文。早期教會使用的聖經便是所謂的希臘

文「七十賢士譯本」，而且，初期許多有關教會信仰的著作也都是用希臘文寫的。而拉丁文，因為它是羅馬官方文件與法律的語言，在教會內，最早使用拉丁文的是北非的教會，後來羅馬本地的教會也加以採用，最後到了第三世紀整個西方世界才使用拉丁文。由於基督信徒使用這兩種語言，於是教會的思考方式也進入這兩種語文的邏輯方法中。最早發展在希臘世界中的哲學因此被用來思考和確立早期的神學觀念，而拉丁文既然是羅馬法律的文字，所以也成了日後西方法典因循的依據。

至於「天主教」這個名稱，是由明朝末年耶穌會傳教士利瑪竇（Matteo Ricci, 1552-1610）所用，他在中國傳教時學習中國文化後，認為中國傳統的「天」與聖經中的所傳講的神（拉丁文中的Deus）是相同的意義，因此以天主教稱呼這個信仰。

天主教幾經分裂，在十一世紀時因歷史與教義問題分為東正教與羅馬公教，在十六世紀初期又因馬丁路德對教義的不認同分裂為路德教派，同時期又分了加爾文教派與英國國教派，使基督新教在往後的時日裡，因教義解釋不同而分裂成多個教派。

而天主教文明最具代表性的書籍就是聖經，本書是全世界最暢銷的書，它代表的意義不僅是最多人閱讀，同時也代表著有相當多人相信這個信仰，願意研究這個信仰，以及對這個信仰有興趣。因此本書希望能藉由學有專精的老師們導讀，幫助大家認識聖經的內容。在閱讀聖經之後，我們選了幾位初期教父至奧古斯丁的著作，藉由這些教父的著作與思想，可看出天主教信仰傳承於世的精髓與脈絡。

舊約聖經的選讀是由輔仁大學前社科院院長，現任的天主教學術研究院研究員、士林哲學研究中心主任陳德光教授選編，陳教授專精於舊約聖經與神祕主義，他為讀者詳細地介紹

天主教的聖經舊約的名稱、背景、分類、內容，做一個簡單明瞭的簡介，並且介紹了聖經中文翻譯的歷史與流通版本。陳教授所選的舊約聖經章節著重於天主創世及耶穌為默西亞的預言，讓讀者可以承接之後的新約聖經。

　　新約聖經的前三部福音又稱「對觀福音」，本書這部分的內容由耶穌孝女會的胡淑琴修女編撰，胡修女在輔仁聖博敏神學院教授神學與哲學相關課程。胡修女首先介紹新約聖經，是由二十七卷經文組成，並簡介新約在時間上形成於兩段時間，與新約的文學類型。另外，胡修女也介紹所謂的「對觀福音」，讓讀者對新約聖經有整體的輪廓概念，使讀者對新約聖經有初步的了解。

　　新約聖經的第四部〈若望福音〉與〈默世錄〉是由宗徒若望所撰，這部分是請任教於輔仁大學的伯利斯仁慈聖母傳教會魏嘉華修女為讀者導讀，魏修女精要地指出〈若望福音〉有其特殊的特徵，讀者若能把握這些特徵，就能讀懂〈若望福音〉的許多意涵。另外還有〈若望書信〉與〈默世錄〉，〈默世錄〉並不容易理解，魏修女用明確簡易的方式幫助讀者理解〈默世錄〉，它包含了密碼語言、象徵意義、數字意義等。魏修女也指出了一般學者對〈默示錄〉有三種不同的解釋，相信這也可以幫助讀者從不同面向了解〈默示錄〉。

　　聖經由耶穌升天之後開始另一階段的教會史，這部分有宗徒們寫給各教會的書信，此部分介紹的是杜敬一神父，杜神父為聖方濟沙勿略會會士，也是聖經專家，曾在輔仁聖博敏神學院教授新舊約聖經，目前已被修會派往海外，繼續他福傳和牧靈的使命。杜神父為讀者從眾多的二十一封宗徒書信中節選出部分書信，讓讀者可由這些精要的內容一窺耶穌之後的宗徒時代教會如何建立，從聖保祿、聖伯多祿的書信中看到基督徒的

精神。

　　宗徒之後有繼承宗徒職位的歷任教宗與主教，主教們傳承了自宗徒傳下來的信仰與教會，而教父們為維護教義常與異端人士辯論，他們留下來的言談與著作為基督宗教奠定了相當重要的基礎。在輔仁聖博敏神學院教授靈修學的蔣祖華老師，熟悉早期教父們的諸多經典，依據時間分期，精選出十位教父，並擇其精要內容，以饗讀者。

　　教父時期集大成者為奧古斯丁（Aurelius Augustinus, 354-430），他運用柏拉圖的理論，以自身豐厚的才學辯駁了各種異教言論，而他傳奇的生命歷程，也讓人津津樂道。本書延請聖吳甦樂會的高凌霞修女摘要奧古斯丁的重要著作《懺悔錄》，高修女任教於輔仁大學哲學系，是奧古斯丁與多瑪斯專家，能幫助讀者看到最精要的內容。

　　感謝六位專精於天主教典籍的老師，導言內容切重要點，能幫助讀者很快地進入原典，對天主教文明有更深一層的了解。但因篇幅有限，原典的選讀時期只能到奧古斯丁，是為本書之遺憾。

黎建球

《舊約聖經》

《舊約》概說

　　《舊約》的名稱來自基督徒經典《希伯來書》第八章，約等於猶太人的《他那赫》。依特利騰大公會議（1546-1563），天主教的《舊約》正典共有四十五本（今天慣稱四十六本，把〈耶肋米亞〉與〈哀歌〉分為二本）；基督新教除去七本希臘文經書，《舊約》經書共有三十九本。

　　《舊約》依猶太人傳統有二種分類方法。西元後二〇〇年的《瑪索拉本》（Masoretic text）繼承猶太人的古老傳統，採用三分法，反映在《他那赫》的用語，把三類分法的第一個子音，加上元音，形成《他那赫》（TaNaCH）的發音：妥拉（Torah, law）、先知（Nevi'im, Prophets）、聖卷（Chetuv'im, Writings）；西元前三〇〇年之後，埃及亞歷山大里亞城猶太人的希臘文《七十賢士譯本》（Septuagint），則採用四分法：法律書、歷史書、智慧書、先知書。

　　二十世紀法國聖經學家費以力（Robert Feuillet）依耶穌基督的猶太傳統三分法，配合四十六本經書，將天主教《舊約》聖經的分類如下：[1]

一、《妥拉》（五本）：

　　〈創世紀〉、〈出谷紀〉、〈肋未紀〉、〈戶籍紀〉、

1　可參考傅和德，《舊約的背景》。香港公教真理學會，1994初版。

〈申命紀〉。

二、《先知書》（廿一本）：

（一）前先知書：〈若蘇厄書〉、〈民長紀〉、〈撒慕爾上〉、〈撒慕爾下〉、〈列王紀上〉、〈列王紀下〉。

（二）後先知書。依年代有如下的分法：主前八世紀：〈亞毛斯〉、〈歐瑟亞〉、第一〈依撒意亞〉、〈米該亞〉。主前七世紀：〈索福尼亞〉、〈耶肋米亞〉、〈納鴻〉、〈哈巴谷〉。主前六世紀：〈厄則克耳〉、第二〈依撒意亞〉、〈哈蓋〉、第一〈匝加利亞〉。主前五至三世紀：第三〈依撒意亞〉、〈瑪拉基亞〉、〈亞北底亞〉、〈岳厄爾〉、第二〈匝加利亞〉、第三〈匝加利亞〉、〈約納〉。

三、《聖卷》（廿本）：

（一）正典第一部分：〈聖詠〉、〈箴言〉、〈約伯傳〉、〈雅歌〉、〈盧德傳〉、〈哀歌〉、〈訓道篇〉、〈艾斯德爾傳〉、〈達尼爾〉、〈編年紀上〉、〈編年紀下〉、〈厄斯德拉上〉、〈厄斯德拉下〉。

（二）正典第二部分（希臘文）：〈巴路克〉、〈多俾亞傳〉、〈友第德傳〉、〈瑪加伯上、〉〈瑪加伯下〉、〈德訓篇〉、〈智慧書〉。

　　《妥拉》的作者問題，除了肯定天主是聖經靈感的來源與作者，天主教學者大致接受有人性作者與天主合作撰寫的意見，也就是德國聖經學家威爾浩森（Julius Wellhausen, 1844-1918）推廣的四典理論，內容包括：撒落滿時代（西元前950年）宮廷作家的雅威神學家團體（後文簡稱J）；北國雅洛貝罕二世時代（西元前750年）富先知精神的伊羅興神學家團體（後文簡稱E）；南國約史雅王時代（西元前622年）富宗教改

革精神的申命紀神學家團體（後文簡稱D）；充軍巴比倫後
（西元前450年）耶路撒冷的祭司神學家團體（後文簡稱P）。

對比基督徒與猶太教的特色。基督徒重視先知應許默西
亞，依《七十賢士譯本》四分法以先知書壓軸，最後一本先知
書〈瑪拉基亞〉篇末提到天主將派遣厄里亞先知作默西亞來臨
的前導。猶太人傳統重視耶路撒冷作為萬民來朝的中心，依
《瑪索拉本》三分法以聖卷居末，最後一本聖卷〈編年紀下〉
篇末提到波斯王居魯士頒布重建耶路撒冷聖殿的上諭。

聖經的中文翻譯

天主教會聖經翻譯工作最早追溯到元代，據說有蒙古文的
新約翻譯，但是已經失佚。明末清初，天主教聖經的翻譯以禮
儀需要的經文為主。

現存最早的中文新約聖經譯本是巴黎外方傳教會會士白日
升（Jean Basset, 1662-1707），依拉丁文聖經翻譯的新約（大
部分），雖未曾出版，但對早期新教的中文譯經者有參考的作
用。

清初比較完整現存最早的中文聖經譯本是法國耶穌會會士
賀清泰（Louis Antoine de Poirot, 1735-1813），依拉丁文聖經
翻譯的《古新聖經》，雖未獲教廷同意出版，卻是天主教最早
的舊約（大部分）的翻譯。

清中葉後（十九世紀下半始），各地局部的中譯聖經增
多；然而，時局動盪，傳播效果不佳。

廿世紀因應各種實際需要，產生不同的中文聖經譯本，例
如：吳經熊（1899-1986）於四〇年代以文言文翻譯、出版的
《聖詠釋義》與《新經全集》；臺灣、香港的天主教與新教合

譯，1975年出版《新約全書現代中文譯本》的天主教版；香港
教區1998年翻譯出版的《牧靈聖經》，中國教會於2000年印刷
出版；聖母聖心愛子會於澳門樂仁社2010年翻譯出版的《偕主
讀經——路加福音及宗徒大事錄》，河北信德社於2010年印刷
出版。

　　綜合來說，當代中文聖經影響較大的有二個譯本：耶穌會
士蕭靜山（1855-1924）翻譯的《新經全集》，以及義大利籍
方濟會士雷永明（Gabriel Maria Allegra, 1907-1976）領導翻譯
的《思高聖經》。

　　《新經全集》於1922年由直隸東南耶穌會（獻縣）出版，
是第一本天主教依據希臘文原文，翻譯出版的新約全書，中國
大陸天主教會於1981年在北京印刷出版。

　　《思高聖經》於1968年由香港思高聖經學會出版，是第一
本天主教依據希伯來文與希臘文原文，翻譯出版的聖經全書，
出版後在香港、澳門、臺灣等華人教會廣泛使用，中國大陸天
主教會於1993年出版思高版聖經，使《思高聖經》成為天主教
會使用最多的中文聖經。

　　對比不同版本的翻譯，尤其天主教與新教的差異與特色，
至今沒有學者仔細研究過，卻是有意義的事。整體言之，《思
高聖經》的舊約翻譯接近《七十賢士譯本》，新教通用聖經
《和合本》（1919）的舊約翻譯接近《瑪索拉本》。

《舊約》選讀

　　本書自《舊約》選讀六篇。包括妥拉中的〈創世紀〉與
〈出谷記〉，先知書中的〈撒慕爾紀下〉、〈依撒意亞〉、
〈耶肋米亞〉、〈瑪拉基亞〉。各篇簡介如下：

一、創世紀

創一1~三24是兩篇有關天地創造的經文。第一篇經文敘述六天創造與第七天安息的故事，出自祭司神學家團體（P），其中提到人（亞當）的高貴係「依天主的肖像」（創一26）而造；第二篇經文敘述人類始祖伊甸園生活的故事，來自雅威神學家團體（J），其中有原罪的敘述，以及救主默西亞來臨的應許（創三14）。

創六5~九17是一篇有關洪水與諾厄方舟的經文，是雅威神學家團體（J）與祭司神學家團體（P）合併的經文，內容提到天主與地上一切生物，包括全人類所締結的盟約。盟約部分包括天主以虹霓為記號的祝福，以及人類雖可食用動物，卻不可濫殺生命的規定。

創十二1~9是一篇有關亞巴郎蒙召的經文，天主願意亞巴郎成為天人關係的中保或媒介，地上萬民藉著亞巴郎獲得天主的祝福（創十二3）。

創十五1~十七26依序提到上主與選民之父亞巴郎締約的經過，天主與人締約出於恩寵誠意，人與天主締約基於信仰或「因信成義」（創十五6），雙方在誠意與信仰中合而為一；盟約帶來祝福的內容包含：子孫昌盛與獲得土地，割損是盟約子民的標記，申命紀神學家團體（D）強調「心的割損」（申卅6）。

創廿二1~19是一篇有關亞巴郎從命獻子的經文，亞巴郎在考驗中堅持對天主誠意的信心，天主被亞巴郎的信仰感動。事實上，舊約充滿天主喜歡被人信仰感動的例子，人的信仰宏揚神的誠意；亞巴郎稱為信仰之父，當之無愧。

二、出谷記

出十九1~廿四18是一篇有關天主於西乃山與梅瑟締結盟約的經文，主要內容包括：西乃山背景（出十九）、十誡的頒布（出廿1-17）、約書的頒布（出廿22～出廿三33）、締約的儀式（廿四1-11）。

十誡的頒布主要來自伊羅興神學家團體（E）的記錄，另一個十誡頒布的版本（申五6-21）來自申命紀神學家團體（D）。十誡是盟約中天主選民的守則，尤其第一誡「除我之外，你不可有別的神」更視作「一神信仰」的基礎，與其他宗教有本質上的差別。

針對第一誡有兩點補充說明。首先，第一誡原文有濃厚的位格意味，「一神信仰」與位格經驗密不可分，聖經原意作「在我跟前（before my face）你不可有別的神」；換言之，第一誡表達對天主位格相隨、領出埃及的感動，是得救經驗中的信仰告白。其次，經文脈絡提醒天主選民不要崇拜偶像，連上主的雕像也在禁止之列；猶太教、希臘正教、加爾文派（長老會）把「不拜天主之像」單獨列出成為第二誡。天主教雖然沒有這樣的分法，也沒有供奉耶穌聖像的疑慮，但是，偶像崇拜對任何宗教的自省，都是個有意義的問題。

三、撒慕爾紀下

〈撒慕爾紀〉屬於前先知書，內容頗具歷史價值。先知與歷史的關係，除了表達國家興亡、歷史盛衰有賴對上主的信仰，順者昌、逆者亡（申卅15-20）；更強調天主是歷史的主宰，其中有救主默西亞的主題。默西亞（Messiah）意即受傅油者，原指任何一位受傅油的君主。〈撒慕爾紀上〉記載納堂先知向達味宣告神的諭旨（撒下七8~17）：達味王朝將屹立不

搖，千秋萬代，永留人間。納堂先知的神諭就是歷代默西亞預言的源頭與基礎，默西亞的希臘文譯作基督（Christ），預告耶穌基督的信仰。

四、依撒意亞

〈依撒意亞〉屬於後先知書，〈依撒意亞〉中反映不同階段的默西亞觀。

第一依撒意亞包括第一章至卅九章，約當西元前七四〇至七〇〇年。第二依撒意亞包括第四十章至五五章，約當西元前五四〇年。第三依撒意亞包括第五六章至六六章，約當西元前五〇〇至四〇〇年。

第一階段的默西亞觀，默西亞是貴族出身、宮廷長大的人物。相關的經文有：依撒意亞蒙召為先知（依七1~17），默西亞的稱號：神奇謀士、勝力之主、永遠之父、和平之王（依九1~6）。

第二階段的默西亞觀，也稱為過渡性的默西亞。時當亞述帝國國王圍攻耶路撒冷（西元前701），達味王室命脈危在旦夕，因此，聖經把注意力轉向達味在白冷鄉下父親葉瑟的老家（依十一1）；經文同時有默西亞時代充滿正義與和平的遠景，富有末世論的色彩（依十一1~9）。

第三階段的默西亞觀，參考下節〈耶肋米亞〉部分。

第四階段的默西亞觀，為全人類受苦贖罪的默西亞。主前五四〇年於巴比倫充軍之地，第二依撒意亞繼承耶肋米亞先知對復興的希望，發揮默西亞有受苦的「上主僕人」的身分特色，拯救的對象普及到全人類，不再限於猶大與以色列。四首詠「上主僕人」的詩歌，範圍包括：依撒意亞（依四二1~9）；依撒意亞（依四九1~13）；依撒意亞（依五十

4~11）；依撒意亞（依五二13~五三12）。

五、耶肋米亞

　　〈耶肋米亞〉可以補充前面第三階段的默西亞觀，也稱為個人化或平民化的默西亞。西元前五八八年耶路撒冷被巴比倫帝國圍攻，耶肋米亞意識到達味王朝的滅亡，預見猶大王耶苛尼雅的子孫無緣繼承納堂先知所預許的默西亞寶座，預告達味家族中將出現一位全新的、跟世俗王權無關的默西亞，他將統治猶大與以色列，直到永遠（耶廿二30~廿三8）。

　　〈耶肋米亞〉也提到天主與新的天主子民締造新的盟約，與西乃山寫在石版上的法律相較，新的法律寫在選民的肺腑裡、心頭上（耶卅一31~34）。

六、瑪拉基亞

　　〈瑪拉基亞〉篇末（拉三）提到天主將派遣厄里亞先知作默西亞的前導，可以對照在默西亞出現之前「厄里亞先來」的《舊約》傳統，不過耶穌所說的厄里亞指的是洗者若翰（瑪十七10-13）。

〈創世紀〉

第一章

天地萬物的創造

在起初天主創造了天地。

大地還是混沌空虛，深淵上還是一團黑暗，天主的神在水面上運行。

天主說：「有光！」就有了光。天主見光好，就將光與黑暗分開。天主稱光為「晝」，稱黑暗為「夜」。過了晚上，過了早晨，這是第一天。

天主說：「在水與水之間要有穹蒼，將水分開！」事就這樣成了。天主造了穹蒼，分開了穹蒼以下的水和穹蒼以上的水。天主稱穹蒼為「天」，天主看了認為好。過了晚上，過了早晨，這是第二天。

天主說：「天下的水應聚在一處，使旱地出現！」事就這樣成了。天主稱旱地為「陸地」，稱水匯合處為「海洋」。天主看了認為好。天主說：「地上要生出青草，結種子的蔬菜，和各種結果子的樹木，在地上的果子內都含有種子！」事就這樣成了。地上就生出了青草，各種結種子的蔬菜，和各種結果子的樹木，果子內都含有種子。天主看了認為好。過了晚上，過了早晨，這是第三天。

天主說：「在天空中要有光體，以分別晝夜，作為規定時節和年月日的記號。要在天空中放光，照耀大地！」事就這樣

成了。天主於是造了兩個大光體：較大的控制白天，較小的控制黑夜，並造了星宿。天主將星宿擺列在天空，照耀大地，控制晝夜，分別明與暗。天主看了認為好。過了晚上，過了早晨，這是第四天。

天主說：「水中要繁生蠕動的生物，地面上、天空中要有鳥飛翔！」事就這樣成了。天主於是造了大魚和水中各種滋生的蠕動生物以及各種飛鳥。天主看了認為好。遂祝福牠們說：「你們要滋生繁殖，充滿海洋；飛鳥也要在地上繁殖！」過了晚上，過了早晨，這是第五天。

天主說：「地上要生出各種生物，即各種牲畜、爬蟲和野獸！」事就這樣成了。天主於是造了各種野獸、各種牲畜和地上所有的各種爬蟲。天主看了認為好。天主說：「讓我們照我們的肖像，按我們的模樣造人，叫他管理海中的魚、天空的飛鳥、牲畜、各種野獸、在地上爬行的各種爬蟲。」天主於是照自己的肖像造了人，就是照天主的肖像造了人：造了一男一女。天主祝福他們說：「你們要生育繁殖，充滿大地，治理大地，管理海中的魚、天空的飛鳥、各種在地上爬行的生物！」天主又說：「看，全地面上結種子的各種蔬菜，在果內含有種子的各種果樹，我都給你們作食物；至於地上的各種野獸，天空中的各種飛鳥，在地上爬行有生魂的各種動物，我把一切青草給牠們作食物。」事就這樣成了。天主看了他所造的一切，認為樣樣都很好。過了晚上，過了早晨，這是第六天。（一1-31）

第二章

安息日

這樣，天地和天地間的一切點綴都完成了。到第七天天主造物的工程已完成，就在第七天休息，停止了所作的一切工程。天主祝福了第七天，定為聖日，因為這一天，天主停止了他所行的一切創造工作。（二 1-3）

人與樂園

這是創造天地的來歷：在上主天主創造天地時，地上還沒有灌木，田間也沒有生出蔬菜，因為上主天主還沒有使雨降在地上，也沒有人耕種土地，有從地下湧出的水浸潤所有地面。

上主天主用地上的灰土形成了人，在他鼻孔內吹了一口生氣，人就成了一個有靈的生物。上主天主在伊甸東部種植了一個樂園，就將他形成的人安置在裡面。

上主天主使地面生出各種好看好吃的果樹，生命樹和知善惡樹在樂園中央。有一條河由伊甸流出灌溉樂園，由那裡分為四支：第一支名叫丕雄，環流產金的哈威拉全境；那地方的金子很好，那裡還產真珠和瑪瑙；第二支河名叫基紅，環流雇士全境；第三支河名叫底格里斯，流入亞述東部；第四支河即幼發拉的。

上主天主將人安置在伊甸的樂園內，叫他耕種，看守樂園。上主天主給人下令說：「樂園中各樹上的果子，你都可吃，只有知善惡樹上的果子你不可吃，因為那一天你吃了，必定要死。」（二 4-17）

造女人立婚姻

上主天主說：「人單獨不好，我要給他造個與他相稱的助手。」

上主天主用塵土造了各種野獸和天空中的各種飛鳥，都引到人面前，看他怎樣起名；凡人給生物起的名字，就成了那生物的名字。人遂給各種畜牲、天空中的各種飛鳥和各種野獸起了名字；但他沒有找著一個與自己相稱的助手。

上主天主遂使人熟睡，當他睡著了，就取出了他的一根肋骨，再用肉補滿原處。然後上主天主用那由人取來的肋骨，形成了一個女人，引她到人前，遂說：「這才真是我的親骨肉，她應稱為『女人』，因為是由男人取出的。」為此人應離開自己的父母，依附自己的妻子，二人成為一體。

當時，男女二人都赤身露體，並不害羞。（二 18-25）

第三章

原祖違命

在上主天主所造的一切野獸中，蛇是最狡猾的。蛇對女人說：「天主真說了，你們不可吃樂園中任何樹上的果子嗎？」

女人對蛇說：「樂園中樹上的果子，我們都可吃；只有樂園中央那棵樹上的果子，天主說過，你們不可以吃，也不可摸，免得死亡。」

蛇對女人說：「你們絕不會死！因為天主知道，你們那天吃了這果子，你們的眼就會開了，將如同天主一樣知道善惡。」

女人看那棵果樹實在好吃好看，令人羨慕，且能增加智慧，遂摘下一個果子吃了，又給了她的男人一個，他也吃了。於是二人的眼立即開了，發覺自己赤身露體，遂用無花果樹葉，編了個裙子圍身。

當亞當和他的妻子聽見了上主天主趁晚涼在樂園中散步的聲音，就躲藏在樂園的樹林中，怕見上主天主的面。

上主天主呼喚亞當對他說：「你在哪裡？」他答說：「我在樂園中聽到了你的聲音，就害怕起來，因為我赤身露體，遂躲藏了。」天主說：「誰告訴了你，赤身露體？莫非你吃了我禁止你吃的果子？」亞當說：「是你給作伴的那個女人給了我那樹上的果子，我才吃了。」上主天主遂對女人說：「你為什麼作了這事？」女人答說：「是蛇哄騙了我，我才吃了。」（三 1-13）

處罰與預許

上主天主對蛇說：「因你做了這事，你在一切畜牲和野獸中，是可咒罵的；你要用肚子爬行，畢生日日吃土。我要把仇恨放在你和女人、你的後裔和她的後裔之間，她的後裔要踏碎你的頭顱，你要傷害他的腳跟。」

後對女人說：「我要增加你懷孕的苦楚，在痛苦中生子；你要依戀你的丈夫，也要受他的管轄。」

後對亞當說：「因為你聽了你妻子的話，吃了我禁止你吃的果子，為了你的緣故，地成了可咒罵的；你一生日日勞苦才能得到吃食。地要給你生出荊棘和蒺藜，你要吃田間的蔬菜；你必須汗流滿面，才有飯吃，直到你歸於土中，因為你是由土來的；你既是灰土，你還要歸於灰土。」（三 14-19）

被逐出樂園

亞當給自己的妻子起名叫厄娃，因為她是眾生的母親。

上主天主為亞當和他的妻子做了件皮衣，給他們穿上；然後上主天主說：「看，人已相似我們中的一個，知道了善惡；如今不要讓他伸手再摘取生命樹上的果子，吃了活到永遠。」上主天主遂把他趕出伊甸樂園，叫他耕種他所由出的土地。

天主將亞當逐出了以後，就在伊甸樂園的東面，派了「革魯賓」和刀光四射的火劍，防守到生命樹去的路。（三 20-24）

第六章

上主決意消滅世界

上主見人在地上的罪惡重大，人心天天所思念的無非是邪惡；上主遂後悔在地上造了人，心中很是悲痛。上主於是說：「我要將我所造的人，連人帶野獸、爬蟲和天空的飛鳥，都由地面上消滅，因為我後悔造了他們。」

惟有諾厄在上主眼中蒙受恩愛。（六 5-8）

諾厄建造方舟

以下是諾厄的小史：諾厄是他同時代惟一正義齊全的人，常同天主往來。

他生了三個兒子：就是閃、含、和耶斐特。

大地已在天主面前敗壞，到處充滿了強暴。天主見大地已

敗壞，因為凡有血肉的人，品行在地上全敗壞了，天主遂對諾厄說：「我已決定要結果一切有血肉的人，因為他們使大地充滿了強暴，我要將他們由大地上消滅。你要用柏木造一隻方舟，舟內建造一些艙房，內外都塗上瀝青。你要這樣建造：方舟要有三百肘長，五十肘寬，三十肘高。方舟上層四面做上窗戶，高一肘，門要安在側面；方舟要分為上中下三層。看我要使洪水在地上氾濫，消滅天下一切有生氣的血肉；凡地上所有的都要滅亡。但我要與你立約，你以及你的兒子、妻子和兒媳，要與你一同進入方舟。你要由一切有血肉的生物中，各帶一對，即一公一母，進入方舟，與你一同生活；各種飛鳥、各種牲畜、地上所有的各種爬蟲，皆取一對同你進去，得以保存生命。此外，你還應帶上各種吃用的食物，貯存起來，作你和他們的食物。」

諾厄全照辦了；天主怎樣吩咐了他，他就怎樣做了。（六9-22）

第七章

洪水滅世

上主對諾厄說：「你和你全家進入方舟，因為在這一世代，我看只有你在我面前正義。由一切潔淨牲畜中，各取公母七對；由那些不潔淨的牲畜中，各取公母一對；由天空的飛鳥中，也各取公母七對；好在全地面上傳種。因為還有七天，我要在地上降雨四十天四十夜，消滅我在地面上所造的一切生物。」諾厄全照上主吩咐他的做了。

當洪水在地上氾濫時，諾厄已六百歲。諾厄和他的兒子、

他的妻子和他的兒媳，同他進了方舟，為躲避洪水。潔淨的牲畜和不潔淨的牲畜，飛鳥和各種在地上爬行的動物，一對一對地同諾厄進了方舟；都是一公一母，照天主對他所吩咐的。

七天一過，洪水就在地上氾濫。

諾厄六百歲那一年，二月十七日那天，所有深淵的泉水都冒出，天上的水閘都開放了；大雨在地上下了四十天四十夜。正在這一天，諾厄和他的兒子閃、含、耶斐特，他的妻子和他的三個兒媳，一同進了方舟。他們八口和所有的野獸、各種牲畜、各種在地上爬行的爬蟲、各種飛禽，一切有生氣有血肉的，都一對一對地同諾厄進了方舟。凡有血肉的，都是一公一母地進了方舟，如天主對諾厄所吩咐的。隨後上主關了門。

洪水在地上氾濫了四十天；水不斷增漲，浮起了方舟，方舟遂由地面上升起。洪水洶湧，在地上猛漲，方舟漂浮在水面上。洪水在地上一再猛漲，天下所有的高山也都沒了頂；洪水高出淹沒的群山十有五肘。凡地上行動而有血肉的生物：飛禽、牲畜、野獸，在地上爬行的爬蟲，以及所有的人全滅亡了；凡在旱地上以鼻呼吸的生靈都死了。

這樣，天主消滅了在地面上的一切生物，由人以至於牲畜、爬蟲以及天空中的飛鳥，這一切都由地上消滅了，只剩下諾厄和同他在方舟內的人物。

洪水在地上氾濫了一百五十天。（七 1-24）

第八章

洪水退落

天主想起了諾厄和同他在方舟內的一切野獸和牲畜，遂使

風吹過大地，水漸漸退落；深淵的泉源和天上的水閘已關閉，雨也由天上停止降落，於是水逐漸由地上退去；過了一百五十天，水就低落了。

七月十七日，方舟停在阿辣辣特山上。

洪水繼續減退，直到十月；十月一日，許多山頂都露出來。

過了四十天，諾厄開了在方舟上做的窗戶，放了一隻烏鴉；烏鴉飛去又飛回，直到地上的水都乾了。諾厄等待了七天，又放出了一隻鴿子，看看水是否已由地面退盡。但是，因為全地面上還有水，鴿子找不著落腳的地方，遂飛回方舟；諾厄伸手將牠接入方舟內。

再等了七天，他由方舟中又放出一隻鴿子，傍晚時，那隻鴿子飛回他那裡，看，嘴裡啣著一根綠的橄欖樹枝；諾厄於是知道，水已由地上退去。

諾厄又等了七天再放出一隻鴿子；這隻鴿子沒有回來。（八 1-12）

諾厄出方舟

諾厄六百零一歲，正月初一，地上的水都乾了，諾厄就撤開方舟的頂觀望，看見地面已乾。

二月二十七日，大地全乾了。天主於是吩咐諾厄說：「你和你的妻子、兒子及兒媳，同你由方舟出來；所有同你在方舟內的有血肉的生物：飛禽、牲畜和各種地上的爬蟲，你都帶出來，叫他們在地上滋生，在地上生育繁殖。」

諾厄遂同他的兒子、妻子及兒媳出來；所有的爬蟲、飛禽和地上所有的動物，各依其類出了方舟。

諾厄給上主築了一座祭壇，拿各種潔淨的牲畜和潔淨的飛禽，獻在祭壇上，作為全燔祭。

上主聞到了馨香，心裡說：「我再不為人的緣故咒罵大地，因為人心的思念從小就邪惡；我也再不照我所作的打擊一切生物了，只願大地存在之日，稼穡寒暑，冬夏晝夜，循環不息。」（八 13-22）

第九章

人類復興

天主祝福諾厄和他的兒子們說：「你們要滋生繁殖，充滿大地。地上的各種野獸，天空的各種飛鳥，地上的各種爬蟲和水中的各種游魚，都要對你們表示驚恐畏懼：這一切都已交在你們手中。凡有生命的動物，都可作你們的食物；我將這一切賜給你們，有如以前賜給你們蔬菜一樣；凡有生命，帶血的肉，你們不可吃；並且，我要追討害你們生命的血債：向一切野獸追討，向人，向為弟兄的人，追討人命。凡流人血的，他的血也要為人所流，因為人是照天主的肖像造的。你們要生育繁殖，在地上滋生繁衍。」（九 1-7）

天主與諾厄立約

天主對諾厄和他的兒子們說：「看，我現在與你們和你們未來的後裔立約，並與同你們在一起的一切生物：飛鳥、牲畜和一切地上野獸，即凡由方舟出來的一切地上生物立約。我與你們立約：凡有血肉的，以後絕不再受洪水湮滅，再沒有洪水

來毀滅大地。」

天主說：「這是我在我與你們以及同你們在一起的一切生物之間，立約的永遠標記：我把虹霓放在雲間，作我與大地之間立約的標記。幾時我興雲遮蓋大地，雲中要出現虹霓，那時我便想起我與你們以及各種屬血肉的生物之間所立的盟約：這樣水就不會再成為洪水，毀滅一切血肉的生物。幾時虹霓在雲間出現，我一看見，就想起在天主與地上各種屬血肉的生物之間所立的永遠盟約。」

天主對諾厄說：「這就是我在我與地上一切有血肉的生物之間，所立的盟約的標記。」（九 8-17）

第十二章

亞巴郎蒙召

上主對亞巴郎說：「離開你的故鄉、你的家族和父家，往我指給你的地方去。我要使你成為一個大民族，我必祝福你，使你成名，成為一個福源。我要祝福那祝福你的人，咒罵那咒罵你的人；地上萬民都要因你獲得祝福。」

亞巴郎遂照上主的吩咐起了身，羅特也同他一起走了。亞巴郎離開哈蘭時，已七十五歲。他帶了妻子撒辣依、他兄弟的兒子羅特和他在哈蘭積蓄的財物、獲得的僕婢，一同往客納罕地去，終於到了客納罕地。亞巴郎經過那地，直到了舍根地摩勒橡樹區；當時客納罕人尚住在那地方。

上主顯現給亞巴郎說：「我要將這地方賜給你的後裔。」亞巴郎就在那裡給顯現於他的上主，築了一座祭壇。從那裡又遷移到貝特耳東面山區，在那裡搭了帳幕，西有貝特耳，東有

哈依；他在那裡又為上主築了一座祭壇，呼求上主的名。

以後亞巴郎漸漸移往乃革布區。（十二 1-9）

第十五章

上主與亞巴郎立約

這些事以後，有上主的話在神視中對亞巴郎說：「亞巴郎，你不要怕，我是你的盾牌；你得的報酬必很豐厚！」

亞巴郎說：「我主上主！你能給我什麼？我一直沒有兒子；繼承我家業的是大馬士革人厄里則爾。」

亞巴郎又說：「你既沒有賜給我後裔，那麼只有一個家僕來作我的承繼人。」

有上主的話答覆他說：「這人絕不會是你的承繼人，而是你親生的要做你的承繼人。」

上主遂領他到外面說：「請你仰觀蒼天，數點星辰，你能夠數清嗎？」繼而對他說：「你的後裔也將這樣。」亞巴郎相信了上主，上主就以此算為他的正義。

上主又對他說：「我是上主，我從加色丁人的烏爾領你出來，是為將這地賜給你作為產業。」

亞巴郎說：「我主上主！我如何知道我要佔有此地為產業？」

上主對他說：「你給我拿來一隻三歲的母牛，一隻三歲的母山羊，一隻三歲的公綿羊，一隻斑鳩和一隻雛鴿。」

亞巴郎便把這一切拿了來，每樣從中剖開，將一半與另一半相對排列，只有飛鳥沒有剖開。有鷙鳥落在獸屍上，亞巴郎就把牠們趕走。太陽快要西落時，亞巴郎昏沉地睡去，忽覺陰

森萬分，遂害怕起來。

上主對亞巴郎說：「你當知道，你的後裔必要寄居在異邦，受人奴役虐待四百年之久。但是，我要親自懲罰他們所要服事的民族；如此你的後裔必要帶著豐富的財物由那裡出來。至於你，你要享受高壽，以後平安回到你列祖那裡，被人埋葬。到了第四代，他們必要回到這裡，因為阿摩黎人的罪惡至今尚未滿貫。」

當日落天黑的時候，看，有冒煙的火爐和燃著的火炬，由那些肉塊間經過。在這一天，上主與亞巴郎立約說：「我要賜給你後裔的這土地，是從埃及河直到幼發拉的河，就是刻尼人、刻納次人、卡德摩尼人、赫特人、培黎齊人、勒法因人、阿摩黎人、客納罕人、基爾加士人和耶步斯人的土地。」（十五 1-20）

第十六章

依市瑪耳誕生

亞巴郎的妻子撒辣依，沒有給他生孩子，她有個埃及婢女，名叫哈加爾。撒辣依就對亞巴郎說：「請看，上主既使我不能生育，你可去親近我的婢女，或許我能由她得到孩子。」亞巴郎就聽了撒辣依的話。

亞巴郎住在客納罕地十年後，亞巴郎的妻子撒辣依將自己的埃及婢女哈加爾，給了丈夫亞巴郎做妾。亞巴郎自從同哈加爾親近，哈加爾就懷了孕；她見自己懷了孕，就看不起自己的主母。

撒辣依對亞巴郎說：「我受羞辱是你的過錯。我將我的婢

女放在你懷裡，她一見自己懷了孕，便看不起我。願上主在我與你之間來判斷！」

亞巴郎對撒辣依說：「你的婢女是在你手中；你看怎樣好，就怎樣待她罷！」於是撒辣依就虐待她，她便由撒辣依面前逃跑了。

上主的使者在曠野的水泉旁，即在往叔爾道上的水泉旁，遇見了她，對她說：「撒辣依的婢女哈加爾！你從哪裡來，要往哪裡去？」她答說：「我由我主母撒辣依那裡逃出來的。」

上主的使者對她說：「你要回到你主母那裡，屈服在她手下。」上主的使者又對她說：「我要使你的後裔繁衍，多得不可勝數。」上主的使者再對她說：「看，你已懷孕，要生個兒子；要給他起名叫依市瑪耳，因為上主俯聽了你的苦訴。他將來為人，像頭野驢；他要反對眾人，眾人也要反對他；他要衝著自己的眾兄弟支搭帳幕。」

哈加爾遂給那對她說話的上主起名叫「你是看顧人的天主，」因為她說：「我不是也看見了那看顧人的天主嗎？」為此她給那井起名叫拉海洛依井。這井是在卡德士與貝勒得之間。

哈加爾給亞巴郎生了一個兒子，亞巴郎給哈加爾所生的兒子，起名叫依市瑪耳。

哈加爾給亞巴郎生依市瑪耳時，亞巴郎已八十六歲。（十六 1-16）

第十七章

立割損禮

亞巴郎九十九歲時，上主顯現給他，對他說：「我是全能的天主，你當在我面前行走，作個成全的人。我要與你立約，使你極其繁盛。」

　　亞巴郎遂俯伏在地；天主又對他說：「看，是我與你立約：你要成為萬民之父；以後，你不再叫作亞巴郎，要叫作亞巴辣罕，因為我已立定你為萬民之父，使你極其繁衍，成為一大民族，君王要由你而出。我要在我與你和你歷代後裔之間，訂立我的約，當作永久的約，就是我要做你和你後裔的天主。我必將你現今僑居之地，即客納罕全地，賜給你和你的後裔做永久的產業；我要作他們的天主。」

　　天主又對亞巴郎說：「你和你的後裔，世世代代應遵守我的約。這就是你們應遵守的，在我與你們以及你的後裔之間所立的約：你們中所有的男子都應受割損。你們都應割去肉體上的包皮，作為我與你們之間的盟約的標記。你們中世世代代所有的男子，在生後八日都應受割損；連家中生的，或是用錢買來而不屬你種族的外方人，都應受割損。凡在你家中生的，和你用錢買來的奴僕，都該受割損。這樣，我的約刻在你們肉體上作為永久的約。凡未割去包皮，未受割損的男子，應由民間剷除；因他違犯了我的約。」（十七 1-14）

應許生子

　　天主又對亞巴郎說：「你的妻子撒辣依，你不要再叫她撒辣依，而要叫她撒辣。我必要祝福她，使她也給你生個兒子。我要祝福她，使她成為一大民族，人民的君王要由她而生。」

　　亞巴郎遂俯伏在地笑起來，心想：「百歲的人還能生子嗎？撒辣已九十歲，還能生子？」亞巴郎對天主說：「只望依

市瑪耳在你面前生存就夠了！」

天主說：「你的妻子撒辣依確要給你生個兒子，你要給他起名叫依撒格；我要與他和他的後裔，訂立我的約當作永久的約。至於依市瑪耳，我也聽從你；我要祝福他，使他繁衍，極其昌盛。他要生十二個族長，我要使他成為一大民族。但是我的約，我要與明年此時撒辣依給你生的依撒格訂立。」

天主同亞巴郎說完話，就離開他上升去了。（十七 15-22）

亞巴郎全家男子受割損

當天，亞巴郎就照天主所吩咐的，召集他的兒子依市瑪耳以及凡家中生的，和用錢買來的奴僕，即自己家中的一切男子，割去了他們肉體上的包皮。

亞巴郎受割損時，已九十九歲；他的兒子，依市瑪耳受割損時，是十三歲。亞巴郎和他的兒子依市瑪耳在同日上受了割損。他家中所有的男人，不論是家中生的，或是由外方人那裡用錢買來的奴僕，都與他一同受了割損。（十七 23-27）

第二十二章

亞巴郎從命獻子

這些事以後，天主試探亞巴郎說：「亞巴郎！」他答說：「我在這裡。」天主說：「帶你心愛的獨生子依撒格往摩黎雅地方去，在我所要指給你的一座山上，將他獻為全燔祭。」

亞巴郎次日清早起來，備好驢，帶了兩個僕人和自己的兒子依撒格，劈好為全燔祭用的木柴，就起身往天主指給他的地

方去了。

　　第三天，亞巴郎舉目遠遠看見了那個地方，就對僕人說：「你們同驢在這裡等候，我和孩子要到那邊去朝拜，以後就回到你們這裡來。」亞巴郎將為全燔祭用的木柴，放在兒子依撒格的肩上，自己手中拿著刀和火，兩人一同前行。

　　路上依撒格對父親亞巴郎說：「阿爸！」他答說：「我兒，我在這裡。」依撒格說：「看，這裡有火有柴，但是那裡有作全燔祭的羔羊？」亞巴郎答說：「我兒！天主自會照料作全燔祭的羔羊。」於是二人再繼續一同前行。

　　當他們到了天主指給他的地方，亞巴郎便在那裡築了一座祭壇，擺好木柴，將兒子依撒格捆好，放在祭壇上的木柴上。亞巴郎正伸手舉刀要宰獻自己的兒子時，上主的使者從天上對他喊說：「亞巴郎！亞巴郎！」他答說：「我在這裡。」使者說：「不可在這孩子身上下手，不要傷害他！我現在知道你實在敬畏天主，因為你為了我竟連你的獨生子也不顧惜。」

　　亞巴郎舉目一望，見有一隻公綿羊，兩角纏在灌木中，遂前去取了那隻公綿羊，代替自己的兒子，獻為全燔祭。亞巴郎給那地方起名叫「上主自會照料。」直到今日人還說：「在山上，上主自會照料。」

　　上主的使者由天上又呼喚亞巴郎說：「我指自己起誓，——上主的斷語，——因為你作了這事，沒有顧惜你的獨生子，我必多多祝福你，使你的後裔繁多，如天上的星辰，如海邊的沙粒。你的後裔必佔領他們仇敵的城門；地上萬民要因你的後裔蒙受祝福，因為你聽從了我的話。」

　　亞巴郎回到自己僕人那裡，一同起身回了貝爾舍巴，遂住在貝爾舍巴。（二二 1-19）

〈出谷紀〉

第十九章

西乃山下預告立約

以色列子民離開埃及國後，第三個月初一那一天，到了西乃曠野。他們從勒非丁啟程，來到西乃曠野，就在曠野中安了營；以色列人在那座山前安了營。

梅瑟上到天主前，上主從山上召喚他說：「你要這樣告訴雅各伯家，訓示以色列子民說：你們親自見了我怎樣對待了埃及人，怎樣好似鷹將你們背在翅膀上，將你們帶出來歸屬我。現在你們若真聽我的話，遵守我的盟約，你們在萬民中將成為我的特殊產業。的確，普世全屬於我，但你們為我應成為司祭的國家，聖潔的國民。你應將這話訓示以色列子民。」

梅瑟就去召集百姓的長老，將上主吩咐他的那一切話，都在他們前說明了。眾百姓一致回答說：「凡上主所吩咐的，我們全要作。」梅瑟遂將百姓的答覆轉達於上主。

上主向梅瑟說：「我要在濃雲中降到你前，叫百姓聽見我與你談話，使他們永遠信服你。」梅瑟遂向上主呈報了百姓的答覆。（十九 1-9）

結約的準備

上主向梅瑟說：「你到百姓那裡，叫他們今天明天聖潔自

己，洗淨自己的衣服。第三天都應準備妥當，因為第三天，上主要在百姓觀望之下降到西乃山上。你要給百姓在山周圍劃定界限說：應小心，不可上山，也不可觸摸山腳；凡觸摸那山的，應處死刑。誰也不可用手觸摸那人，而應用石頭砸死或用箭射死；不論是獸是人，都不得生存；號角響起的時候，他們才可上山。」

梅瑟下山來到百姓那裡，叫他們聖潔自己，洗淨自己的衣服。他向百姓說：「到第三天應準備妥當，不可接近女人。」（十九 10-15）

天主顯現

到了第三天早晨，山上雷電交作，濃雲密布，角聲齊鳴，此時在營中的百姓都戰戰兢兢。

梅瑟叫百姓從營中出來迎接天主，他們都站在山下。此時西乃全山冒煙，因為上主在火中降到山上；冒出的煙像火窯的煙，全山猛烈震動。角聲越響越高；梅瑟遂開始說話，天主藉雷霆答覆他。上主降到西乃山頂上，召梅瑟上到山頂；梅瑟就上去了。

上主向梅瑟說：「下去通告百姓：不可闖到上主面前觀看，免得許多人死亡。連那些接近上主的司祭們，也應聖潔自己，免得上主擊殺他們。」

梅瑟答覆上主說：「百姓不能上西乃山，因你自己曾通告我們說：要在山的四周劃定界限，也宣布這山是不可侵犯的。」

上主向他說：「下去，你同亞郎一起上來，但司祭和百姓不可闖到上主前，免得我擊殺他們。」梅瑟便下到百姓那裡，

通知了他們。（十九 16-25）

第二十章

頒布十誡

天主訓示以下這一切話說：

「我是上主你的天主，是我領你出了埃及地、奴隸之所。除我之外，你不可有別的神。不可為你製造任何彷彿天上、或地上、或地下水中之物的雕像。不可叩拜這些像，也不可敬奉，因為我，上主，你的天主是忌邪的天主；凡惱恨我的，我要追討他們的罪，從父親直到兒子，甚至三代四代的子孫。凡愛慕我和遵守我誡命的，我要對他們施仁慈，直到他們的千代子孫。

不可妄呼上主你天主的名；因為凡妄呼他名的人，上主絕不讓他們免受懲罰。

應記住安息日，守為聖日。六天應該勞作，作你一切的事；但第七天是為恭敬上主你的天主當守的安息日；你自己、連你的兒女、你的僕婢、你的牲口，以及在你中間居住的外方人，都不可作任何工作。因為上主在六天內造了天地、海洋和其中一切，但第七天休息了，因此上主祝福了安息日，也定為聖日。

應孝敬你的父親和你的母親，好使你在上主你的天主賜給你的地方，延年益壽。

不可殺人。

不可姦淫。

不可偷盜。

不可作假見證，害你的近人。

不可貪你近人的房舍。

不可貪戀你近人的妻子、僕人、婢女、牛驢及你近人的一切。」

眾百姓看見打雷、打閃、吹角、冒煙的山，都戰兢害怕，遠遠站著，對梅瑟說：「你同我們說話罷！我們定要聽從，不要天主同我們說話，免得我們死亡。」

梅瑟回答百姓說：「不要害怕！因為天主降臨是為試探你們，使你們在他面前常懷敬畏之情，不致犯罪。」

百姓遠遠站著，梅瑟卻走近天主所在的濃雲中。（二十1-21）

指示修復祭壇

上主向梅瑟說：「你這樣訓示以色列子民說：你們親自見過我從天上同你們說了話。為此，你們絕不可製造金銀神像，同我放在一起；你們萬不可作。你應用土為我築一祭壇，在上面祭獻你的全燔祭與和平祭，以及你的牛羊；凡在我叫你稱頌我名的地方，我必到你那裡祝福你。你若用石頭為我築一祭壇，不可用打成方塊的石頭建築，因為在石頭上動用了你的刀鑿，就把石頭褻瀆了。你不可沿著台階登我的祭壇，免得暴露你的裸體。」（二十22-26）

第二十一章

僕婢法

你要在眾人前立定這些法度：

假使你買了一個希伯來人作奴隸，他只勞作六年，第七年應自由離去，無須贖金。他若單身而來，也應單身而去；他若娶了妻子來的，也應讓他的妻子與他同去。若主人給他娶了妻子，妻子也生了子女，妻子和子女都應歸於主人，他仍要單身離去。若是那奴隸聲明說：我愛我的主人和妻子子女，我不願離去作自由人。他的主人應領他到天主前，然後領他到門口或門框前，用錐子穿透他的耳朵，如此他可長久服事主人。

假使有人將女兒賣作婢女，她不可像男僕那樣離去。若主人已定她為自己的妻子，以後又厭惡了她，應許她贖身，但因主人對她失了信，不能把她賣給外方人民。若主人定了她作自己兒子的妻子，就應以待女兒的法律待她。若主人為自己另娶了一個，對前妻的飲食、衣服與合歡之誼，不可減少。若對她不實行這三條，她可以離去，無贖金或代價。（二一 1-11）

殺人或傷人的賠償法

凡打人至死的，應受死刑。但若不是有意殺人，而是天主許他的手行的，我給你指定一個他可以逃避的地方。

假使有人向人行兇，蓄意謀殺，應將他由我的祭壇前抓來處死。凡打父親或母親的，應受死刑。凡拐帶人口的，無論已將人賣了，或者還在他手中，都應受死刑。凡咒罵父親或母親的，應受死刑。

假使兩人吵架，一人用石頭或鋤頭打了另一人，被打的人未死，卻應臥床休養，他以後若能起床，能扶杖出外，打他的人，可免處分，但應賠償他失業的損失，把他完成醫好。假使有人用棍杖打奴僕或婢女被打死在他手中，必受嚴罰。但若奴

婢還活了一兩天，便不受處分，因為他是用銀錢買來的。

假使人們打架，撞傷了孕婦，以致流產，但沒有別的損害，傷人者為這罪應按女人的丈夫所提出的，判官所斷定的，繳納罰款。若有損害，就應以命償命，以眼還眼，以牙還牙，以手還手，以腳還腳，以烙還烙，以傷還傷，以疤還疤。

假使有人打壞奴僕或婢女的一隻眼睛，為了他的眼睛應讓他自由離去。若有人打掉奴隸或婢女的一隻牙，為了他的牙應讓他自由離去。（二一 12-27）

牲畜傷人賠償法

牛無論牴死男或女，應用石頭砸死這牛，並且不許吃牠的肉，牛主不受懲罰。但若這隻牛以前牴過人，牛主也受過警告，而仍不加防範，這牛無論牴死男女，牛應砸死，牛主也應受死刑。若是給他提出了贖價，他應照所提出的一切數目繳納贖命罰金。牛若牴死了男女兒童，也應照這法律處理。牛若牴死了一個奴僕或婢女，應給僕婢的主人三十銀「協刻耳」，牛應砸死。（二一 28-32）

傷害牲畜賠償法

假使有人敞著旱井，或挖掘旱井時，不加掩蓋，無論牛或驢陷在裡面，井主應賠償，應給牛主銀錢，死的牲畜歸自己。

假使一人的牛牴死別人的牛，應把活牛賣了，銀錢平分，死牛也平分。但若查明這隻牛從前牴死過牛，牛主又不加以防範，牛主應該賠償，以牛還牛，死牛歸自己。（二一 33-36）

偷竊賠償法

假使有人偷了牛或羊，無論是宰了或賣了，應用五頭牛賠償一頭牛，四隻羊賠償一隻羊。（二一 37）

第二十二章

竊賊若在挖窟窿時，被人逮住打死，打的人沒有流血的罪。若太陽已出來，打的人就有流血的罪。竊賊必須償還，他若一無所有，應賣身還他所偷之物。所偷之物無論是牛或驢或羊，若在他手中被尋獲時還活著，應加倍償還。

假使有人在田地和葡萄園放牲口，讓牲口到別人的田地去吃，應拿自己田地或園中最好的出產賠償。

假使放火燒荊棘而燒了別人的麥捆或莊稼或田地，點火的人應賠償。（二二 1-5）

托管物遺失賠償法

假使有人將銀錢或物品交人保存，而銀錢或物品從這人家中被偷去，若賊人被尋獲，應加倍賠償。若尋不到賊人，家主應到天主前作證，自己沒有伸手拿原主之物。

關於任何爭訟案件，不拘是對牛、驢、羊、衣服或任何遺失之物，若一個說：這是我的。兩人的案件應呈到天主前；天主宣布誰有罪，誰就應加倍賠償。

假使有人將驢、牛、羊，或任何牲口託人看守，若有死亡或斷了腿，或被搶走，而又沒有人看見，應在上主前起誓定斷兩人的案件，證明看守者沒有動手害原主之物；原主若接受起的誓，看守者就不必賠償；若是由他手中偷去，他應賠償原

主；若被野獸撕裂了，他應帶回作證明，為撕裂之物就不必賠償。

假使有人借用人的牲口，牲口若斷了腿或死亡，而原主不在場，就應賠償。若原主在場，就不必賠償；若是僱來的，已有傭金作賠償。（二二 6-14）

保障人權法

假使有人引誘沒有訂婚的處女，而與她同睡，應出聘禮，聘她為妻。若她的父親堅絕不肯將女兒嫁給他，他應付出和給處女作聘禮一樣多的銀錢。

女巫，你不應讓她活著。

凡與走獸交合的，應受死刑。

在唯一上主以外，又祭獻外神的，應被毀滅。

對外僑，不要苛待和壓迫，因為你們在埃及也曾僑居過。

對任何寡婦和孤兒，不可苛待；若是苛待了一個，他若向我呼求，我必聽他的呼求，必要發怒，用刀殺死你們：這樣，你們的妻子也要成為寡婦，你們的兒子也要成為孤兒。

如果你借錢給我的一個百姓，即你中間的一個窮人，你對他不可像放債的人，向他取利。

若是你拿了人的外氅作抵押，日落以前，應歸還他，因為這是他唯一的鋪蓋，是他蓋身的外氅；如果沒有它，他怎樣睡覺呢？他若向我呼號，我必俯聽，因為我是仁慈的。

不可咒罵天主，不可詛咒你百姓的首長。

不可遲延獻你豐收的五穀和初榨的油；你子孫中的長子，都應獻給我。對於你牛羊的首生也應這樣行；七天同牠母親在一起，第八天應把牠獻給我。

你們為我應做聖善的人；田間被野獸撕裂的肉，不可以吃，應仍給狗吃。（二二 15-30）

第二十三章

判官應有的正義

不可傳播謠言；不可與惡人攜手作假見證。

不可隨從多數以附和惡事；在爭訟的事上，不可隨從多數說歪曲正義的話。在爭訟的事上，也不可偏袒弱小。

假使你遇見你仇人的牛或驢迷了路，應給他領回去。假使你遇見你仇人的驢跌臥在重載下，不可棄而不顧，應幫助驢主卸下重載。

你對窮人的訴訟，不可歪曲他的正義。作偽的案件，你應戒避。不可殺無辜和正義的人，因為我絕不以惡人為義人。

不可受賄賂，因為賄賂能使明眼人眼瞎，能顛倒正義者的言語。

不可壓迫外僑，因為你們在埃及國也作過外僑，明瞭在外作客的心情。（二三 1-9）

安息年與安息日

你應種地六年之久，收穫地的出產；但第七年，你應讓地休息，把出產留給你百姓中的窮人吃；他們吃剩的，給野獸吃。對葡萄和橄欖園，也應這樣行。

六天內你應工作，第七天要停工，使你的牛驢休息，使你婢女的兒子和外僑都獲得喘息。

凡我吩咐你們的，都應遵守。你們不可提及外神的名字，絕不可讓人由你口中聽到。（二三 10-13）

以色列的慶節

每年三次應為我舉行慶節。

應遵守無酵節：照我所命的，在阿彼布月所定的日期，七天之久吃無酵餅，因為你在這個月離開了埃及。誰也不可空著手到我台前來。又應遵守收成節，即你在田地播種勞力之後，獻初熟之果的慶節。還應遵守收藏節，即在年尾，由田地中收斂你勞力所得的慶節。你所有的男子一年三次應到上主台前來。

不可同酵麵一起祭獻犧牲的血；不可把我節日的犧牲脂肪留到早晨。你田中最上等的初熟之果，應獻到上主你天主的殿中；不可煮山羊羔在其母奶中。（二三 14-19）

應許與訓誡

看我在你面前派遣我的使者，為在路上保護你，領你到我所準備的地方。在他面前應謹慎，聽他的話，不可違背他，不然他絕不赦免你們的過犯，因為在他身上有我的名號。如果你聽從他的話，作我所吩咐的一切，我要以你的仇人為仇，以你的敵人為敵。

我的使者將走在你前，領你到阿摩黎人、赫特人、培黎齊人、客納罕人、希威人和耶步斯人那裡；我要消滅他們。他們的神像，你不可朝拜，也不可事奉，也不可作那些人所作的；反之，應徹底破壞那些神像，打碎他們的神柱。

你們事奉上主你們的天主，他必祝福你們的餅和水，使疾病遠離你們。在你境內沒有流產和不育的婦女；我要滿你一生的壽數。我要在你前顯示我的威嚴；凡你所到之處，我要使那裡的百姓慌亂，使你的一切仇敵見你而逃。

我要在你前打發黃蜂，將希威人、客納罕人和赫特人，由你面前趕走。我不在一年之內將他們由們你面前趕走，免得田地荒蕪，野獸多起來害你。我要漸漸將他們由你面前趕走，一直到你繁殖增多起來，能佔領那地為止。我要劃定你的國界，由紅海直到培肋舍特海，從曠野直到大河；並將那地的居民交在你手中，你要將他們由你面前趕走，絕不可與他們和他們的神立約，絕不准他們住在你境內，免得引你得罪我，引你事奉他們的神：這為你是一種陷阱。」（二三 20-33）

第二十四章

立約的儀式

又派了以色列子民的一些青年人去奉獻全燔祭，宰殺了牛犢作為獻給上主的和平祭。梅瑟取了一半血，盛在盆中，取了另一半血，灑在祭壇上。然後拿過約書來，念給百姓聽。以後百姓回答說：「凡上主所吩咐的話，我們必聽從奉行。」梅瑟遂拿血來灑在百姓身上說：「看，這是盟約的血，是上主本著這一切話同你們訂立的約。」

隨後梅瑟、亞郎、納達布、阿彼胡和以色列長老中的七十人上了山，看見了以色列的天主，看見在他腳下好像有一塊藍玉作的薄板，光亮似藍天。他們雖看見了天主，天主卻沒有下手害以色列的首領們，他們還能吃能喝。（二四 5-11）

梅瑟獨自留在山上

以後上主向梅瑟說：「你上山到我台前，停留在那裡，我要將石版，即我為教訓百姓所寫的法律和誡命交給你。」

梅瑟和他的侍從若蘇厄起身上天主的山時，梅瑟向長老們說：「你們在這裡等候我們回到你們這裡。你們有亞郎和胡爾同你們在一起。誰有爭訟的事，可到他們那裡去。」

梅瑟上了山，雲彩就把山遮蓋了。上主的榮耀停在西乃山上，雲彩遮蓋著山共六天之久，第七天上主從雲彩中召叫了梅瑟。

上主的榮耀在以色列子民眼前，好像烈火出現在山頂上。梅瑟進入雲彩中，上了山；梅瑟在山上停留了四十天、四十夜。（二四 12-18）

〈撒慕爾紀下〉

第七章

上主許給達味源恩

「現在，你要對我的僕人達味說：萬軍的上主這樣說：是我揀選你離開牧場，離開放羊的事，作我民以色列的領袖。你不論到那裡去，我總是偕同你，由你面前消滅你的一切仇敵；我要使你成名，像世上出名的大人物；我要把我民以色列安置在一個地方，栽培他們，在那裡久住，再也不受驚恐，再也不像先前受惡人的欺壓，有如自從我為我民以色列立了民長以來一樣；我要賜他們安寧，不受仇敵的騷擾。上主也告訴你：他要為你建立家室。

當你的日子滿期與你祖先長眠時，我必在你以後興起一個後裔，即你所生的兒子；我必鞏固他的王權。是他要為我的名建立殿宇；我要鞏固他的王位直到永遠。我要作他的父親，他要作我的兒子；若是他犯了罪，我必用人用的鞭，世人用的棍，來懲戒他；但我絕不由他收回我的恩情，就如在你以前由撒烏耳收回我的恩情一樣。你的家室和王權，在我面前永遠存在，你的王位也永遠堅定不移。」納堂便照這一切話，將整個啟示告訴了達味。」（七 8-17）

〈依撒意亞〉

第七章

先知勸王依恃上主

當烏齊雅的孫子，約堂的兒子阿哈次為猶大王時，阿蘭王勒斤和以色列王勒瑪里雅的兒子培卡黑，上來攻打耶路撒冷，但是不能攻陷。

有人報告達味家說：「阿蘭已經駐紮在厄弗辣因！」君王與人民都膽戰心驚有如風中搖動的樹木。

上主對依撒意亞說：「你和你的兒子舍阿爾雅叔布出去，到上池的水溝盡頭，即漂工田間的大道上，去會見阿哈次；對他說：你必須審慎，保持鎮定，不必畏懼，不要因那兩個冒煙的火把頭——即勒斤、阿蘭和勒瑪里雅之子——的怒火而膽怯。雖然阿蘭、厄弗辣因和勒瑪里雅的兒子同謀，迫害你說：我們上猶大去，擾亂她，把她佔領過來歸於我們，並在那裡立塔貝耳的兒子為王；但是吾主上主卻這樣說：這事絕不能成立，亦不能發生！因為阿蘭的首都是大馬士革，大馬士革的首領是勒斤；厄弗辣因的首都是撒瑪黎雅，撒瑪黎雅的首領是勒瑪里雅的兒子。【六年或五年以後，阿蘭將被消滅，厄弗辣因將要衰敗。】假使你們不肯相信，你們必然不能存立。」（七1-9）

厄瑪奴耳

上主又對阿哈次說：「你向上主你的天主要求一個徵兆罷！或求諸陰府深處，或求諸上天高處。」

阿哈次回答說：「我不要求，我不願試探上主。」

依撒意亞說：「達味的家族，你們聽著罷！你們使人厭惡還不夠，還要使我的天主厭惡嗎？因此，吾主要親自給你們一個徵兆：看，有位貞女要懷孕生子，給他起名叫厄瑪奴耳。到他知道棄惡擇善的時候，要吃乳酪和蜂蜜；因為在這孩子尚未知道棄惡擇善以前，你在那兩個君王面前所擔心的國土，必將荒廢。上主必使患難的日子臨於你、你的百姓和你的父家身上；這是從厄弗辣因叛離猶大那一天所未有過的，【即亞述王加禍的日子。】」（七 10-17）

第九章

光明與幸福

在黑暗中行走的百姓看見了一道皓光，光輝已射在那寄居在漆黑之地的人們身上。

你加強了他們的快樂，擴大了他們的歡喜；他們在你面前歡樂，有如人收割時的歡樂，又如分贓時的愉快；因為你折斷了他們所負的重軛、他們肩上的橫木，以及壓迫他們者的短棍，有如在米德楊那天一樣；因為戰士所穿發響的軍靴，和染滿血跡的戰袍，都要被焚毀，作為火燄的燃料。

因為有一個嬰孩為我們誕生了，有一個兒子賜給了我們；他肩上擔負著王權，他的名字要稱為神奇的謀士、強有力的天

主、永遠之父、和平之王。他的王權是偉大的，達味的御座和他王國的平安是無限的，他將以正義與公平對王國加以鞏固與保持，從今時直到永遠：萬軍上主的熱誠必要完成這事。（九1-6）

第十一章

默西亞與其王國

由葉瑟的樹幹將生出一個嫩枝，由它的根上將發出一個幼芽。上主的神，智慧和聰敏的神，超見和剛毅的神，明達和敬畏上主的神將住在他內。

【他將以敬畏上主為快慰，】他必不照他眼見的施行審訊，也不按他耳聞的執行判斷。他將以正義審訊微賤者，以公理判斷世上的謙卑者，以他口中的棍杖打擊暴戾者，以他唇邊的氣息誅殺邪惡者。正義將是他腰間的束帶，忠誠將是他脇下的佩帶。

豺狼將與羔羊共處，虎豹將與小山羊同宿；牛犢和幼獅一同飼養，一個幼童即可帶領牠們。母牛和母熊將一起牧放，牠們的幼雛將一同伏臥；獅子將與牛一樣吃草。吃奶的嬰兒將遊戲於蝮蛇的洞口，斷奶的幼童將伸手探入毒蛇的窩穴。在我的整個聖山上，再沒有誰作惡，也沒有誰害人，因為大地充滿了對上主的認識，有如海洋滿溢海水。（十一1-9）

第四十二章

詠「上主僕人」的詩歌

請看我扶持的僕人，我心靈喜愛的所選者！我在他身上傾注了我的神，叫他給萬民傳佈真道。

他不呼喊，不喧嚷，在街市上也聽不到他的聲音。破傷的蘆葦，他不折斷；將熄的燈心，他不吹滅；他將忠實地傳佈真道。他不沮喪，也不失望，直到他在世上奠定了真道，因為海島都期待著他的教誨。

那創造且展布天空，鋪張大地和布置大地的產物，給世人賜予氣息，並給在地上行動的，賜予呼吸的天主上主這樣說：「我，上主，因仁義召叫了你，我必提攜你，保護你，立你作人民的盟約，萬民的光明，為開啟盲人的眼目，從獄中領出被囚的人，從牢裡領出住在黑暗的人。我是上主，這是我的名字；我絕不將我的光榮讓與另一位，絕不將我應受的讚美歸於偶像。先前的事，看，已經成就；我再宣告新近的事，在事未發生之前，我先告訴你們。」（四二 1-9）

第四十九章

詠「上主僕人」的詩歌

諸島嶼，請聽我！遠方的人民，請靜聽！上主由母腹中就召叫了我，自母胎中就給我起了名字。

他使我的口好似利劍，將我掩護在他的手蔭下，使我像一支磨光的箭，將我隱藏在他的箭囊中。他對我說：你是我的僕

人，是我驕矜的「以色列」。但是我說：「我白白勤勞了，我枉費了氣力而毫無益處；但是我的權利是在上主那裡，我的報酬在我的天主面前。」

我在上主眼中是光榮的，天主是我的力量。那由母胎形成我作他的僕人，將雅各伯領回到他前，並把以色列聚在他前的上主，如今說：「你作我的僕人，復興雅各伯支派，領回以色列遺留下的人，還是小事，我更要使你作萬民的光明，使我的救恩達於地極。」

上主，以色列的救主和聖者，向那極受輕慢，為列國所憎惡，且作統治者奴役的人這樣說：「列王必要見而起立，諸侯必要見而下拜：這是因為上主忠實可靠，以色列的聖者揀選了你的緣故。」

上主這樣說：在悅納的時候，我俯允了你；在救恩的日期，我幫助了你；我必保護你，使你作為人民的盟約，復興國家，分得荒蕪的產業，好向俘虜說：「你們出來罷！」向在黑暗中的人說：「你們出現罷！」（四九 1-9）

俘虜歸國

他們將在各路上被牧放，他們的牧場是在一切荒嶺上。他們不餓也不渴，熱風和列日也不損傷他們，因為那憐憫他們的率領著他們，引領他們到水泉傍。

我要使我的一切山嶺變為大路，並把我的街道修高。看啊！有的由遠方而來，有的由北方和西方而來，還有些由息寧而來。諸天要歡樂，大地要踴躍，山嶺要歡呼高唱，因為上主安慰了他的百姓，憐恤了他受苦的人們。（四九 9-13）

第五十章

詠「上主僕人」的詩歌

　　吾主上主賜給了我一個受教的口舌，叫我會用言語援助疲倦的人。他每天清晨喚醒我，喚醒我的耳朵，叫我如同學子一樣靜聽。吾主上主開啟了我的耳朵，我並沒有違抗，也沒有退避。

　　我將我的背轉給打擊我的人，把我的腮轉給扯我鬍鬚的人；對於侮辱和唾污，我沒有遮掩我的面。因為吾主上主協助我，因此我不以為羞恥；所以我板著臉，像一塊燧石，因我知道我不會受恥辱。

　　那給我申冤者已來近了。誰要和我爭辯，讓我們一齊站起來罷！誰是我的對頭，叫他到我這裡來罷！請看！有吾主上主扶助我，誰還能定我的罪呢？看！他們都像衣服一樣要破舊，為蠹蟲所侵蝕。

　　你們中凡敬畏上主的，應聽他僕人的聲音！凡於黑暗中行走而不見光明的，該依靠上主的名字，並仰仗自己的天主。

　　看哪！凡你們點了火，燃了火把的，必要在你們所點的火燄裡，在你們所燃的火把中行走！這是我的手所加於你們的，你們必倒臥在痛苦之中。（五十 4-11）

第五十二章

詠「上主僕人」的詩歌

請看，我的僕人必要成功，必要受尊榮，必要被舉揚，且極受崇奉。就如許多人對他不勝驚愕，因為他的容貌損傷得已不像人，他的形狀已不像人子，同樣，眾民族也都要對他不勝驚異，眾君王在他面前都要閉口，因為他們看見了從未向他們講述過的事，聽見了從未聽說過的事。（五二 13-15）

第五十三章

有誰會相信我們的報道呢？上主的手臂又向誰顯示了呢？

他在上主前生長如嫩芽，又像出自乾地中的根苗；他沒有俊美，也沒有華麗，可使我們瞻仰；他沒有儀容，可使我們戀慕。他受盡了侮辱，被人遺棄；他真是個苦人，熟悉病苦；他好像一個人們掩面不顧的人；他受盡了侮辱，因而我們都以他不算什麼。

然而他所背負的，是我們的疾苦；擔負的，是我們的疼痛；我們還以為他受了懲罰，為天主所擊傷，和受貶抑的人。可是他被刺透，是因了我們的悖逆；他被打傷，是因了我們的罪惡；因他受了懲罰，我們便得了安全；因他受了創傷，我們便得了痊癒。

我們都像羊一樣迷了路，各走各自的路；但上主卻把我們眾人的罪過歸到他身上。

他受虐待，仍然謙遜忍受，總不開口，如同被牽去待宰的羔羊；又像母羊在剪毛的人前不出聲，他也同樣不開口。他受了不義的審判而被除掉，有誰懷念他的命運？其實他從活人的地上被剪除，受難至死，是為了我人民的罪過。雖然他從未行過強暴，他口中也從未出過謊言，人們仍把他與歹徒同埋，使他同作惡的人同葬。

上主的旨意是要苦難折磨他；當他犧牲了自己的性命，作了贖過祭時，他要看見他的後輩延年益壽，上主的旨意也藉他的手得以實現。在他受盡了痛苦之後，他要看見光明，並因自己的經歷而滿足；我正義的僕人要使多人成義，因為他承擔了他們的罪過。

為此，我把大眾賜予他作報酬，他獲得了無數的人作為獵物；因為他為了承擔大眾的罪過，作罪犯的中保，犧牲了自己的性命，至於死亡，被列於罪犯之中。（五三 1-12）

〈耶肋米亞〉

第二十二章

有關苛尼雅的神諭

上主這樣說：「你應記錄：這人是一個無子女，畢生無成就的人，因為他的後裔中，沒有一人能成功，能坐上達味的寶座，再統治猶大。」（二二 30）

第二十三章

假先知謠言惑眾

禍哉，那把我牧場上的羊群摧殘和趕散的牧人──上主的斷語──為此上主，以色列的天主，對牧放我民的牧人這樣說：「你們驅散趕走了我的羊群，不加照顧；現在，看，我必依照你們的惡行來懲罰你們──上主的斷語──我要從我以前驅散牠們所到的各地，集合我尚存的羊，引導牠們再回自己的羊棧，叫牠們滋生繁殖；我要興起牧者來牧放牠們，使牠們無恐無懼，再也不會失掉一個──上主的斷語。看，時日將到──上主的斷語──我必給達味興起一支正義的苗芽，叫他執政為王，斷事明智，在地上執行公道正義。在他的日子裡，猶大必獲救，以色列必居享安寧；人將稱他為：『上主是我們的正義。』為此，看，時日將到──上主的斷語──人不再以

『那領以色列子民由埃及地上來的上主，永在』的話起誓，卻要以『那領以色列家的後裔，由北方，由他驅逐他們所到的各地回來，使他們再住在自己故鄉的上主，永在』的話起誓。」（二三 1-8）

三十一章

天主與新以民訂立新約

看，時日將到——上主的斷語——我必要與以色列家和猶大家訂立新約，不像我昔日——握住他們的手，引他們出離埃及時——與他們的祖先訂立盟約；雖然我是他們的夫君，他們已自行破壞了我這盟約——上主的斷語——我願在那些時日後，與以色列家訂立的盟約——上主的斷語——就是：我要將我的法律放在他們的肺腑裡，寫在他們的心頭上；我要作他們的天主，他們要作我的人民。那時，誰也不再教訓自己的近人或弟兄說：「你們該認識上主」，因為不論大小，人人都必認識我——上主的斷語——因為我要寬恕他們的過犯，不再記憶他們的罪惡。（三一 31-34）

〈瑪拉基亞〉

第三章

盟約的使者

看！我要派遣我的使者，在我前面預備道路。你們所尋求的主宰，必要忽然進入祂的殿內；你們所想望盟約的使者，看，他來了——萬軍的上主說。

但是祂來臨之日，有誰能支得住？祂顯現時，有誰能站立得住？因為祂像煉金者用的爐火，又像漂布者用的滷汁。

祂必要坐下，像個熔化和煉淨銀子的人，煉淨肋未的子孫，精煉他們像精煉金銀一像，使他們能懷著虔誠，向上主奉獻祭品：那時，猶大和耶路撒冷所獻的祭品，必能悅樂上主，有如昔日和往年。那時，我必前來你們接近，執行審判，迅速作證反對術士、犯奸和發虛誓的人，反對欺壓傭工、寡婦和孤兒的人，反對侵害外方人的權利，而不敬畏我的人——萬軍的上主說。

是的，我是上主，絕不改變；但你們總是雅各伯的子孫！
（三 1-6）

不守法律乃災禍之因

自從你們祖先的日子以來，你們就離棄了我的法令，而不遵守。現在你們轉向我吧！我必轉向你們——萬軍的上主說。

你們卻說：「我們應怎樣轉向你呢？」

人豈能欺騙天主？可是你們卻欺騙了我！你們卻說：「我們在什麼事上欺騙了你？」即在什一和應獻的祭物上。他們全體人民！你們必要遭受嚴厲的詛咒，因為你們都欺騙了我。

你們應把什一之物送入府庫，好使卜殿宇存有食糧。你們就在這事上試試我吧！——萬軍的上主說——看我是否給你們開啟天閘，將祝福傾注在你們身上，直到你們心意滿足。

我必要為你們嚇走那舌食者，不容牠再損害你們的田產，也不讓你們田間的葡萄樹不結果實——萬軍的上主說。

萬民都要稱你們有福，因為你們將成為一片樂土——萬軍的上主說。（三 7-12）

上主之日善惡分明

上主說：「你們竟然敢用言語頂撞我。你們卻說：「我們在什麼話上頂撞了你？」即在你們說：「事奉天主只是徒然！遵守祂的誡命，在萬軍的上主面前，穿苦衣而行，有什麼好處？現在我們該稱驕傲人有福；作惡的人，居然順利，試探天主的人居然免罰！」

這是敬畏上主的人彼此談論的。但上主都加以注意而聽見了，並且在祂面前的記錄簿上，為那些敬畏上主和投靠祂名號的人予以記錄了。

在我行事的時日——萬軍的上主說——他們必是屬於我的產業，我要憐愛他們，有如人憐愛服事自己的兒子。你們將要重新看出義人和惡人，服事天主和不服事天主的人的區別。

看，那日子來臨，勢必如冒火餤的火爐，所有的驕傲人和惡的人都要成為禾稭；那一天來到，必要將他們燒盡——萬軍

的上主說——不給他們留下根和枝條。

但為你們這些敬畏我名號的人，正義的太陽將要升起，以自己好似箭羽的光芒普施救恩；你們必將出來，蹦蹦跳跳有如出欄的牛犢。你們要踐踏惡人，因為在我行事之日，他們必要如同在你們腳下的塵土——萬軍的上說。（三 13-21）

忠告與應許

你們應記得我僕人梅瑟的法律，即我在曷勒布山，命他傳於全以色列的誡命和制度。

看，在上主偉大及可怕的日子來臨以前，我必派遣先知厄里亞到你們這裡來；他將使父親的心轉向兒子，使兒子的心轉向父親，免得我來臨時，以毀滅律打擊這地。（三 22-24）

《新約聖經》中的
福音與宗徒大事錄

　　基督宗教是一個歷史性的宗教，延續猶太教的信仰，整個基督宗教的信仰生活乃奠基於歷史的救恩事件，包括亞巴郎的蒙召、以色列民族的形成、王國的建立和分裂、經歷不同帝國的統治、民族受迫害和流徙等，最後以納匝肋人耶穌的降生、祂的言語和行動、祂的苦難─死亡─復活的逾越奧蹟，為信仰啟示的高峰。

　　基督宗教的經典──《聖經》──包含《舊約》與《新約》，前者是基督徒與猶太教信徒都接受的，《舊約》亦可稱為《希伯來聖經》。從基督信仰的角度，整部《希伯來聖經》乃指向《新約》，共有二十七卷，全部以「通俗希臘文」寫成，原稿已全失去，目前保留的是古代珍貴的手抄本。

　　這二十七經卷只是早期基督徒文學著作中的一小部分，經過冗長的討論和近三百年正典鑑定的過程，鑑定的原則包括宗徒權威、教會傳統及正統教義等，最後經由教會權威的確認，肯定這二十七卷是基督徒信仰的標準之書。

　　《新約》中關於耶穌基督的四部福音書是最重要的信仰宣報，唯一的歷史書〈宗徒大事錄〉則忠實記述了初期教會發展的過程，二十一封書宗徒信可說是耶穌基督福音的詮釋，最後一部〈若望默示錄〉則給當時受迫害的基督徒帶來安慰與希望。今日，不同的基督教派都接受這二十七卷，中文有不同譯本，本文採用天主教思高聖經學會於一九六八年出版的思高版本，以下僅簡介《新約》的形成過程和其文學類型。

《新約》的形成

　　相較於《舊約》上千年的編纂，《新約》寫成的時間很短，但寫成的環境卻相當多元，其形成的過程可分為三個階段：耶穌時期、宗徒時期、福音書編輯寫作時期。

一、耶穌時期（約西元前6年至西元30年）

　　耶穌生於黑落德（Herod）統治時期，其出生年代大概比我們所認定的西元元年早六年左右。祂是虔誠的猶太教徒，約二十七、八歲時接受洗者若翰（John the Baptist）的洗禮，開始二至三年的公開生涯。祂與天主有特別親密的父子關係，稱天主為「阿爸，父啊！」。祂召選門徒，以語言和行動宣講天國來臨的喜訊。天國意指天主猶如慈父進到人類歷史中，祂關懷、疼愛、寬恕所有的人，尤其是罪人和貧窮弱小者，祂決定性地給予人恩惠，引領人走向幸福的未來，祂許諾與人長相左右，並要使整個宇宙達到圓滿的境界。

　　耶穌以生動的比喻和智慧的言語講論天國，並以奇蹟的行動佐證天國已藉著祂而具體來到人間。祂所宣報的好消息受到猶太百姓的歡迎，卻使猶太高層的宗教當局感到不安，深怕民眾受到煽動而引發羅馬帝國的壓迫，遂借羅馬人的手，以莫須有的罪名將祂釘死在十字架上，時間大概是西元三〇年。

二、宗徒時期（約西元30年至70年間）

　　耶穌的眾門徒因老師被釘死而驚慌逃散，卻因著與死而復活的主耶穌相遇，加上五旬節（Pentecost）之聖神降臨的經驗，他們的生命有了重大轉變，開始明白耶穌是天主子的身分，遂放膽宣告復活的耶穌就是救世主基督。他們以口傳方式

宣講基督的福音，重行耶穌在最後晚餐的擘餅禮來紀念祂的苦難、死亡與復活，且為了教導新領洗者，也回想耶穌的生平言行和祂所教導的一切。初期基督徒的勇敢宣講，眾多奇蹟的伴隨，無數人不怕迫害與犧牲性命的危險而受洗成為基督徒，掀起了風起雲湧的「耶穌運動」。

傳遞耶穌復活喜訊者，就是曾經跟隨耶穌，並在祂復活後與祂同食共飲的見證人，其中最重要的是耶穌自己從門徒中所揀選並以伯多祿為首的「十二位宗徒」（apostles）。負賣耶穌的依斯加略人猶達斯死後，門徒們出瑪弟亞替代，使十二位宗徒所象徵的以色列新選民團體恢復圓滿。耶穌基督的門徒團體——教會，即是建立在從十二宗徒傳下來的基礎上，而由門徒形成的教會團體也是《新約》形成的場所。

隨後有更多人加入首批門徒的行列，最重要的是與復活的耶穌相遇的保祿。他於西元三十六年左右歸化，並將耶穌基督的福音傳到中東、希臘，直到羅馬。西元五〇年，在耶穌撒冷的會議決定，外邦人可以不必先受割禮成為猶太人，就可以加入基督的教會。保祿在西元五〇年代，曾寫信給許多不同地區的基督徒團體，針對他們具體現況提出教導、勸勉和建議。由於保祿書信在基督徒團體中誦讀，其權威越來越高，很可能是最早被編輯成冊的基督徒著作。這些年間，官方猶太教開始逐漸排斥基督徒，而基督信仰也逐漸從猶太地區、撒瑪黎雅，經過小亞細亞而進到歐洲，抵達帝國的首都羅馬。《新約》中的〈宗徒大事錄〉為我們提供初期基督徒發展的史料。

三、福音書編輯寫作時期（約西元70年至100年左右）

西元七〇年，羅馬人將耶路撒冷城夷為平地，聖殿被毀。隨著時間的消逝，第一代基督徒日漸凋零，能夠直接為耶穌基

督作證的人越來越少。各地教會團體開始認為有需要把祂的事蹟和言行，以文字記載下來，基督徒生活也需要從耶穌身上獲得準則。七〇年代以後，開始耶穌福音書的編輯寫作時期。福音書的出現雖在保祿書信之後，所根據的事實和材料，在時間上，卻在《新約》其他一切寫作之前。

「福音」指的是救恩的「好消息」。耶穌宣講的好消息是天國來臨，給貧窮弱小者帶來祝福的喜訊。祂曾是宣告好消息的人，祂從死者中復活之後，成為被門徒們宣告的那一位，祂本人就是好消息。耶穌自己沒有寫過隻字片語，不過在宗徒時期，除了口傳之外，已有人片斷地寫下祂的某些言論、比喻、奇蹟，或比較整體的敘述（例如受難史、童年史）等等。

關於耶穌的「福音書」，教會肯定四位聖史的記載是出於宗徒的權威，包括十二位宗徒之中的瑪竇和若望，依靠伯多祿權威的馬爾谷，和依靠保祿權威的路加。聖史們在他們所在的基督徒團體中，把有關耶穌的早期宣講、口傳資料與成文記載，加上他們自己的創作來編輯寫作。「福音書」指的是耶穌基督，我們透過不同作者的記載，得以從不同角度更認識耶穌基督的豐富面貌。

《新約》的文學類型

依據寫作的文體，《新約》可分為記敘體、書信體和默示文體。四部福音書與宗徒大事錄雖然同屬記敘體，兩者相當不同；而依據若望所記載的福音，與依據瑪竇、馬爾谷、路加的記載，也有很大的差異，其中的路加也是〈宗徒大事錄〉的作者。

在書信方面，傳統上把《新約》的十四封書信歸於保祿的

權威，全部都以收信者為名，包括：〈羅馬人書〉、〈格林多前書〉、〈格林多後書〉、〈迦拉達人書〉、〈斐理伯人書〉、〈哥羅森人書〉、〈厄弗所人書〉、〈費肋孟書〉、〈得撒洛尼人前書〉、〈得撒洛尼人後書〉、〈弟茂德前書〉、〈弟茂德後書〉、〈弟鐸書〉以及〈希伯來人書〉。其餘七封書信稱為「公函」，以四位宗徒的名字命名：〈雅各伯書〉、〈伯多祿前書〉、〈伯多祿後書〉、〈若望一書〉、〈若望二書〉、〈若望三書〉、〈猶達書〉。

最後一部著作〈若望默示錄〉是默示文學的作品，目的是協助處於迫害中的基督徒要懷有信德和盼望。由於教會傳統把〈若望默示錄〉、三封若望書信及〈若望福音〉，都歸於若望宗徒的權威，本書於後將以整體的若望著作來介紹。

對觀福音簡介

「福音」意指「好消息」，本來不是一種文學類型，學者們把「福音書」這種文學類型的開創歸功於馬爾谷。它不是小說或民間故事，而是有歷史根據的實質敘述；它也不完全是傳記，並未記載耶穌的一生，資料的安排也不完全依據時間的順序。馬爾谷福音只敘述祂公開生活的言行和苦難，瑪竇與路加則加上耶穌的童年敘述，目的是為復活的耶穌基督作證，並彰顯天主的救恩。福音書是初期基督徒最重要的宣信文件，也是一種信仰的邀請，使渴望與信從耶穌為救主的人能成為天主的子女，並獲享豐富的生命。

四部福音書幫助我們從不同的角度認識耶穌，希臘文稱〈馬爾谷福音〉、〈瑪竇福音〉與〈路加福音〉為「對觀福音」（Synopsis），因為它們記敘有關耶穌生平的資料可以並

排「一齊來看」，其資料與結構相似，不少耶穌的言論、比喻、事跡等，在兩部或三部福音書中有同樣的記載，甚至以相同的詞彙表達，然而每位作者又從不同的觀點來述說。

　　對觀福音的相互關係所引發的問題，在聖經學界經過兩、三個世紀的探索和研究，包括經文批判（textual criticism）、源流批判（souce criticism）、類型批判（form criticism）及編輯批判（redaction criticism）。這些批判共同構成研究新約的主流方法，即「歷史批判法」。透過學者們的努力，針對「對觀福音的問題」找到不同的答案，而最多人接受的是以下的解釋。

　　〈馬爾谷福音〉被多數學者認為是第一部寫成的福音書，作者不僅收集先前的口傳與成文資料加以編輯和修訂，而且為耶穌的生平加上簡單的時空架構。至於瑪竇和路加，我們很難確定他們是直接應用更早的資料來源，還是因著馬爾谷才得知，學者們大都同意瑪竇和路加是知道馬爾谷的著作，且跟隨著他的架構。因此，〈馬爾谷福音〉被認為是他們共同參考的資料來源之一。

　　此外，瑪竇與路加福音有不少相同的資料與耶穌的言論有關，聖經學者推測他們可能採用另一個共同的成文資料，一般稱為 "Q"，很可能是「耶穌語錄」。瑪竇與路加還各有其「獨家報導」，應是根據他們獨特的資料來源。我們可以用下圖表達福音書的源流：

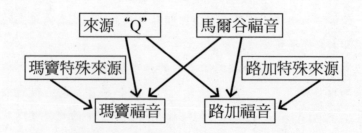

雖然對觀福音的敘述大同小異，每部福音寫作的目的不是為了截長補短或互相補充，而有其更深的意義，並彰顯耶穌的某種特殊面貌。在選讀〈馬爾谷福音〉時，我們保留他為耶穌生平所提供的架構，尤其留意耶穌的行動；對於〈瑪竇福音〉，將仔細聆聽耶穌導師的教導；在〈路加福音〉，我們將默觀耶穌的仁慈。

〈馬爾谷福音〉

　　聖史馬爾谷約於西元七〇年在羅馬完成福音書，依據的是伯多祿的宣講，寫作目的是強調耶穌的行動，幫助我們好像從伯多祿的眼睛來看耶穌，尤其是驚訝祂所施行的奇蹟，向外邦人證實祂就是基督——默西亞[1]，天主子。

　　他一開始就帶領讀者進入這個祕密：「天主子耶穌基督的福音開始」。他先把耶穌定位為一個人，伴隨著兩個名號：「基督」和「天主子」。耶穌在受洗時，得到天主父的肯定，然而為一般百姓、耶穌的門徒和福音書的讀者們，卻要經過漫長的過程才逐漸認出耶穌真正的身分。

　　馬爾谷以神學性的地理架構來鋪陳耶穌的生平資料：耶穌在約旦河受洗，在北方的加里肋里宣講，一路往南到耶路撒冷，在聖城宣講、受難與復活，與門徒們在北方的加里肋亞重聚。由於歷史的耶穌不見得只去過一次耶路撒冷，這架構比較是神學性質而不是歷史性質的，反映出作者和其信仰團體對耶穌使命的一種特定看法，而且加里肋亞與耶路撒冷是對立的。從猶太人的角度，北部邊陲的加里肋亞曾多次遭外族入侵而信仰不太純正，然而依撒意亞先知卻曾宣告，將有一道皓光要顯現給外邦人。這地方是開放的，耶穌就是在加里肋亞成長、生活與宣講，並從這裡走向提洛（Tyre）和漆冬（Sidon）等外邦

1　"Jesus"（耶穌）是名字，"Messiah" 則是稱號，中譯為「默西亞」或「彌賽亞」，在希伯來文指「受傅油者」，希臘文把此字譯為 "Christ"（基督）。以色列歷史中的國王、司祭、先知等，都領受天主傅油而被祝聖並委任其使命，乃廣義的受傅油者。耶穌在世時，人們很可能由於祂的聖德與權威，公開宣稱祂是「默西亞」——救世主。初期教會因著耶穌光榮的復活，更宣信祂是 「天主以聖神的德能所傅油」的「唯一的默西亞」（The Christ）。

地區，而且群眾熱烈歡迎祂。相反地，耶路撒冷像是故步自封的城市，猶太宗教高層的代表——包括司祭後裔所組成的撒杜塞黨人，他們特別注重文字法律和聖殿禮規；及熱中研究和教導百姓法律的法利塞黨人，他們自恃信仰知識豐富與信仰生活純正，反而無法向天主新的邀請開放，對耶穌最嚴屬的指控就是來自耶路撒冷。

在第一個階段（谷一14－八26），耶穌宣告天國即將來臨，並以奇蹟為可見的標記。在以色列民族的歷史中，「奇蹟」是天主啟示與救援的有效記號，這種令人驚訝的事件使人相信：只有天主才辦得到。耶穌以治病、驅魔、增餅、潔淨痲瘋病人、復活死人等行動，顯示天主的能力與治權——即「天國」——已臨到人間，邀請人悔改並信從福音。然而，耶穌卻拒絕說明自己是「默西亞」的身分，很可能是當時人們心中的默西亞，是政治性的、帶領他們反抗羅馬人統治和復興以色列國的默西亞。

藉著伯多祿宣告「你是默西亞」，開啟了第二階段（谷八27-8）。門徒們已經知道耶穌一部分的奧祕，耶穌仍需要耐心引導門徒們接受「默西亞必須受苦」的奧祕。儘管耶穌行了許多奇蹟，證實天主的能力與祂同在，猶太人仍不相信祂，甚至把祂釘死在十字架上。弔詭的是：藉著一位外邦的羅馬軍官，在十字架下看見耶穌斷了氣，說出「這人真是天主子！」

雖然耶穌的「默西亞」、「天主子」身分是隱藏的，祂卻用「人子」來稱呼自己，肯定自己是人類的一員，也隱含指出自己猶如《舊約》〈達尼爾先知書〉中那位末世性的「人子」，從天父領受統治和審判的權柄，擁有正義、和平、尊榮與國度，邀請人們答覆天國來臨的要求，即無條件地彼此相愛與互相寬恕。

馬爾谷在耶穌已經復活的光照下，重新敘述耶穌的故事。由於這是最早的一部福音，選讀的資料將保留他整個故事結構，其鋪陳的方式似乎持續質問著我們：「耶穌不是如你所期待的！為了接受耶穌本來的樣子，你準備好要放棄既有的觀念與期待嗎？」

〈馬爾谷福音〉的結構

序言（一1-13）

洗者若翰的行動、耶穌受洗（天主宣布耶穌為「天主子」）、耶穌在曠野受試探。

第一部分（一14－八30）

耶穌與百姓（一14－三6）：耶穌在加里肋亞宣講，祂的絕對權威與法利賽人的盲目。

耶穌與祂自己的人（三7－六6）：耶穌的作為（奇蹟與標記）和人民的盲目。

耶穌與門徒（六6－八30）：耶穌在外邦人中的作為，伯多祿告白。

第二部分（八31-47）

人子之路（八31－十52）：耶穌三次預言自己的苦難，門徒們的盲目。

耶路撒冷的審判（十一1－十三37）：耶穌榮進耶城，以行動和比喻來審判，三段爭論。

人子的苦難（十四1－十五47）：陰謀與背叛、犧牲的準備、被捕和死亡，百夫長告白。

結論 （十六1-8）

宣布復活喜訊。

序言

洗者若翰的行動

　　天主子耶穌基督福音的開始，正如先知依撒意亞書上記載的：「看，我派遣我的使者在你面前，預備你的道路。曠野中有呼號者的聲音：你們當預備上主的道路，修直他的途徑。」洗者若翰便在曠野裡出現，宣講悔改的洗禮，為得罪之赦。猶太全地和耶路撒冷的群眾都出來，到他那裡，承認自己的罪過，在約旦河裡受他的洗。若翰穿的是駱駝毛的衣服，腰間束的是皮帶，吃的是蝗蟲與野蜜。他宣告說：「那比我更有力量的，要在我以後來，我連俯身解他的鞋帶也不配。我以水洗你們，他卻要以聖神洗你們。」（一 1-8）

耶穌受洗和在曠野受試探

　　在那些日子裡，耶穌由加里肋亞納匝肋來，在約旦河裡受了若翰的洗。他剛從水裡上來，就看見天裂開了，聖神有如鴿子降在他上面；又有聲音從天上說：「你是我的愛子，我因你而喜悅。」聖神立即催他到曠野裡去。他在曠野裡，四十天之久，受撒殫的試探，與野獸在一起，並有天使服侍他。（一 9-13）

第一部分

耶穌與百姓：在加里肋亞的初期宣講

若翰被監禁後，耶穌來到加里肋亞，宣講天主的福音，說：「時期已滿，天主的國臨近了，你們悔改，信從福音罷！」當耶穌沿著加里肋亞海行走時，看見西滿和西滿的兄弟安德肋，在海裡撒網，他們原是漁夫。耶穌向他們說：「來跟隨我！我要使你們成為漁人的漁夫。」他們便立刻拋下網，跟隨了他。耶穌向前行了不遠，看見載伯德的兒子雅各伯和他的弟弟若望，正在船上修網。耶穌遂立即召叫他們；他們就把自己的父親載伯德和傭工們留在船上，跟隨他去了。（一 14-20）

耶穌的權威

　　他們進了葛法翁；一到安息日，耶穌就進入會堂教訓人。人都驚奇他的教訓，因為他教訓他們正像有權威似的，不像經師們一樣。當時，在他們的會堂裡，正有一個附邪魔的人，他喊叫說：「納匝肋人耶穌！我們與你有什麼相干？你竟來毀滅我們！我知道你是誰，你是天主的聖者。」耶穌叱責他說：「不要作聲！從他身上出去！」邪魔使那人拘攣了一陣，大喊一聲，就從他身上出去了。眾人大為驚愕，以致彼此詢問說：「這是怎麼一回事？這是新的教訓，並具有權威；他連給邪魔出命，邪魔也聽從他。」他的聲譽遂即傳遍了加里肋亞附近各處。……耶穌治好了許多患各種病症的人，驅逐了許多魔鬼，並且不許魔鬼說話，因為魔鬼認識他。（一 21-28，34）

周遊加里肋亞宣講天國

　　清晨，天還很黑，耶穌就起身出去，到荒野的地方在那裡祈禱。西滿和同他在一起的人都去追尋他，找到了他，就向他

說：「眾人都找你呢！」耶穌對他們說：「讓我們到別處去，到鄰近的村鎮去罷！好叫我也在那裡宣講，因為我是為這事出來的。」他遂到加里肋亞各地，在他們的會堂裡宣講，並驅逐魔鬼。（一 35-39）

耶穌的絕對權威與法利塞人的盲目

有一次，正當安息日，耶穌從麥田裡路過，他的門徒在行路時掐食起麥穗來。法利塞人向耶穌說：「你看！他們為什麼做安息日不許做的事？」耶穌對他們說：「你們從未讀過：達味在急迫中和同他一起的人，在飢餓時所作的事嗎？當厄貝雅塔爾作大司祭時，達味怎樣進了天主的殿，吃了除司祭外，誰也不許吃的供餅，並且還給了同他一起的人？」耶穌又對他們說：「安息日是為人立的，並不是人為了安息日；所以，人子也是安息日的主。」（二 23-28）

耶穌又進了會堂，在那裡有一個人，他的一隻手枯乾了。他們窺察耶穌是否在安息日治好那人，好去控告他。耶穌對那有一隻手枯了的人說：「起來，站在中間！」遂對他們說：「安息日許行善呢，或作惡呢？許救命呢，或害命呢？」他們一聲不響。耶穌遂含怒環視他們，見他們的心硬而悲傷，就對那人說：「伸出手來！」他一伸，他的手就復了原。法利塞人一出去，立刻便與黑落德黨人作陷害耶穌的商討，為除滅他。（三 1-6）

耶穌與祂自己的人：揀選十二宗徒

隨後，耶穌上了山，把自己所想要的人召來，他們便來到他面前。他就選定了十二人，為同他常在一起，並為派遣他們去宣講，且具有驅魔的權柄。他選定了這十二人：西滿，給他起名叫伯多祿，載伯德的兒子雅各伯和雅各伯的弟弟若望，並為他們起名叫「波納爾革」，就是「雷霆之子」，安德肋、斐理伯、巴爾多祿茂、瑪竇、多默、阿爾斐的兒子雅各伯，達陡和熱誠者西滿，並猶達斯依斯加略，他是負賣耶穌者。（三13-19）

人民的盲目：耶穌受人毀謗

耶穌到了家，群眾又聚集了來，以致他們連飯都不能吃。他的人聽說了，便出來要抓住他，因為他們說：「他瘋了！」從耶路撒冷下來的經師們說：「他附有貝耳則步。」又說：「他賴魔王驅魔。」耶穌遂把他們叫來，用比喻向他們說：「撒殫怎能驅逐撒殫呢？一國若自相紛爭，那國就不能存立；一家若自相紛爭，那家也將不能存立。撒殫若起來自相攻擊紛爭，也就不能存立，必要滅亡。決沒有人能進入壯士的家，搶劫他的家具的，除非先把那壯士捆起來，然後搶劫他的家。我實在告訴你們：世人的一切罪惡，連所說的任何褻瀆的話，都可得赦免；但誰若褻瀆了聖神，永遠不得赦免，而是永久罪惡的犯人。」耶穌說這話，是因為他們說：「他附有邪魔。」（三20-30）

耶穌的作為：奇蹟與標記

　　那時，來了一個會堂長，名叫雅依洛，一見耶穌，就跪伏在他腳前，懇切求他說：「我的小女兒快要死了，請你來，給她覆手，叫她得救回生。」耶穌就同他去了。有一大群人跟隨著他，擁擠著他。那時，有一個婦人，患血漏已有十二年。她在許多醫生手裡，受了許多痛苦，花盡了自己所有的一切，不但沒有見效，反而病勢更加重了。她聽了有關耶穌的傳說，便來到人群中，從後邊摸了耶穌的衣裳，因為她心裡想：「我只要一摸他的衣裳，必然會好的。」她的血源立刻涸竭了，並且覺得身上的疾病也好了。耶穌立時覺得有一種能力從自己身上出去，就在人群中回過頭來說：「誰摸了我的衣裳？」他的門徒向他說：「你看！群眾四面擁擠著你，你還問：誰摸了我？」耶穌四周觀望，要看作這事的婦人。那婦人明知在自己身上所成的事，就戰戰兢兢地前來，跪伏在耶穌前，把實情完全告訴了他。耶穌便向她說：「女兒，你的信德救了你，平安去罷！你的疾病必得痊癒！」他還說話的時候，有人從會堂長家裡來，說：「你的女兒死了，你還來煩勞師傅做什麼？」耶穌聽見所說的話，就給會堂長說：「不要怕，只管信。」除伯多祿、雅各伯和雅各伯的弟弟若望外，他沒有讓任何人跟他去。他們到了會堂長的家裡，耶穌看見群眾非常喧噪：有的哭泣，有的哀號，便進去，給他們說：「你們為什麼喧噪哭泣呢？小女孩並沒有死，只是睡著了！」他們都譏笑他。他卻把眾人趕出去，帶著小女孩的父親和母親，及同他在一起的人，進了小女孩所在的地方。他拿起小女孩的手，對她說：「塔里塔，古木！」意思是：「女孩子，我命你起來！」那女孩子就立刻起來行走，原來她已十二歲了；他們都驚訝得目瞪口呆。

耶穌卻嚴厲命令他們，不要叫任何人知道這事；又吩咐給女孩子吃的。（五21-43）

宗徒們聚集到耶穌跟前，將他們所作所教的一切，都報告給耶穌。耶穌向他們說：「你們來，私下到荒野的地方去休息一會兒！」這是因為來往的人很多，以致他們連吃飯的工夫也沒有。他們便乘船私下往荒野的地方去了。人看見他們走了。許多人也知道他們要去的地方，便從各城徒步，一起往那裡奔走，且在他們以先到了。耶穌一下船，看見一大夥群眾，就對他們動了憐憫的心，因為他們好像沒有牧人的羊，遂開口教訓他們許多事。時間已經很晚了，他的門徒來到他跟前說：「這地方是荒野，且時間已經很晚了，請你遣散他們，好叫他們往四周田舍村莊去，各自買東西吃。」耶穌卻回答說：「你們自己給他們吃的罷！」門徒向他說：「我們去買兩百塊銀錢的餅給他們吃嗎？」耶穌問他們說：「你們有多少餅？去看看！」他們一知道了，就說：「五個餅，兩條魚。」於是耶穌吩咐他們，叫眾人一夥一夥地坐在青草地上。人們就一組一組地坐下：或一百人，或五十人。耶穌拿起那五個餅和那兩條魚來，舉目向天，祝福了，把餅擘開，遞給門徒，叫他們擺在眾人面前，把兩條魚也分給眾人。眾人吃了，也都飽了；人就把剩餘的碎塊收了滿滿十二筐；還有魚的碎塊。吃餅的，男人就有五千。（六30-44）

伯多祿的告白：承認耶穌是默西亞

耶穌和他的門徒起身，往斐理伯的凱撒勒雅附近的村莊去；在路上問自己的門徒說：「人們說我是誰？」他們回答說：「是洗者若翰；也有些人說是厄里亞；還有些人說是先知

中的一位。」耶穌又問他們說：「你們說我是誰？」伯多祿回答說：「你是默西亞。」耶穌就嚴禁他們，不要向任何人談及他。（八 27-30）

第二部分

人子之路：首次預言受難和復活

耶穌便開始教訓他們：人子必須受許多苦，被長老、司祭長和經師棄絕，且要被殺害；但三天以後必要復活。耶穌明明說了這話。伯多祿便拉他到一邊，開始諫責他。耶穌卻轉過身來，注視著自己的門徒，責斥伯多祿說：「撒殫，退到我後面去！因為你所體會的，不是天主的事，而是人的事。」他遂召集群眾和門徒來，對他們說：「誰若願意跟隨我，該棄絕自己，背著自己的十字架，跟隨我，因為誰若願意救自己的性命，必要喪失性命；但誰若為我和福音的緣故，喪失自己的性命，必要救得性命。人縱然賺得了全世界而賠上自己的靈魂，為他有什麼益處？人還能拿什麼作為自己靈魂的代價？誰若在這淫亂和罪惡的世代中，以我和我的話為恥，將來人子在他父的光榮中，同諸聖天使降來時，也要以他為恥。」（八 31-38）

耶穌顯聖容

六天後，耶穌帶著伯多祿、雅各伯和若望，單獨帶領他們上了一座高山，在他們前變了容貌：他的衣服發光，那樣潔白，世上沒有一個漂布的能漂得那樣白。厄里亞和梅瑟也顯現給他們，正在同耶穌談論。伯多祿遂開口對耶穌說：「師傅，

我們在這裡真好！讓我們張搭三個帳棚：一個為你，一個為梅瑟，一個為厄里亞。」他原不知道該說什麼，因為他們都嚇呆了。當時，有一團雲彩遮蔽了他們，從雲中有聲音說：「這是我的愛子，你們要聽從他！」他們忽然向四周一看，任誰都不見了，只有耶穌同他們在一起。他們從山上下來的時候，耶穌囑咐他們，非等人子從死者中復活後，不要將他們所見的告訴任何人。（九 2-9）

第二次預言受難和復活

他們從那裡起身，經過加里肋亞；耶穌卻不願叫人知道。因為那時他教訓他的門徒，給他們說：「人子將要被交在人手中，為人所殺；被殺以後，過了三天，他必要復活。」門徒卻不明白這些話，又害怕詢問他。（九 30-32）

門徒的盲目：爭論天國中誰最大

他們來到葛法翁，進到家裡，耶穌問他們說：「你們在路上爭論了什麼？」他們都默不作聲，因為他們在路上彼此爭論誰最大。耶穌坐下，叫過那十二人來，給他們說：「誰若想做第一個，他就得做眾人中最末的一個，並要做眾人的僕役。」遂領過一個小孩子來，放在門徒中間，抱起他來，給他們說：「誰若因我的名字，收留一個這樣的小孩子，就是收留我；誰若收留我，並不是收留我，而是收留那派遣我來的。」若望向耶穌說：「師傅！我們見過一個人，他因你的名字驅魔，我們禁止了他，因為他不跟從我們。」耶穌說：「不要禁止他，因

為沒有任何人，以我的名字行了奇蹟，就會立刻誹謗我的，因為誰不反對我們，就是傾向我們。」（九 33-40）

富少年與耶穌相遇

正在耶穌出來行路時，跑來了一個人，跪在他面前，問他說：「善師，為承受永生，我該作什麼？」耶穌對他說：「你為什麼稱我善？除了天主一個外，沒有誰是善的。誡命你都知道：不可殺人，不可姦淫，不可偷盜，不可做假見證，不可欺詐，應孝敬你的父母。」他回答耶穌說：「師傅！這一切我從小就都遵守了。」耶穌定睛看他，就喜愛他，對他說：「你還缺少一樣：你去，變賣你所有的一切，施捨給窮人，你必有寶藏在天上；然後來，背著十字架，跟隨我！」因了這話，那人就面帶愁容，憂鬱地走了，因為他有許多產業。耶穌周圍一看，對自己的門徒說：「那些有錢財的人，進天主的國是多麼難啊！」門徒就都驚奇他這句話。耶穌又對他們說：「孩子們！仗恃錢財的人，進天主的國是多麼難啊！駱駝穿過針孔，比富有的人進天主的國還容易。」他們就更加驚奇，彼此說：「這樣，誰還能得救？」耶穌注視他們說：「在人不可能，在天主卻不然，因為在天主，一切都是可能的。」（十 17-27）

門徒的百倍賞報

伯多祿開口對他說：「看，我們捨棄了一切，而跟隨了你。」耶穌回答說：「我實在告訴你們：人為了我，為了福音，而捨棄了房屋、或兄弟、或姊妹、或母親、或父親、或兒女、或田地，沒有不在今時就得百倍的房屋、兄弟、姊妹、母

親、兒女、田地──連迫害也在內，並在來世獲得永生。但有許多在先的，要成為在後的；在後的，要成為在先的。」（十28-31）

第三次預言受難和復活

那時，他們在路上，要上耶路撒冷去，耶穌在門徒前頭走，他們都驚奇，跟隨的人也都害怕。耶穌又把那十二人帶到一邊，開始告訴他們那將要臨到他身上的事：「看，我們上耶路撒冷去，人子要被交於司祭長和經師；他們要定他的死罪，要把他交給外邦人；這些人要戲弄他，唾污他，鞭打他，殺害他；但三天以後，他必要復活。」（十32-34）

門徒們的盲目：載伯德二子的要求

載伯德的兒子雅各伯和若望走到耶穌跟前，對他說：「師傅！我們願你允許我們的要求！」耶穌對他們說：「你們願意我給你們做什麼？」他們回答說：「賜我們在你的光榮中，一個坐在你右邊，一個坐在你左邊。」耶穌對他們說：「你們不知道你們所求的是什麼；你們能飲我飲的爵嗎？或者，你們能受我受的洗嗎？」他們對他說：「我們能。」耶穌就對他們說：「我飲的爵，你們必要飲；我受的洗，你們必要受；但坐在我右邊或左邊，不是我可以給你的，而是給誰預備了，就給誰。」那十個聽了，就開始惱怒雅各伯和若望。耶穌叫門徒過來，對他們說：「你們知道：在外邦人中，有尊為首領的，主宰他們，有大臣管轄他們；但你們中間，卻不可這樣：誰若願意在你們中間成為大的，就當作你們的僕役；誰若願意在你們

中間為首，就當作眾人的奴僕；因為人子，不是來受服事，而是來服事人，並交出自己的性命，為大眾作贖價。」（十 35-45）

耶里哥的瞎子跟隨耶穌

他們來到了耶里哥。耶穌和他的門徒及一大群人，從耶里哥出來的時候，有一個瞎眼的乞丐，即提買的兒子巴爾提買坐在路旁。他一聽說是納匝肋人耶穌，就喊叫說：「耶穌，達味之子，可憐我罷！」有許多人就斥責他，叫他不要作聲；但他越發喊叫說：「達味之子，可憐我罷！」耶穌就站住說：「叫他過來！」人就叫那瞎子，給他說：「放心！起來！他叫你呢！」瞎子就扔下自己的外衣，跳起來，走到耶穌跟前。耶穌對他說：「你願意我給你做什麼？」瞎子說：「師傅！叫我看見！」耶穌對他說：「去罷！你的信德救了你。」瞎子立刻看見了，就在路上跟著耶穌去了。（十 46-52）

耶路撒冷的審判

耶穌榮進耶城

當他們將近耶路撒冷，到了貝特法革和伯達尼，在橄欖山那裡時，耶穌就打發兩個門徒，對他們說：「你們往對面的村莊裡去，一進村莊，立時會看見一匹拴著的驢駒，是從來沒有人騎過的；把它解開牽來。若有人對你們說：你們做什麼？你們就說：主要用它，但是會立刻把它牽回這裡來。」他們去了，便見一匹驢駒，拴在門外街道上，就把它解開。在那裡站

著的人，有人對他們說：「你們解開驢駒做什麼？」門徒就按照耶穌所吩咐的對他們說了；那些人遂容許了他們。他們把驢駒牽到耶穌跟前，把自己的外衣搭在上面，耶穌就騎了上去。有許多人把自己的外衣，另有些人把從田間砍來的綠樹枝，鋪在路上，前行後隨的人，都喊著說：「賀三納！因上主之名而來的，應受讚頌！那要來的我們祖先達味之國，應受讚頌！賀三納於至高之天！」耶穌進了耶路撒冷，到聖殿裡，周圍察看了一切，時辰已晚，遂同十二門徒出來，往伯達尼去了。

以行動和比喻來審判

他們來到耶路撒冷。耶穌一進殿院，就開始把在殿院裡的買賣人趕出去，把錢莊的桌子和賣鴿子的凳子推翻，也不許人帶著器皿由殿院裡經過，教訓他們說：「經上不是記載：『我的殿宇將稱為萬民的祈禱之所』麼？你們竟把它作成了賊窩！」司祭長和經師聽了，就設法要怎樣除掉他，卻又害怕他，因為全群眾對他的教訓都驚奇不已。（十一 15-18）

耶穌開始用比喻對他們說：「有一個人培植了一個葡萄園，周圍圍上了籬笆，掘了一個榨酒池，築了一座守望台，把它租給園戶，就離開了本國。到了時節，他便打發一個僕人到園戶那裡，向園戶收取園中的果實；園戶卻抓住他，打了他，放他空手回去。主人又打發別的一個僕人到他們那裡去；他們打傷了他的頭，並且凌辱了他。主人又打發另一個，他們把他殺了；後又打發好些僕人去：有的他們打了，有的他們殺了。主人還有一個，即他的愛子；最後就打發他到他們那去，說：他們必會敬重我的兒子。那些園戶卻彼此說：這是繼承人，來！我們殺掉他，將來產業就歸我們了。於是，抓住他殺了，

把他拋在葡萄園外。那麼，葡萄園的主人要怎樣處置呢？他必來除滅這些園戶，將葡萄園另租給別人。你們沒有讀過這段經文嗎？『匠人棄而不用的石頭，反而成了屋角的基石：那是上主的所作所為，在我們眼中神妙莫測。』他們明白這比喻是指他們說的，就想逮住他；但害怕群眾，於是，離開他走了。（十二 1-12）

三段爭論：關於納稅、復活和最大的誡命

後來，他們派了幾個法利塞人和黑落德黨人到耶穌那裡，要用言論來陷害他。他們來對他說：「師傅！我們知道你是真誠的，不顧忌任何人，因為你不看人的情面，只按真理教授天主的道路。給凱撒納丁稅，可以不可以？我們該納不該納？」耶穌識破了他們的虛偽，便對他們說：「你們為什麼試探我？拿一個『德納』[2]來給我看看！」他們拿了來。耶穌就問他們說：「這肖像和字型大小是誰的？」他們回答說：「凱撒的。」耶穌就對他們說：「凱撒的就應歸還凱撒，天主的就應歸還天主。」他們對他非常驚異。（十二 13-17）

否認復活的撒杜塞人來到耶穌跟前，問他說：「師傅！梅瑟曾給我們寫說：如果一個人的哥哥死了，撇下妻子而沒留下孩子，他的弟弟就應娶他的妻子，給他哥哥立嗣。曾有兄弟七人，第一個娶了妻，沒有留下子嗣就死了。第二個娶了她，也沒有留下子嗣就死了；第三個也是這樣。那七個都沒有留下子嗣；末了，那婦人也死了。在復活時，他們復活以後，她將是他們中那一個人的妻子？因為七個人都娶過她為妻。」耶穌對

2　德納（denarius），羅馬錢幣，常刻有皇帝肖像及年號，價值約等於葡萄園工人一日的薪資。

他們說：「你們豈不是因為沒有明瞭經書，也沒有明瞭天主的能力，而錯誤了嗎？因為人從死者中復活後，也不娶，也不嫁，就像天上的天使一樣。關於死人復活的事，在梅瑟書上荊棘篇中，你們沒有讀過，天主怎樣對他說的嗎？他說：『我是亞巴郎的天主，依撒格的天主，和雅各伯的天主。』他不是死人的，而是活人的天主，所以你們大錯了！」（十二 18-27）

有一個經師聽見了他們辯論，覺得耶穌對他們回答的好，便上前來，問他說：「一切誡命中，哪一條是第一條呢？」耶穌回答說：「第一條是：『以色列！你要聽！上主我們的天主是唯一的天主。你應當全心、全靈、全意、全力愛上主，你的天主。』第二條是：『你應當愛近人如你自己。』再沒有別的誡命比這兩條更大的了。」那經師對耶穌說：「不錯，師傅說的實在對：他是唯一的，除他以外，再沒有別的：應以全心、全意、全力愛他，並愛近人如自己，遠超過一切全燔祭和犧牲。」耶穌見他回答得明智，便對他說：「你離天主的國不遠了。」從此，沒有人敢再問他。（十二 28-34）

人子的苦難——耶穌苦難史

陰謀與背叛

兩天後就是逾越節和無酵節，司祭長和經師設法要怎樣用詭計捉拿耶穌，而把他殺害，因為他們說：「不要在節慶內，怕民間發生暴動。」（十四 1-2）

當耶穌在伯達尼癩病人西滿家裡，正坐席的時候，來了一個女人，拿著一玉瓶珍貴的純「納爾多」香液。她打破玉瓶，就倒在耶穌頭上。有些人頗不滿意，就彼此說：「為什麼要這

樣浪費香液？這香液原可以賣三百多塊銀錢，施捨給窮人！」他們對那女人很生氣。耶穌卻說：「由她罷！你們為什麼叫她難受？她在我身上做了一件善事，因為你們常有窮人同你們在一起，你們幾時願意，就能給他們行善；但是我，你們卻不常有。她已做了她能做的：提前傅抹了我的身體，是為安葬之事。我實在告訴你們：將來福音無論傳到全世界什麼地方，必要述說她所做的事，來紀念她。」於是，那十二人中之一，猶達斯依斯加略，去見司祭長，要把耶穌交予他們。他們聽了以後，不勝欣喜，許下給他銀錢；他就找尋良機，將耶穌交出。（十四 3-11）

耶穌犧牲的準備——在最後晚餐中建立聖體聖事晚餐

　　無酵節的第一天，即宰殺逾越節羔羊的那一天，門徒對耶穌說：「你願我們往那裡去，給你預備吃逾越節晚餐？」耶穌就打發兩個門徒，對他們說：「你們往城裡去，必有一個拿著水罐的人迎面而來，你們就跟著他去；他無論進入哪裡，你們就對那家主說：師傅問：我同我的門徒吃逾越節晚餐的客廳在那裡？他必指給你們一間鋪設好了的寬大樓廳，你們就在那裡為我們預備罷！」門徒去了，來到城裡，所遇見的，正如耶穌給他們所說的；他們就預備了逾越節晚餐。

　　到了晚上，耶穌同那十二人來了。他們坐席吃飯時，耶穌說：「我實在告訴你們：你們中有一個與我同食的要負賣我。」他們就都憂悶起來，一個一個地問他說：「難道是我嗎？」耶穌對他們說：「是十二人中的一個，同我一起在盤子裡蘸的那一個。人子固然要按照指著他所記載的而去，但是負賣人子的那人是有禍的！那人若沒有生，為他更好。」

他們正吃的時候，耶穌拿起餅來，祝福了，擘開，遞給他們說：「你們拿去吃罷！這是我的身體。」又拿起杯來，祝謝了，遞給他們，他們都從杯中喝了。耶穌對他們說：「這是我的血，新約的血，為大眾流出來的。我實在告訴你們：我絕不再喝這葡萄汁了，直到我在天主的國裡喝新酒的那天。」（十四 12-25）

預言門徒逃散和伯多祿背主

他們唱完聖詠，就出來，往橄欖山去了。耶穌對他們說：「你們都要跌倒，因為有記載說：『我要打擊牧人，羊群就要四散。』但我復活後，要在你們以先，到加里肋亞去。」伯多祿對他說：「即便眾人都要跌倒，我卻不然。」耶穌就向他說：「我實在告訴你：就在今天，這一夜裡，雞叫兩遍以前，你要三次不認我。」伯多祿更加激烈地說：「即便我該同你一起死，我也絕不會不認你。」眾人也都這樣說了。（十四 26-31）

山園祈禱

他們來到一個名叫革責瑪尼的莊園裡；耶穌對門徒說：「你們坐在這裡，等我去祈禱。」遂帶著伯多祿、雅各伯和若望與他同去；他開始驚懼恐怖，便對他們說：「我的心靈悲傷得要死；你們留在這裡，且要醒寤。」耶穌往前走了不遠，俯伏在地祈求，如果可能，使這時辰離他而去，說：「阿爸！父啊！一切為你都可能：請給我免去這杯罷！但是，不要照我所願意的，而要照你所願意的。」耶穌回來，見他們睡著了，就

對伯多祿說：「西滿！你睡覺嗎？你不能醒寤一個時辰嗎？你們醒寤祈禱罷！免陷於誘惑。心神固然切願，但肉體卻軟弱。」耶穌又去祈禱，說了同樣的話。他又回來，見他們仍是睡著，因為他們的眼睛沉重，也不知道要回答他什麼。他第三次回來，對他們說：「你們還睡下去嗎？還安息嗎？夠了！時辰到了，看，人子就要被交付在罪人手中了。起來！我們去罷！看，那負賣我的來近了。」（十四 32-42）

耶穌被捕，宗徒逃散

耶穌還說話的時候，那十二人中之一的猶達斯，遂即到了，同他一起的，還有帶著刀劍棍棒的群眾，是由司祭長、經師和長老那裡派來的。那出賣耶穌的人曾給他們一個暗號說：「我口親誰，誰就是；你們拿住他，小心帶去。」猶達斯一來，便立刻到耶穌跟前說：「辣彼！」遂口親了他。他們就向耶穌下手，拿住了他。站在旁邊的人中，有一個拔出劍來，砍了大司祭的僕人一劍，削下了他的一個耳朵。耶穌開口對他們說：「你們帶著刀劍棍棒出來拿我，如同對付強盜一樣；我天天在你們當中，在聖殿裡施教，你們沒有拿我；但這是為應驗經上的話。」門徒都撇下他逃跑了。那時，有一個少年人，赤身披著一塊麻布，跟隨耶穌，人們也抓住了他；但他撇下麻布，赤著身子逃走了。（十四 43-52）

耶穌在大司祭前被判死罪

他們把耶穌帶到大司祭那裡，所有的司祭長、長老和經師也都聚集在那裡。伯多祿遠遠地跟著耶穌，直到大司祭的庭院

裡面，同差役們坐在一起，烤火取暖。司祭長和全體公議會，尋找證據反對耶穌，為把他處死，卻沒有找著。原來有許多人造假證據告他，但那些證據各不相符。有幾個人站起來，作假見證告他說：「我們曾聽他說過：我要拆毀這座用手建造的聖殿，三天內要另建一座不用手建造的。」連他們的這證據也不相符合。於是，大司祭起來，站在中間，問耶穌說：「這些人作證反對你的事，你什麼也不回答嗎？」耶穌卻不作聲，什麼也不回答。大司祭又問他說：「你是默西亞，那應受讚頌者的兒子嗎？」耶穌說：「我是，並且你們要看見人子，坐在大能者的右邊，乘著天上的雲彩降來。」大司祭遂撕裂自己的衣服說：「何必還需要見證呢？你們都聽見褻瀆的話了，你們看著該怎樣？」眾人都判定他該死。有些人就開始向他吐唾沫，蒙起他的臉來，用拳頭打他，對他說：「你作先知罷！」差役且用巴掌打他。（十四 53-65）

伯多祿三次背主

伯多祿在下邊庭院裡時，來了一個大司祭的使女，看見伯多祿烤火，就注視他說：「你也是和那個納匝肋人耶穌一起的。」伯多祿卻否認說：「我不知道，也不明白你說什麼。」他遂走出去，到了門廊，雞就叫了。那使女看見他，就又給站在旁邊的人說：「這也是他們中間的人。」伯多祿又否認了。過了一會兒，站在旁邊的人又再對伯多祿說：「你確是他們中間的，因為你也是個加里肋亞人。」伯多祿就開始詛咒，並發誓說：「我不認得你們說的這個人。」立時雞叫了第二遍。伯多祿遂想起耶穌給他所說的話：「雞叫二遍以前，你要三次不認我。」就放聲大哭起來。（十四 66-72）

耶穌在比拉多前

一到清晨，司祭長、長老及經師和全體公議會商討完畢，就把耶穌捆綁了，解送給比拉多。比拉多問他說：「你是猶太人的君王嗎？」耶穌回答說：「你說的是。」司祭長控告他許多事；比拉多又問他說：「你看，他們控告你這麼多的事，你什麼都不回答嗎？」耶穌仍沒有回答什麼，以致比拉多大為驚異。（十五 1-5）

每逢節日，總督慣常給民眾釋放一個他們所要求的囚犯。當時有一個名叫巴辣巴的，他是與那些在暴動中殺人的暴徒一同被囚的。群眾上去，要求照常給他們辦理。比拉多回答他們說：「你們願意我給你們釋放猶太人的君王嗎？」他原知道司祭長是由於嫉妒才把耶穌解送來的。但是，司祭長卻煽動群眾，寧要給他們釋放巴辣巴。比拉多又向他們說：「那麼，對你們所稱的猶太人君王，我可怎麼辦呢？」他們又喊說：「釘他在十字架上！」比拉多對他們說：「他做了什麼惡事？」他們越發喊說：「釘他在十字架上！」比拉多願意滿足群眾，就給他們釋放了巴辣巴，把耶穌鞭打後，交給他們，釘在十字架上。（十五 6-15）

頭戴茨冠，受人戲弄

兵士把耶穌帶到庭院裡面，即總督府內，把全隊叫齊，給耶穌穿上紫紅袍，編了一個茨冠給他戴上，開始向他致敬說：「猶太人的君王，萬歲！」然後用一根蘆葦敲他的頭，向他吐唾沫，屈膝朝拜他。（十五 16-19）

上加爾瓦略山

他們戲弄了耶穌之後，就給他脫去紫紅袍，給他穿上他自己的衣服，然後帶他出去，把他釘在十字架上。有一個基勒乃人西滿，是亞歷山大和魯富的父親，他從田間來，正路過那裡，他們就強迫他背耶穌的十字架。他們將耶穌帶到哥耳哥達地方，解說「髑髏」的地方，就拿沒藥調和的酒給他喝，耶穌卻沒有接受。他們就將他釘在十字架上，並把他的衣服分開，拈鬮，看誰得什麼。他們把耶穌釘在十字架上時，正是第三時辰。他的罪狀牌上寫的是：「猶太人的君王。」與他一起還釘了兩個強盜：一個在他右邊，一個在他左邊。這就應驗了經上所說的：「他被列於叛逆之中。」（十五 20-28）

懸在十字架上

路過的人都侮辱他，搖著頭說：「哇！你這拆毀聖殿，三天內重建起來的，你從十字架上下來，救你自己罷！」同樣，司祭長與經師也譏笑他，彼此說：「他救了別人，卻救不了自己！默西亞，以色列的君王！現在從十字架上下來罷，叫我們看了好相信！」連與他一起釘在十字架上的人也辱罵他。到了第六時辰，遍地昏黑，直到第九時辰。在第九時辰，耶穌大聲呼號說：「厄羅依，厄羅依，肋瑪，撒巴黑塔尼？」意思是：「我的天主，我的天主，你為什麼捨棄了我？」旁邊站著的人中有的聽見了，就說：「看，他呼喚厄里亞呢！」有一個人就跑過去，把海綿浸滿了醋，綁在蘆葦上，遞給他喝，說：「等一等，我們看，是否厄里亞來將他卸下。」（十五 29-36）

耶穌斷氣而死，百夫長的告白

耶穌大喊一聲，就斷了氣。聖所裡的帳幔，從上到下，分裂為二。對面站著的百夫長，看見耶穌這樣斷了氣，就說：「這人真是天主子！」（十五 37-39）

還有些婦女從遠處觀望，其中有瑪利亞瑪達肋納，次雅各伯和若瑟的母親瑪利亞及撒羅默。她們當耶穌在加里肋亞時，就跟隨了他，服事他；還有許多別的與耶穌同上耶路撒冷來的婦女。（十五 40-41）

卸下遺體安葬

到了傍晚，因為是預備日，就是安息日的前一天，來了一個阿黎瑪特雅人若瑟，他是一位顯貴的議員，也是期待天國的人。他大膽地晉見比拉多，要求耶穌的遺體。比拉多驚異耶穌已經死了，遂叫百夫長來，問他耶穌是否已死。既從百夫長口中得知了實情，就把屍體賜給了若瑟。若瑟買了殮布，把耶穌卸下來，用殮布裹好，把他安放在岩石中鑿成的墳墓裡；然後把一塊石頭滾到墳墓門口。那時，瑪利亞瑪達肋納和若瑟的母親瑪利亞，留心觀看安放耶穌的地方。（十五 42-47）

結論：耶穌復活升天

安息日一過，瑪利亞瑪達肋納、雅各伯的母親瑪利亞和撒羅默買了香料，要去傅抹耶穌。一週的第一天，大清早，她們來到墳墓那裡；那時，太陽剛升起，她們彼此說：「誰給我們從墳墓門口滾開那塊石頭呢？」但舉目一望，看見那塊很大的

石頭已經滾開了。她們進了墳墓，看見一個少年人，坐在右邊，穿著白衣，就非常驚恐。那少年人向她們說：「不要驚惶！你們尋找那被釘在十字架上的納匝肋人耶穌，他已經復活了，不在這裡了；請看安放過他的地方！但是你們去，告訴他的門徒和伯多祿說：他在你們以先往加里肋亞去，在那裡你們要看見他，就如他所告訴你們的。」她們一出來，就從墳墓那裡逃跑了，因為戰慄和恐懼攫住了她們，她們什麼也沒有給人說，因為她們害怕。（十六 1-8）

復活後的顯現

一週的第一天，清早，耶穌復活後，首先顯現給瑪利亞瑪達肋納：耶穌曾從她身上逐出過七個魔鬼。她去報告那些一向同耶穌在一起的人，那時，他們正在哀號哭涕。他們聽說耶穌活了，並顯現於她，他們卻不相信。此後，他們中有兩個人往鄉下去；走路的時候，耶穌借了另一個形狀顯現給他們。他們就去報告其餘的人，但那些人對他們也不相信。最後，當他們十一人坐席的時候，耶穌顯現給他們，責斥他們的無信和心硬，因為他們不信那些在他由死者中復活後，見了他的人。（十六 9-14）

在加里肋亞山上，派遣宗徒往訓萬民

然後耶穌對他們說：「你們往普天下去，向一切受造物宣傳福音，信而受洗的必要得救；但不信的必被判罪。信的人必有這些奇蹟隨著他們：因我的名驅逐魔鬼說新語言，手拿毒蛇，甚或喝了什麼致死的毒物，也絕不受害；按手在病人身

上，可使人痊癒。」（十六 15-18）

耶穌升天

　　主耶穌給他們說了這些話以後，就被接升天，坐在天主的右邊。他們出去，到處宣講，主與他們合作，並以奇蹟相隨，證實所傳的道理。（十六 19-20）

〈瑪竇福音〉

　　聖史瑪竇可能在西元八〇至九〇年間編寫福音書，寫作的環境可能是在歸化為基督徒的猶太人團體。這部福音書一直受到教會的高度推崇並置於福音書之首，因為他綜合了《馬爾谷福音》之耶穌是默西亞天主子的十字架啟示，「Q來源」對於耶穌是「末日審判者」的神學思想，猶太人和其法律有關的思想，以及非猶太之批判法律的思想。由於瑪竇跟隨馬爾谷的架構，選讀的資料將著重耶穌的童年敘述、五大言論、少數瑪竇的獨有經文，及最後往訓萬民的派遣。

　　對於耶穌的出生與童年，馬爾谷隻字未提，只肯定祂受若翰洗禮時已經是天主子（谷－1）。後來編寫福音書的瑪竇與路加繼續探索耶穌的出身來歷，並將早期教會傳承的童年敘述寫出來，但並不是純粹的傳記，而是以傳記的框架來宣報耶穌是基督的好消息：祂是以色列人所期待的皇室默西亞，祂的來到宣布天國即將來臨，祂的誕生是為拯救世界萬民，在祂身上天主實現了救恩的許諾。

　　兩部福音的童年敘述各具特色，卻可能應用某些共同的史料，包括：耶穌的雙親是瑪利亞和若瑟，他們合法訂了婚，瑪利亞的受孕不是人為的，若瑟是聖王達味的後裔，天使報告嬰兒耶穌的降孕並為祂起名字，祂於黑落德王統治時誕生在白冷城，並在納匝肋長大。童年敘述雖只佔八十九章福音書的四章，卻給基督徒生活與敬禮提供非常豐富的材料，對基督信仰的核心信理——耶穌是真人與真天主——有很大的幫助，因為童年敘述肯定耶穌從降孕起就是天主子，對耶穌誕生的生動描繪也顯示祂真實的人性。由於耶穌的身分，從祂生命的開始到

後來公開傳福音，都有一個共同的特徵：並非所有的人都接受他的先知性行動與宣講，這導致祂的死亡。

耶穌的來臨開啟了天主的國，童年敘述是福音的神學序幕。瑪竇一開始就強調耶穌是王室的後裔，從耶穌的祖先可以得悉耶穌的身分，祂是「達味之子」、「厄瑪努耳」（意指天主與我們同在），是達味和亞巴郎的後裔。以色列人深信他們真正的君王是天主，而耶穌被釘十字架上方罪狀牌所寫的嘲諷罪名──「這是猶太人的君王」，正弔詭地揭示了耶穌真正的身分。

從結構來鳥瞰，瑪竇以傳記的次序來編排耶穌的生平：耶穌的誕生（一－二章），洗者若翰的活動（三1-12），耶穌受洗和受試探（三13－四11），耶穌的公開宣講和訓導（四12－十八35），耶穌前往耶路撒冷（十九－二十章），在耶路撒冷發生的事蹟與宣講（二一－二五章），耶穌受難史（二六－二七章），復活的報道及派遣門徒往訓萬民（二八章）。

整部《瑪竇福音》充分展現耶穌王者之風的「導師」面貌，傳授信徒團體有關天國的道理。瑪竇把不同來源的耶穌言論組織起來，安排為五個言論，其固定的結尾格式（瑪七28、十一1、十三53、十九1、二六1）具有轉折的功能，與六段耶穌言行的敘述交錯排列，將福音的記敘文體巧妙地環扣起來。這五個言論各有其主題、文學風格與特色，包括：（一）山中聖訓，（二）傳福音的言論，（三）比喻式的言論，（四）教會的言論，（五）末世言論。

耶穌童年史

耶穌的祖譜

亞巴郎之子，達味之子耶穌基督的族譜：亞巴郎生依撒格，依撒格生雅各伯，雅各伯生猶大和他的兄弟們；……雅各伯生若瑟、瑪利亞的丈夫，瑪利亞生耶穌，他稱為基督。所以從亞巴郎到達味共十四代，從達味到流徙巴比倫共十四代，從流徙巴比倫到基督共十四代。（一 1-2，16-17）

天使顯現和預報救主的身分

耶穌基督的誕生是這樣的：他的母親瑪利亞許配於若瑟後，在同居前，她因聖神有孕的事已顯示出來。她的丈夫若瑟，因是義人，不願公開羞辱她，有意暗暗地休退她。當他在思慮這事時，看，在夢中上主的天使顯現給他說：「達味之子若瑟，不要怕娶你的妻子瑪利亞，因為那在她內受生的，是出於聖神。她要生一個兒子，你要給他起名叫耶穌，因為他要把自己的民族，由他們的罪惡中拯救出來。」這一切事的發生，是為應驗上主藉先知所說的話：「看，一位貞女，將懷孕生子，人將稱他的名字為厄瑪奴耳，意思是：天主與我們同在。若瑟從睡夢中醒來，就照上主的天使所囑咐的辦了，娶了他的妻子；若瑟雖然沒有認識她，她就生了一個兒子，給他起名叫耶穌。（一 18-25）

東方賢士代表外邦人來朝拜耶穌

當黑落德為王時，耶穌誕生在猶大的白冷；看，有賢士從東方來到耶路撒冷，說：「才誕生的猶太人君王在哪裡？我們在東方見到了他的星，特來朝拜他。」黑落德王一聽說，就驚慌起來，全耶路撒冷也同他一起驚慌。他便召集了眾司祭長和民間的經師，仔細考問他們：默西亞應當生在哪裡。他們對他說：「在猶大的白冷，因為先知曾這樣記載：『你猶大的白冷啊！你在猶大的群邑中，絕不是最小的，因為將由你出來一位領袖，他將牧養我的百姓以色列。』於是黑落德暗暗把賢士叫來，仔細詢問他們那星出現的時間；然後打發他們往白冷去，說：「你們去仔細尋訪嬰孩，幾時找到了，給我報信，好讓我也去朝拜他。」他們聽了王的話，就走了。看，他們在東方所見的那星，走在他們前面，直至來到嬰孩所在的地方，就停在上面。他們一見到那星，極其高興歡喜。他們走進屋內，看見嬰兒和他的母親瑪利亞，遂俯伏朝拜了他，打開自己的寶匣，給他奉獻了禮物，即黃金、乳香和沒藥。他們在夢中得到指示，不要回到黑落德那裡，就由另一條路返回自己的地方去了。（二 1-12）

黑落德王迫害嬰孩耶穌

他們離去後，看，上主的天使托夢顯於若瑟說：「起來，帶著嬰孩和他的母親逃往埃及去，住在那裡，直到我再通知你，因為黑落德即將尋找這嬰孩，要把他殺掉。」若瑟便起來，星夜帶了嬰孩和他的母親，退避到埃及去了。留在那裡，直到黑落德死去。這就應驗了上主藉先知所說的話：「我從埃

及召回了我的兒子。」……黑落德死後，看，上主的天使在埃及托夢顯於若瑟，說：「起來，帶著孩子和他的母親，往以色列地去，因為那些謀殺孩子性命的人死了。」他便起來，帶了孩子和他的母親，進了以色列地域；但是一聽說阿爾赫勞繼他父親黑落德作了猶太王，就害怕到那裡去；夢中得到了指示後，便退避到加里肋亞境內，去住在一座名叫納匝肋的城中，如此應驗了先知們所說的話：「他將稱為納匝肋人。」（二 13-15，19-23）

耶穌的五個言論

（一）山中聖訓（5-7章）[3]

真福八端

耶穌一見群眾，就上了山，坐下；他的門徒上他跟前來，他遂開口教訓他們說：「神貧的人是有福的，因為天國是他們的。哀慟的人是有福的，因為他們要受安慰。溫良的人是有福的，因為他們要承受土地。饑渴慕義的人是有福的，因為他們要得飽飫。憐憫人的人是有福的，因為他們要受憐憫。心裡潔淨的人是有福的，因為他們要看見天主。締造和平的人是有福的，因為他們要稱為天主的子女。為義而受迫害的人是有福的，因為天國是他們的。幾時人為了我而辱罵迫害你們，捏造一切壞話毀謗你們，你們是有福的。你們歡喜踴躍罷！因為你們在天上的賞報是豐厚的，因為在你們以前的先知，人也曾這樣迫害過他們。」（五 1-12）

---

3 耶穌宣講天國和天國的要求。對象是門徒，以群眾為背景。

基督徒與世界的關係

「你們是地上的鹽，鹽若失了味，可用什麼使它再鹹呢？它再毫無用途，只好拋在外邊，任人踐踏罷了。你們是世界的光；建在山上的城，是不能隱藏的。人點燈，並不是放在斗底下，而是放在燈檯上，照耀屋中所有的人。照樣，你們的光也當在人前照耀，好使他們看見你們的善行，光榮你們在天之父。」（五 13-16）

新法律成全舊法律

「你們不要以為我來是廢除法律或先知；我來不是為廢除，而是為成全。我實在告訴你們：即使天地過去了，一撇或一畫也絕不會從法律上過去，必待一切完成。所以，誰若廢除這些誡命中最小的一條，也這樣教訓人，在天國裡，他將稱為最小的；但誰若實行，也這樣教訓人，這人在天國裡將稱為大的。我告訴你們：除非你們的義德超過經師和法利塞人的義德，你們決進不了天國。

你們一向聽過給古人說：『不可殺人！』誰若殺了人，應受裁判。我卻對你們說：凡向自己弟兄發怒的，就要受裁判，誰若向自己的弟兄說「傻子」，就要受議會的裁判；誰若說「瘋子」，就要受火獄的罰。所以，你若在祭壇前，要獻你的禮物時，在那裡想起你的弟兄有什麼怨你的事，就把你的禮物留在那裡，留在祭壇前，先去與你的弟兄和好，然後再來獻你的禮物。當你和你的對頭還在路上，趕快與他和解，免得對頭把你交予判官，判官交給差役，把你投在獄裡。我實在告訴你。非到你還了最後的一文，絕不能從那裡出來。

你們一向聽說過：『不可姦淫！』我卻對你們說：凡注視婦女，有意貪戀她的，他已在心裡姦淫了她。若是你的右眼使你跌倒，剜出它來，從你身上扔掉，因為喪失你一個肢體，比你全身投入地獄裡，為你更好；若你的右手使你跌倒，砍下它來，從你身上扔掉，因為喪失你一個肢體，比你全身投入地獄裡，為你更好。

又說過：『誰若休妻，就該給她休書。』我卻給你們說：除了姘居外，凡休自己的妻子的，便是叫她受姦污；並且誰若娶被休的婦人，就是犯姦淫。

你們又一向聽過對古人說：『不可發虛誓，要向上主償還你的誓願！』我卻對你們說：你們總不可發誓：不可指天，因為天是天主的寶座；不可指地，因為地是他的腳凳；不可指耶路撒冷，因為她是大王的城市；也不可指你的頭發誓，因為你不能使一根頭髮變白或變黑。你們的話該當是：是就說是，非就說非；其他多餘的便是出於邪惡。

你們一向聽說過：『以眼還眼，以牙還牙。』我卻對你們說：不要抵抗惡人；而且，若有人掌擊你的右頰，你把另一面也轉給他。那願與你爭訟，拿你的內衣的，你連外衣也讓給他。若有人強迫你走一千步，你就同他走兩千步。求你的，就給他；願向你借貸的，你不要拒絕。

你們一向聽說過：『你應愛你的近人，恨你的仇人！』我卻對你們說：你們當愛你們的仇人，當為迫害你們的人祈禱，好使你們成為你們在天之父的子女，因為他使太陽上升，光照惡人，也光照善人；降雨給義人，也給不義的人。你們若只愛那愛你們的人，你們還有什麼賞報呢？稅吏不是也這樣做嗎？你們若只問候你們的弟兄，你們做了什麼特別的呢？外邦人不是也這樣做嗎？所以你們應當是成全的，如同你們的天父是成

全的一樣。」（五 17-48）

施捨祈禱和禁食的精神

「你們應當心，不要在人前行你們的仁義，為叫他們看
見；若是這樣，你們在天父之前，就沒有賞報了。所以，當你
施捨時，不可在你們前面吹號，如同假善人在會堂及街市上所
行的一樣，為受人們的稱讚；我實在告訴你們，他們已獲得了
他們的賞報。當你施捨時，不要叫你左手知道你右手所行的，
好使你的施捨隱而不露，你父在暗中看見，必要報答你。當你
祈禱時，不要如同假善人一樣，愛在會堂及十字街頭立著祈
禱，為顯示給人；我實在告訴你們，他們已獲得了他們的賞
報。至於你，當你祈禱時，要進入你的內室，關上門，向你在
暗中之父祈禱；你的父在暗中看見，必要報答你。

你們祈禱時，不要嘮嘮叨叨，如同外邦人一樣，因為他們
以為只要多言，便可獲得垂允。你們不要跟他們一樣，因為你
們的父，在你們求他以前，已知道你們需要什麼。所以，你們
應當這樣祈禱：我們在天的父！願你的名被尊為聖，願你的國
來臨，願你的旨意承行於地，如在天上一樣！我們的日用糧，
求你今天賜給我們；寬免我們的罪債，猶如我們也寬免得罪我
們的人；不要讓我們陷入誘惑，但救我們免於兇惡。因為你們
若寬免別人的過犯，你們的天父也必寬免你們的；但你們若不
寬免別人的，你們的父也必不寬免你們的過犯。

幾時你們禁食，不要如同假善人一樣，面帶愁容；因為他
們苦喪著臉，是為叫人看出他們禁食來。我實在告訴你們，他
們已獲得了他們的賞報。至於你，當你禁食時，要用油抹你的
頭，洗你的臉，不要叫人看出你禁食來，但叫你那在暗中之父

看見；你的父在暗中看見，必要報答你。」（六 1-18）

歸向天主的純潔之心

「你們不要在地上為自己積蓄財寶，因為在地上有蟲蛀，有銹蝕，在地上也有賊挖洞偷竊；但該在天上為自己積蓄財寶，因為那裡沒有蟲蛀，沒有銹蝕，那裡也沒有賊挖洞偷竊。因為你的財寶在那裡，你的心也必在那裡。眼睛就是身體的燈。所以，你的眼睛若是康健，你的全身就都光明。但是，如果你的眼睛有了病，你的全身就都黑暗。那麼，你身上的光明如果成了黑暗，那該是多麼黑暗！」（六 19-23）

惟獨事奉主依恃主的照顧

「沒有人能事奉兩個主人：他或是要恨這一個而愛那一個，或是依附這一個而輕忽那一個。你們不能事奉天主而又事奉錢財。為此，我告訴你們：不要為你們的生命憂慮吃什麼，或喝什麼；也不要為你們的身體憂慮穿什麼。難道生命不是貴於食物，身體不是貴於衣服嗎？你們仰觀天空的飛鳥，他們不播種，也不收穫，也不在糧倉裡屯積，你們的天父還是養活他們；你們不比他們更貴重嗎？你們中誰能運用思慮，使自己的壽數增加一肘呢？關於衣服，你們又憂慮什麼？你們觀察一下田間的百合花怎樣生長：它們既不勞作，也不紡織；可是我告訴你們：連撒羅滿在他極盛的榮華時代所披戴的，也不如這些花中的一朵。田裡的野草今天還在，明天就投在爐中，天主尚且這樣裝飾，信德薄弱的人哪，何況你們呢？所以，你們不要

憂慮說：我們吃什麼，喝什麼，穿什麼？因為這一切都是外邦人所尋求的；你們的天父原曉得你們需要這一切。你們先該尋求天主的國和它的義德，這一切自會加給你們。所以你們不要為明天憂慮，因為明天有明天的憂慮：一天的苦足夠一天受的了。」（六 24-34）

各種勸諭

「你們不要判斷人，免得你們受判斷，因為你們用什麼判斷來判斷，你們也要受什麼判斷；你們用什麼尺度量給人，也要用什麼尺度量給你們。為什麼你只看見你兄弟眼中的木屑，而對自己眼中的大樑竟不理會呢？或者，你怎麼能對你的兄弟說：讓我把你眼中的木屑取出來，而你眼中卻有一根大樑呢？假善人哪！先從你眼中取出大樑，然後你才看得清楚，取出你兄弟眼中的木屑。你們不要把聖物給狗，也不要把你們的珠寶投在豬前，怕牠們用腳踐踏了珠寶，而又轉過來咬傷你們。你們求，必要給你們；你們找，必要找著；你們敲，必要給你們開，因為凡是求的，就必得到；找的，就必找到；敲的，就必給他開。或者，你們中間有那個人，兒子向他求餅，反而給他石頭呢？或者求魚，反而給他蛇呢？你們縱然不善，尚且知道把好的東西給你們的兒女，何況你們在天之父，豈不更將好的賜予求他的人？所以，凡你們願意人給你們做的，你們也要照樣給人做：法律和先知即在於此。」（七 1-12）

辨別真假好壞的訓言

「你們要從窄門進去，因為寬門和大路導入喪亡；但有許多的人從那裡進去。那導入生命的門是多麼窄，路是多麼狹！找到它的人的確不多。你們要提防假先知！他們來到你們跟前，外披羊毛，內裡卻是兇殘的豺狼。你們可憑他們的果實辨別他們：荊棘上豈能收到葡萄？或者蒺藜上豈能收到無花果？這樣，凡是好樹都結好果子；而壞樹都結壞果子；好樹不能結壞果子，壞樹也不能結好果子。凡不結好果子的樹必要砍倒，投入火中。所以，你們可憑他們的果實辨別他們。不是凡向我說『主啊！主啊！』的人，就能進入天國；而是那承行我在天之父旨意的人，才能進天國。到那一天有許多人要向我說：『主啊！主啊！我們不是因你的名字說過預言，因你的名字驅過魔鬼，因你的名字行過許多奇蹟嗎？』那時我必要向他們聲明說：我從來不認識你們；你們這些作惡的人，離開我吧！」（七 13-23）

山中聖訓的結論

所以，凡聽了我這些話而實行的，就好像一個聰明人，把自己的房屋建在磐石上：雨淋，水沖，風吹，襲擊那座房屋，它並不坍塌，因為基礎是建在磐石上。凡聽了我這些話而不實行的，就好像一個愚昧人，把自己的房屋建在沙土上：雨淋，水沖，風吹，襲擊那座房屋，它就坍塌了，且坍塌得很慘。」（七 24-27）

耶穌講完了這些話，群眾都驚奇他的教訓，因為他教訓他們，正像有權威的人，不像他們的經師。（七 28）

（二）傳福音的言論（10章）[4]

耶穌將他的十二門徒叫來，授給他們制伏邪魔的權柄，可以驅逐邪魔，醫治各種病症，各種疾苦。這是十二宗徒的名字：第一個是稱為伯多祿的西滿，和他的兄弟安德肋，載伯德的兒子雅各伯和他的弟弟若望，斐理伯和巴爾多祿茂，多默和稅吏瑪竇，阿耳斐的兒子雅各伯和達陡，熱誠者西滿和負賣耶穌的猶達斯依斯加略。耶穌派遣這十二人，囑咐他們說：「外邦人的路，你們不要走；撒瑪利雅人的城，你們不要進；你們寧可往以色列家迷失了的羊那裡去。你們在路上應宣講說：天國臨近了。病人，你們要治好；死人，你們要復活；癩病人，你們要潔淨；魔鬼，你們要驅逐，你們白白得來的，也要白白分施。

你不要在腰帶裡備下金、銀、銅錢；路上不要帶口袋，也不要帶兩件內衣，也不要穿鞋，也不要帶棍杖，因為工人自當有他的食物。你們不論進了哪一城或哪一村，查問其中誰是當得起的，就住在那裡，直到你們離去。你們進那一家時，要向它請安。倘若這一家是堪當的，你們的平安就必降臨到這一家；倘若是不堪當的，你們的平安仍歸於你們。誰若不接待你們，也不聽你們的話，當你們從哪一家或哪一城出來時，應把塵土由你們的腳上拂去。我實在告訴你們：在審判的日子，索多瑪和哈摩辣地所受的懲罰，比那座城所受的還要輕。

看，我派遣你們好像羊進入狼群中，所以你們要機警如同蛇，純樸如同鴿子。你們要提防世人，因為他們要把你們交給公議會，要在他們的會堂裡鞭打你們；並且你們要為我的緣故，被帶到總督和君王前，對他們和外邦人作證。

---

4 鼓勵門徒以正確的態度勇於拓展天國的彊土。

當人把你們交出時，你們不要思慮：怎麼說，或說什麼，因為在那時刻，自會賜給你們應說什麼。因為說話的不是你們，而是你們父的聖神在你們內說話。

兄弟要將兄弟，父親要將兒子置於死地，兒女也要起來反對父母，要將他們害死。你們為了我的名字，要被眾人所惱恨；唯獨堅持到底的，才可得救。但是，幾時人們在這城迫害你們，你們就逃往另一城去；我實在告訴你們；直到人子來到時，你們還未走完以色列的城邑。

沒有徒弟勝過師傅的，也沒有僕人勝過他主人的；徒弟能如他的師傅一樣，僕人能如他的主人一樣，也就夠了。若人們稱家主為「貝耳則步」，對他的家人更該怎樣呢？所以你們不要害怕他們；因為沒有遮掩的事，將來不被揭露的；也沒有隱藏的事，將來不被知道的。我在暗中給你們所說的，你們要在光天化日之下報告出來；你們由耳語所聽到的，要在屋頂上張揚出來。你們不要害怕那殺害肉身，而不能殺害靈魂的；但更要害怕那能使靈魂和肉身陷於地獄中的。兩隻麻雀不是賣一個銅錢嗎？但若沒有你們天父的許可，它們中連一隻也不會掉在地上。就是你們的頭髮，也都一一數過了。所以，你們不要害怕；你們比許多麻雀還貴重呢！

凡在人前承認我的，我在我天上的父前也必承認他；但誰若在人前否認我，我在我天上的父前也必否認他。

你們不要以為我來，是為把平安帶到地上；我來不是為帶平安，而是帶刀劍，因為我來，是為叫人脫離自己的父親，女兒脫離自己的母親，兒媳脫離自己的婆母；所以，人的仇敵，就是自己的家人。誰愛父親或母親超過我，不配是我的；誰愛兒子或女兒超過我，不配是我的。誰不背起自己的十字架跟隨我，不配是我的。

誰獲得自己的性命，必要喪失性命；誰為我的緣故，喪失了自己的性命，必要獲得性命。誰接納你們，就是接納我；誰接納我，就是接納那派遣我來的。誰接納一位先知，因他是先知，將領受先知的賞報；誰接納一位義人，因他是義人，將領受義人的賞報。誰若只給這些小子中的一個，一杯涼水喝，因他是門徒，我實在告訴你們，他絕失不了他的賞報。（十1-42）

耶穌囑咐完了他的十二門徒，就從那裡走了，為在他們的城裡施教宣講。（十一1）

天國的奧祕[5]

就在那時侯，耶穌發言說：「父啊！天地的主宰！我稱謝你，因為你將這些事瞞住了智慧和明達的人，而啟示給小孩子。是的，父啊！你原來喜歡這樣。我父將一切交給了我；除了父外，沒有人認識子；除了子和子所願意啟示的人外，也沒有人認識父。凡勞苦和負重擔的，你們都到我跟前來，我要使你們安息。你們背起我的軛，跟我學吧！因為我是良善心謙的：這樣你們必要找得你們靈魂的安息，因為我的軛是柔和的，我的擔子是輕鬆的。」（十一25-30）

（三）比喻式的言論（13章）[6]：

撒種的比喻

5　瑪竇獨有經文。
6　揭露天國的本質，對象是門徒與群眾

在那一天，耶穌從家裡出來，坐在海邊上，有許多群眾集合到他跟前，他只得上船坐下，群眾都站在岸上。他就用比喻給他們講論了許多事，說：「看，有個撒種的出去撒種；他撒種的時候，有的落在路旁，飛鳥來把它吃了。有的落在石頭地裡，那裡沒有多少土壤，因為所有的土壤不深，即刻發了芽；但太陽一出來，就被曬焦；又因為沒有根，就枯乾了。有的落在荊棘中，荊棘長起來，便把它們窒息了。有的落在好地裡，就結了實：有一百倍的，有六十倍的，有三十倍的。有耳的，聽吧！」（十三 1-9）

撒種比喻的解釋

「那麼，你們聽這撒種的比喻吧！凡聽天國的話，而不瞭解的，那惡者就來把撒在他心裡的奪去；這是指那撒在路旁的。那撒在石頭地裡的，即是指人聽了話，立刻高興接受；但在心裡沒有根，不能持久，一旦為這話發生了艱難和迫害，就立刻跌倒了。那撒在荊棘中的，即是指人聽了話，卻有世俗的焦慮和財富的迷惑，把話蒙往了，結不出果實。那撒在好地裡的，即是指那聽了話而瞭解的人，他當然結實，有結一百倍的，有結六十倍的，有結三十倍的。」（十三 18-23）

莠子的比喻

耶穌給他們另設了一個比喻說：「天國好像一個人，在自己田裡撒了好種子；但在人睡覺的時候，他的仇人來，在麥子中間撒上莠子，就走了。苗長起來，抽出穗的時候，莠子也顯出來了。家主的僕人，就前來對他說：主人！你不是在你田地

裡撒了好種子嗎？那麼從哪裡來了莠子？家主對他們說：這是
仇人做的。僕人對他說：那麼，你願我們去把莠子收集起來
嗎？他卻說：不，免得你們收集莠子，連麥子也拔了出來。讓
兩樣一起長到收割的時候好了；在收割時，我要對收割的人
說：你們先收集莠子，把莠子捆成綑，好燃燒，把麥子卻收入
我的倉裡。」（十三 24-30）

芥子和酵母的比喻

耶穌給他們另設一個比喻說：「天國好像一粒芥子，人把
它撒在自己的田裡。它固然是各樣種子裡最小的，但當它長起
來，卻比各種蔬菜都大，竟成了樹，甚至天上的飛鳥飛來，在
它的枝上棲息。」他又給他們講了一個比喻：「天國好像酵
母，女人取來藏在三斗麵裡，直到全部發了酵。」耶穌用比喻
給群眾講解了這一切，不用比喻就不給他們講什麼；這樣應驗
了先知所說的話：「我要開口說比喻，要說出由創世以來的隱
密事。」（十三 31-35）

莠子比喻的解釋

那時，耶穌離開了群眾，來到家裡，他的門徒就前來對他
說：「請把田間莠子的比喻給我們講解一下！」他就回答說：
「那撒好種子的，就是人子；田就是世界；好種子，即是天國
的子民，莠子即是邪惡的子民；那撒莠子的仇人，即是魔鬼；
收穫時期，即是今世的終結；收割者即是天使。就如將莠子收
集起來，用火焚燒；在今世終結時也將是如此：人子要差遣他
的天使，由他的國內，將一切使人跌倒的事，及作惡的人收集

起來，扔到火窰裡；在那裡要有哀號和切齒。那時，義人要在他們父的國裡，發光如同太陽。有耳的，聽罷！」（十三 36-43）

寶貝和珍珠的比喻

「天國好像是藏在地裡的寶貝；人找到了，就把它藏起來，高興地去賣掉他所有的一切，買了那塊地。」「天國又好像一個尋找完美珍珠的商人；他一找到一顆寶貴的珍珠，就去，賣掉他所有的一切，買了它。」（十三 44-46）

撒網的比喻

「天國又好像撒在海裡的網，網羅各種的魚。網一滿了，人就拉上岸來，坐下，揀好的，放在器皿裡；壞的，扔在外面。在今世的終結時，也將如此：天使要出去，把惡人由義人中分開，把他們扔在火窰裡；在那裡要有哀號和切齒。這一切你們都明白了嗎？」他們說：「是的。」他就對他們說：「為此，凡成為天國門徒的經師，就好像一個家主，從他的寶庫裡，提出新的和舊的東西。」（十三 47-52）

耶穌講完了這些比喻，就從那裡走了。（十三 53）

（四）教會的言論（18章）[7]

天國中誰最大？

就在那時刻，門徒來到耶穌跟前說：「在天國裡究竟誰是最大的？」耶穌就叫一個小孩來，使他站在他們中間，說：「我實在告訴你們：你們若不變成如同小孩一樣，你們絕不能進天國。所以，誰若自謙自卑如同這一個小孩，這人就是天國中最大的。」（十八 1-4）

戒立惡表

「無論誰因我的名字，收留一個這樣的小孩，就是收留我；但無論誰，使這些信我的小孩子中的一個跌倒，倒不如拿一塊驢拉的磨石，繫在他的頸上，沉在海的深處更好。世界因了惡表是有禍的，惡表固然免不了要來，但立惡表的那人是有禍的。為此，倘若你的手，或你的腳使你跌倒，砍下它來，從你身上扔掉，為你或殘廢或瘸進入生命，比有雙手雙腳而被投入永火中更好。倘若你的眼使你跌倒，剜出它來，從你身上扔掉，為你有一隻眼進入生命，比有雙眼而被投入永火中更好。你們小心，不要輕視這些小子中的一個，因為我告訴你們：他們的天使在天上，常見我在天之父的面。因為人子來，是為救那喪亡了的。」（十八 5-11）

7　領受天國的團體應有的生活方式，對象是門徒。

兄弟規勸之道

「如果你的弟兄得罪了你，去，要在你和他獨處的時候，規勸他；如果他聽從了你，你便賺得了你的兄弟；但他如果不聽，你就另帶上一個或兩個人，為叫任何事情，憑兩個或三個見證人的口供，得以成立。若是他仍不聽從他們，你要告訴教會；如果他連教會也不聽從，你就將他看作外教人或稅吏。我實在告訴你們：凡你們在地上所束縛的，在天上也要被束縛；凡你們在地上所釋放的，在天上也要被釋放。我實在告訴你們：若你們中二人，在地上同心合意，無論為什麼事祈禱，我在天之父，必要給他們成就，因為那裡有兩個或三個人，因我的名字聚在一起，我就在他們中間。」（十八 15-20）

寬恕之道

那時，伯多祿前來對耶穌說：「主啊！若我的弟兄得罪了我，我該寬恕他多少次？直到七次嗎？」耶穌對他說：「我不對你說：直到七次，而是到七十個七次。為此天國好比一個君王，要同他的僕人算帳。他開始算帳的時候，給他送來一個欠他一萬「塔冷通」的，因他沒有可還的，主人就下令，要他把自己和妻子兒女，以及他所有的一切，都變賣來還債。那僕人就俯伏在地叩拜他說：主啊！容忍我吧！一切我都要還給你。那僕人的主人就動心把他釋放了，並且也赦免了他的債。但那僕人正出去時，遇見一個欠他一百「德納」的同伴，他就抓住他，扼住他的喉嚨說：還你欠的債！他的同伴就俯伏在地哀求他說：容忍我吧！我必還給你。可是他不願意，且把他下在監裡，直到他還清了欠債。他的同伴見到所發生的事，非常悲

憤，遂去把所發生的一切告訴了主人。於是主人把那僕人叫來，對他說：惡僕！因為你哀求了我，我赦免了你那一切的債；難道你不該憐憫你的同伴，如同我憐憫了你一樣嗎！他的主人大怒，遂把他交給刑役，直到他還清所欠的一切。如果你們不各自從心裡寬恕自己的弟兄，我的天父也要這樣對待你們。」（十八 21-34）

耶穌講完這些話以後，就離開加里肋亞，來到約旦對岸的猶太境內。（十九 1）

（五）末世言論（23-25章）[8]

痛斥經師和法利塞人

那時，耶穌對民眾和他的門徒講論說：「經師和法利塞人坐在梅瑟的講座上：凡他們對你們所說的，你們要行要守；但不要照他們的行為去做，因為他們只說不做。他們把沉重而難以負荷的擔子捆好，放在人的肩上，自己卻不肯用一個指頭動一下。他們所做的一切工作都是為叫人看；為此，他們把經匣放寬，衣穗加長；他們又喜愛筵席上的首位，會堂中的上座，喜愛人在街市上向他們致敬，稱他們為「辣彼」。至於你們，卻不要被稱為「辣彼」，因為你們的師傅只有一位，你們眾人都是兄弟；也不要在地上稱人為你們的父，因為你們的父只有一位，就是天上的父。你們也不要被稱為導師，因為你們的導師只有一位，就是默西亞。你們中那最大的，該作你們的僕

---

8 門徒團體迎接天國來臨的準備之道。23章是與猶太主義切斷關係，24-25章是邁向必將來臨的天國，選讀25章指出門徒要醒寤、付諸行動，且以愛德為本。

役。凡高舉自己的，必被貶抑；凡貶抑自己的，必被高舉。」
（二三 1-12）

七禍哉

「禍哉，你們經師和法利塞假善人！因為你們給人封閉了天國：你們不進去，也不讓願意進去的人進去。

禍哉，你們經師和法利塞假善人！因為你們吞沒了寡婦的家產，而以長久的祈禱作掩飾，為此，你們必要遭受更重的處罰。

禍哉，你們經師和法利塞假善人！因為你們走遍了海洋和陸地，為使一個人成為皈依者；幾時他成了，你們反而使他成為一個比你們加倍壞的『地獄之子』。

禍哉，你們瞎眼的響導！你們說：誰若指著聖所起誓，不算什麼；但是誰若指著聖所的金子起誓，就該還願。又昏又瞎的人哪！究竟什麼更貴重：是金子還是那使金子成聖的聖所？還有：誰若指著全燔祭壇起誓，不算什麼；但是誰若指著那上面的供物起誓，就該還願。瞎眼的人哪！究竟什麼更貴重：是供物或是那使供物成聖的全燔祭壇？所以，那指著全燔祭壇起誓的，是指著它和那上面的一切起誓；那指著聖所起誓的，是指著它和那住在它內的而起誓；那指著天起誓的，是指著天主的寶座和坐在上面的那位起誓。

禍哉，你們經師和法利塞假善人！因為你們捐獻十分之一的薄荷、茴香和蒔蘿，卻放過了法律上最重要的公義、仁愛與信義；這些固然該作，那些也不可放過。瞎眼的響導！你們濾出蚊蚋，卻吞下了駱駝。

禍哉，你們經師和法利塞假善人！因為你們洗擦杯盤的外

面，裡面卻滿是劫奪與貪欲。瞎眼的法利塞人！你先應清潔杯的裡面，好叫它外面也成為清潔的。

禍哉，你們經師和法利塞假善人！因為你們好像用石灰刷白的墳墓；外面看來倒華麗，裡面卻滿是死者的骨骸和各樣的污穢。同樣，你們外面叫人看來倒像義人，你們裡面卻滿是虛偽和不法。

禍哉，你們經師和法利塞假善人！因為你們修建先知的墳，裝飾義人的墓，且說：假使我們生在我們祖先的時日，我們絕不是他們流先知血的夥伴；這樣你們自己作證，你們是那些殘殺先知者的子孫了。你們就來補足你們祖先作惡的尺度吧！」（二三 13-31）

哀耶路撒冷

「耶路撒冷！耶路撒冷！你常殘殺先知，用石頭砸死那些派遣到你這裡來的人。我多少次願意聚集你的子女，有如母雞把自己的幼雛聚集在翅膀底下，但你卻不願意！你看吧！你們的房屋必給你們留下一片荒涼。因為我告訴你們：自今以後，你們斷不能再看見我，直到你們說：因上主之名而來的，當受讚頌！」（二三 37-39）

十童女的比喻

「那時，天國好比十個童女，拿著自己的燈，出去迎接新郎。她們中五個是糊塗的，五個是明智的。糊塗的拿了燈，卻沒有隨身帶油；而明智的拿了燈，並且在壺裡帶了油。因為新郎遲延，她們都打盹睡著了。半夜有人喊說：新郎來了，你們

出來迎接吧！那些童女遂都起來，裝備她們的燈。糊塗的對明智的說：把你們的油，分些給我們吧！因為我們的燈快要滅了！明智的答說：怕為我們和你們都不夠，更好你們到賣油的那裡去，為自己買吧！她們去買的時候，新郎到了，那準備好了的，就同他進去，共赴婚宴；門遂關上了。末後，其餘的童女也來了，說：主啊！主啊！給我們開門吧！他卻答說：我實在告訴你們：我不認識你們。所以，你們該醒寤，因為你們不知道那日子，也不知道那時辰。」（二五 1-13）

塔冷通的比喻

天國又如一個要遠行的人，將自己的僕人叫來，把財產託付給他們：按照他們的才能，一個給了五個「塔冷通」，一個給了二個，一個給了一個；然後動身走了。那領了五個「塔冷通」的，立刻去用來營業，另外賺了五個。同樣，那領了兩個的，也賺了另外兩個。但是，那領了一個的，卻去掘開地，把主人的銀子藏了。過了多時，僕人的主人回來了，便與他們算帳。那領了五個「塔冷通」的上前來，呈上另外五個「塔冷通」說：主啊！你曾交給我五個「塔冷通」，看，我賺了另外五個「塔冷通」。主人對他說：好！善良忠信的僕人，你既在少許事上忠信，我必委派你管理許多大事：進入你主人的福樂吧！那領了二個「塔冷通」的也前來說：主啊！你曾交給我兩個「塔冷通」，看！我賺了另外兩個「塔冷通」。主人對他說：好！善良忠信的僕人，你既在少許事上忠信，我必委派你管理許多大事：進入你主人的福樂吧！隨後，那領了一個「塔冷通」的也前來說：主啊！我原知道你是個刻薄的人，在你沒有下種的地方收割，在你沒有散布的地方聚斂。因為我害怕，

所以我去把你的「塔冷通」藏在地下；看！你的仍還給你。主人回答說：可惡懶惰的僕人！你既知道：我在沒有下種的地方收割，在沒有散布的地方聚斂；那麼，你就該把我的銀子，交給錢莊裡的人，待我回來時，把我的連本帶利取回。所以，你們把這個「塔冷通」從他手中奪過來，給那有了十個「塔冷通」的，因為凡是有的，還要給他，叫他富裕；那沒有的，連他所有的，也要由他手中奪去。至於這無用的僕人，你們把他丟在外面的黑暗中，在那裡必有哀號和切齒。」（二五 14-30）

公審判

「當人子在自己的光榮中，與眾天使一同降來時，那時，他要坐在光榮的寶座上，一切的民族，都要聚在他面前；他要把他們彼此分開，如同牧人分開綿羊和山羊一樣：把綿羊放在自己的右邊，山羊在左邊。那時，君王要對那些在他右邊的說：我父所祝福的，你們來吧！承受自創世以來，給你們預備了的國度吧！因為我餓了，你們給了我吃的；我渴了，你們給了我喝的；我作客，你們收留了我；我赤身露體，你們給了我穿的；我患病，你們看顧了我；我在監裡，你們來探望了我。那時，義人回答他說：主啊！我們什麼時候見了你飢餓而供養了你，或口渴而給了你喝的？我們什麼時候見了你作客，而收留了你，或赤身露體而給了你穿的？我們什麼時候見你患病，或在監裡而來探望過你？君王便回答他們說：我實在告訴你們：凡你們對我這些最小兄弟中的一個所做的，就是對我做的。然後他又對那些在他左邊的說：可咒詛的，離開我，到那給魔鬼和他的使者預備的永火裡去吧！因為我餓了，你們沒有

給我吃的；我渴了，你們沒有給我喝的；我作客，你們沒有收留我；我赤身露身，你們沒有給我穿的；我患病或在監裡，你們沒有來探望我。那時，他們也要回答說：主啊！我們幾時見了你飢餓，或口渴，或作客，或赤身露體，或有病，或坐監，而我們沒有給你效勞？那時君王回答他們說：我實在告訴你們：凡你們沒有給這些最小中的一個做的，便是沒有給我做。這些人要進入永罰，而那些義人卻要進入永生。」（二五 31-46）

耶穌講完了這一切話……。（二六 1）

耶穌復活後的最後顯現與往訓萬民的派遣

十一個門徒就往加里肋亞，到耶穌給他們所指定的山上去了。他們一看見他，就朝拜了他，雖然有人還心中疑惑。耶穌便上前對他們說：「天上地下的一切權柄都交給了我，所以你們要去使萬民成為門徒，因父及子及聖神之名給他們授洗，教訓他們遵守我所吩咐你們的一切。看！我同你們天天在一起，直到今世的終結。」（二八 16-20）

〈路加福音〉與〈宗徒大事錄〉

具文學素養的聖史路加是歷史學家，曾陪伴聖保祿的福傳之旅。他參考〈馬爾谷福音〉、〈Q來源〉和個人收搜集的資料，即「依照那些自始親眼見過，並為真道服役的人所傳給我們的」（路一2），編寫了〈路加福音〉與〈宗徒大事錄〉上下兩冊著作，都以獻給德教斐羅的獻詞開始（路一1，宗一1）。約在西元八〇至九〇年間，他在一個茁壯於外邦的希臘教會中完成福音書，內容從耶穌受孕到耶穌復活升天，並延續到下冊，從耶穌復活升天後的事跡說起，直到保祿宗徒把福音傳至羅馬。

在結構方面，路加是從救恩史的觀點來編排，兩部著作可清楚分為舊約預許時期、耶穌時期及教會時期。福音書是以耶穌的童年敘述拉開神學序幕（一─二章），包含兩個不尋常的「受孕領報」（即洗者若翰與耶穌），兩位的誕生、受割禮、取名和未來使命的敘述，而耶穌的地位明顯優於若翰。對路加而言，洗者若翰還屬於舊約預許時期，是最後一位先知，是準備天主子民迎接救主的前驅。耶穌則是代表整個人類的新亞當，他退到曠野受魔鬼的試探，調整了天人關係並找到定位，使通往天國的窄門向普世人類開啟。當耶穌在納匝肋宣講：天主的救恩在「今天」（路四21）實現時，終於結束了預許時期，開啟恩寵的新時代。

福音書以三個階段來安排耶穌時期：他在加里肋亞的宣講（路四14─九50），前往耶路撒冷的旅程（路九51─十九28），在耶路撒冷完成其苦難─死亡─復活─升天的逾越奧蹟（路十九29─二四53）。路加被教會視為「親愛的醫生」（哥四14），以細膩的筆觸得以深入耶穌的心，揭露其慈悲救主的

面貌。他向一切有需要的人展現憐憫慈愛，尤其是當時在社會中缺乏地位的婦女、被猶太法律所論斷的罪人、為羅馬人收稅的稅吏、信仰不純正而受輕視的撒瑪黎雅人、被排除在天主盟約恩典之外的外邦人等。雖然他對富有者嚴格要求，但是對貧窮弱小者則給予寬仁的祝福與接納，甚至與罪人同桌同席而被視為罪人的朋友。

〈宗徒大事錄〉開啟了教會時期，路加運用許多資料來編輯或改寫，包括伯多祿、司德望和保祿的宣講，耶路撒冷和安提約基雅團體的記錄文件，伯多祿和保祿活動的回憶錄，當然還有他自己陪伴保祿的旅行日記。在路加筆下的耶穌，清楚表明〈宗徒大事錄〉的目標：門徒們將充滿聖神的德能，要在耶路撒冷及全猶太和撒瑪黎雅，並直到地極，為基督作證。（宗一8）

本書可以從地理位置、寫作對象等不同方式來劃分，最常見而思高中文譯本也採用的，是分為前後兩編：前編（一一十二）的主要人物是伯多祿，記述教會在耶路撒冷的發展（一12－八3），其次在猶太和撒瑪黎雅（八4－十一18），最後在安提約基雅的狀況（十一19－十二25）。後編（13-28）的主要人物是保祿，前段敘述他三次傳教的旅程（十三1－二一14），以及他後來坐監從耶路撒冷前往羅馬的過程（二一15－二八31）。在這過程中，雖然宗徒們、聖保祿和希臘化的猶太僑民功不可沒，然而，帶領初期教會團體往前邁進，最重要的還是天主聖言與天主聖神。教父金口聖若望稱本書為「聖神的福音」。

在選讀上，由於〈路加福音〉跟隨馬爾谷的架構，〈Q來源〉的資料也與《瑪竇福音》中的耶穌言論相近，我們將以路加獨有或前兩部福音未選讀的資料為主，包括預許時期的童年

敘述及耶穌在曠野受誘惑的記載。童年敘述中的詩歌體裁，將依照天主教日課比較流暢的譯文。在耶穌公開生活的部分，將選讀彰顯耶穌仁慈面貌的經文，以及苦難與復活敘述中路加某些獨有的資料。

〈路加福音〉

序言

德敖斐羅鈞座：關於在我們中間所完成的事跡，已有許多人，依照那些自始親眼見過，並為真道服役的人所傳給我們的，著手編成了記述，我也從頭仔細訪查了一切，遂立意按著次第給你寫出來，為使你認清給你所講授的道理，正確無誤。（一 1-3）

耶穌的童年敘述

預報若翰誕生

在猶太王黑落德的時候，阿彼雅班中有一位司祭名叫匝加利亞，他的妻子是出於亞郎的後代，名叫依撒伯爾。二人在天主前是義人，都照上主的一切誡命和禮規行事，無可指摘。但是，他們沒有孩子，因為依撒伯爾素不生育，兩人又都上了年紀。正逢匝加利亞輪著他的班次，在天主前盡司祭的職務時，……有一位上主的天使站在香壇右邊顯現給他，……天使向他說：「匝加利亞，不要害怕！因為你的祈禱已蒙應允，你的妻子依撒伯爾要給你生一個兒子，你要給他起名叫若翰。你必要喜樂歡躍，許多人也要因他的誕生而喜樂，因為他在上主面前將是偉大的，淡酒濃酒他都不喝，而且，他還在母胎中就要充滿聖神；他要使許多以色列子民轉向上主，他們的天主；他要以厄里亞的精神和能力，在他前面先行，使為父的心轉向

兒子，使悖逆者轉向義人的心意，並為上主準備一個善良的百姓。」……他供職的日期一滿，就回了家。 幾天以後，他的妻子依撒伯爾受了孕，自己躲藏了五個月，說：「上主在眷顧的日子這樣待了我，除去了我在人間的恥辱。」（一 5-8，11，13-17，23-25）

預報基督誕生

　　到了第六個月，天使加俾額爾奉天主差遣，往加里肋亞一座名叫納匝肋的城去，到一位童貞女那裡，她已與達味家族中的一個名叫若瑟的男子訂了婚，童貞女的名字叫瑪利亞。天使進去向她說：「萬福！充滿恩寵者，上主與你同在！在女人中你是蒙祝福的。」她卻因這話驚惶不安，便思慮這樣的請安有什麼意思。天使對她說：「瑪利亞，不要害怕，因為你在天主前獲得了寵幸。看，你將懷孕生子，並要給他起名叫耶穌。他將是偉大的，並被稱為至高者的兒子，上主天主要把他祖先達味的御座賜給他。他要為王統治雅各伯家，直到永遠；他的王權沒有終結。」瑪利亞便向天使說：「這事怎能成就？因為我不認識男人。」天使答覆她說：「聖神要臨於你，至高者的能力要庇蔭你，因此，那要誕生的聖者，將稱為天主的兒子。且看，你的親戚依撒伯爾，她雖在老年，卻懷了男胎，本月已六個月了，她原是素稱不生育的，因為在天主前沒有不能的事。」瑪利亞說：「看，上主的婢女，願照你的話成就於我吧！」天使便離開她去了。（一 36-38）

聖母往見表姊依撒伯爾

　　瑪利亞就在那幾日起身，急速往山區去，到了猶大的一座城。她進了匝加利亞的家，就給依撒伯爾請安。依撒伯爾一聽到瑪利亞請安，胎兒就在她的腹中歡躍。依撒伯爾遂充滿了聖神，大聲呼喊說：「在女人中你是蒙祝福的，你的胎兒也是蒙祝福的。吾主的母親駕臨我這裡，這是我那裡得來的呢？看，你請安的聲音一入我耳，胎兒就在我腹中歡喜踴躍。那信了由上主傳於她的話必要完成的，是有福的。」瑪利亞遂說：

> 「我的靈魂頌揚上主，我的心神歡躍於我的救主天
> 主，因為他垂顧了他卑微的使女，今後萬代的人都要
> 稱我有福；全能者為我做了奇事，他的名號何其神
> 聖，他對敬畏他的人們，廣施慈愛，千秋萬世。
> 他運用手臂，大施神威，把心高氣傲的人擊潰。他從
> 高位上推下權貴，卻提拔了弱小卑微。他使飢餓者飽
> 饗美味，卻使富有者空手而回。他扶助了他的僕人以
> 色列，因為他常念及自己的仁慈，正如他曾應許我們
> 的先祖，永久眷顧亞巴郎和他的家族。」

　　瑪利亞同依撒伯爾住了三個月左右，就回本家去了。（一39-56）

若翰誕生與割損禮

　　依撒伯爾滿了產期，就生了一個兒子。……到了第八天，人們來給這孩子行割損禮，並願意照他父親的名字叫他匝加利亞。他的母親說：「不，要叫他若翰。」……他的父親匝加利

亞充滿了聖神，遂預言說：

「請讚美上主，以色列的天主，因他眷顧了他的子
民，拯救了他的民族；他在自己僕人達味的家中，為
我們興起了一位大能的救主，正如他曾藉眾聖者的口
說過，就是藉他歷代的先知所做的許諾，一位救主將
救我們脫離敵手，使我們擺脫仇人的掌握。
他向我們的祖先廣施仁慈，他常念及他的神聖盟約，
他曾向我們的先祖亞巴郎立誓，賜我們脫離敵手，無
憂無懼，生活聖潔，行為正直，虔誠事主，終生不
渝。
至於你，孩子，你要稱為至高者的先知，你要作主的
前驅，為他預備道路，使他的百姓認識救恩，使他們
的罪得到寬恕。
這是出於我們天主的慈懷，令旭日從高天向我們照
耀，光照那坐在黑暗中死影下的人們，引領我們的腳
步，走向平安的道路。」

　這小孩漸漸長大，心神堅強。他住在荒野中，直到他在以
色列人前出現的日期。（一 57，59-60，67-70）

耶穌誕生在白冷城

　那時，凱撒奧古斯都出了一道上諭，叫天下的人都要登
記：這是在季黎諾作敘利亞總督時，初次行的登記。於是，眾
人各去本城登記。若瑟因為是達味家族的人，也從加里肋亞納
匝肋城，上猶大名叫白冷的達味城去，好同自己已懷孕的聘妻
瑪利亞去登記。他們在那裡的時候，她分娩的日期滿了，便生

了她的頭胎男兒，用襁褓裹起，放在馬槽裡，因為在客棧中為他們沒有地方。在那地區有些牧人露宿，守夜看守羊群。有上主的一個天使站在他們身邊，上主的光耀環照著他們，他們便非常害怕。天使向他們說：「不要害怕！看，我給你們報告一個為全民族的大喜訊：今天在達味城中，為你們誕生了一位救世者，他是主默西亞。這是給你們的記號：你們將要看見一個嬰兒，裹著襁褓，躺在馬槽裡。」忽有一大隊天軍，同那天使一起讚頌天主說：「天主受享光榮於高天，主愛的人在世享平安。」眾天使離開他們往天上去了以後，牧人們就彼此說：「我們且往白冷去，看看上主報告給我們所發生的事。」他們急忙去了，找到了瑪利亞和若瑟，並那躺在馬槽中的嬰兒。他們看見以後，就把天使對他們論這小孩所說的事，傳揚開了，凡聽見的人都驚訝牧人向他們所說的事。瑪利亞卻把這一切事默存在自己心中，反覆思想。牧人們為了他們所聽見和看見的一切，正如天使向他們說的一樣，就光榮讚美天主回去了。（二 1-20）

耶穌受割損與獻於聖殿

滿了八天，孩子應受割損，遂給他起名叫耶穌，這是他降孕母胎前，由天使所起的。按梅瑟的法律，一滿了他們取潔的日期，他們便帶孩子上耶路撒冷去獻給上主，就如上主的法律上所記載的：「凡開胎首生的男性，應祝聖於上主。」並該照上主法律上所吩咐的，獻上祭物：一對斑鳩或兩隻雛鴿。那時，在耶路撒冷有一個人，名叫西默盎。這人正義虔誠，期待著以色列的安慰，而且聖神也在他身上。他曾蒙聖神啟示：自己在未看見上主的受傅者以前，決見不到死亡。他因聖神的感

動，進了聖殿；那時，抱著嬰孩耶穌的父母正進來，要按著法律的慣例為他行禮。西默盎就雙臂接過他來，讚美天主說：「主啊！現在可照你的話，放你的僕人平安去了！因為我親眼看見了你的救援，即你在萬民之前早準備好的：為作啟示異邦的光明，你百姓以色列的榮耀。」他的父親和母親就驚異他關於耶穌所說的這些話。西默盎祝福了他們，又向他的母親瑪利亞說：「看，這孩子已被立定，為使以色列中許多人跌倒和復起，並成為反對的記號──至於你，要有一把利劍刺透你的心靈──為叫許多人心中的思念顯露出來。」又有一位女先知亞納，是阿協爾支派法奴耳的女兒，已上了年紀。她出閣後，與丈夫同居了七年，以後就守寡，直到八十四歲。她齋戒祈禱，晝夜事奉天主，總不離開聖殿。正在那時刻，她也前來稱謝天主，並向一切希望耶路撒冷得救贖的人，講論這孩子。他們按著上主的法律，行完了一切，便返回了加里肋亞，他們的本城納匝肋。孩子漸漸長大而強壯，充滿智慧，天主的恩寵常在他身上。（二 21-40）

耶穌三退魔誘，重整天人的關係

　　耶穌充滿聖神，由約旦河回來，就被聖神引到荒野裡去了，四十天的工夫受魔鬼試探；他在那日期內什麼也沒有吃，過了那日期就餓了。魔鬼對他說：「你若是天主子，命這塊石頭變成餅吧！」耶穌回答說：「經上記載：『人生活不只靠餅。』」魔鬼引他到高處，頃刻間把普世萬國指給他看，並對他說：這一切權勢及其榮華，我都要給你，因為全交給我了；我願意把它給誰，就給誰。所以你若是朝拜我，這一切都是你的。」耶穌回答說：「經上記載：『你要朝拜上主，你的天

主；惟獨事奉他。』」魔鬼又引他到耶路撒冷，把他放在聖殿頂上，向他說：「你若是天主子，從這裡跳下去吧！因為經上記載：『他為你吩咐了自己的天使保護你，他們要用手托著你，免得你的腳碰在石頭上。』」耶穌回答說：「經上說：『不可試探上主，你的天主。』」魔鬼用盡了各種試探後，就離開了他，再等時機。（四 1-13）

耶穌在加里肋亞的宣講

在納匝肋講道，宣布「救恩的今天」已經來到

　　耶穌因聖神的德能，回到加里肋亞。他的名聲傳遍了臨近各地。他在他們的會堂內施教，受到眾人的稱揚。他來到了納匝肋，自己曾受教養的地方；按他的慣例，就在安息日那天進了會堂，並站起來要誦讀。有人把依撒意亞先知書遞給他；他遂展開書卷，找到了一處，上邊寫說：「上主的神臨於我身上，因為他給我傅了油，派遣我向貧窮人傳報喜訊，向俘虜宣告釋放，向盲者宣告復明，使受壓迫者獲得自由，宣布上主恩慈之年。」他把書卷卷起來，交給侍役，就坐下了。會堂內眾人的眼睛都注視著他。他便開始對他們說：「你們剛才聽過的這段聖經，今天應驗了。」（四 14-21）

耶穌召選門徒：伯多祿和其他門徒

　　有一次，耶穌站在革乃撒勒湖邊，群眾擁到他前要聽天主的道理。他看見兩隻船在湖邊停著，漁夫下了船正在洗網。他上了其中一隻屬於西滿的船，請他把船稍微划開，離開陸地；

耶穌就坐下，從船上教訓群眾。一講完了，就對西滿說：「划到深處去，撒你們的網捕魚吧！」西滿回答說：「老師，我們已整夜勞苦，毫無所獲；但我要遵照你的話撒網。」他們照樣辦了，網了許多魚，網險些破裂了。他們遂招呼別隻船上的同伴來協助他們。他們來到，裝滿了兩隻船，以致船也幾乎下沉。西滿伯多祿一見這事，就跪伏在耶穌膝前說：「主，請你離開我！因為我是個罪人。」西滿和同他一起的人，因了他們所捕的魚，都驚駭起來。他的夥伴，即載伯德的兒子雅各伯和若望，也一樣驚駭。耶穌對西滿說：「不要害怕！從今以後，你要做捕人的漁夫！」他們把船划到岸邊，就捨棄一切，跟隨了他。（五 1-12）

召選肋未宗徒，並與稅吏同席

耶穌出去，看見一個稅吏，名叫肋未，在稅關那裡坐著，便對他說：「跟隨我吧！」他便捨棄一切，起來跟隨了他。肋未在自己家中為他擺設了盛筵，有許多稅吏和其他的人，與他們一同坐席。法利塞人和他們的經師就忿忿不平，對他的門徒說：「你們為什麼同罪人和稅吏一起吃喝？」耶穌回答他們說：「不是健康的人需要醫生，而是有病的人。我不是來召叫義人，而是召叫罪人悔改。」（五 27-32）

憐憫悔改的罪婦

有個法利塞人請耶穌同他吃飯，他便進了那法利塞人的家中坐席。那時，有個婦人，是城中的罪人，她一聽說耶穌在法

利塞人家中坐席，就帶著一玉瓶香液，來站在他背後，靠近他的腳哭開了，用眼淚滴濕了他的腳，用自己的頭髮擦乾，又熱切地口親他的腳，以後抹上香液。那請耶穌的法利塞人見了，就心裡想：「這人若是先知，必定知道這個摸他的是誰，是怎樣的女人：是一個罪婦。」耶穌發言對他說：「西滿，我有一件事要向你說。」西滿說：「師傅，請說吧！」「一個債主有兩個債戶：一個欠五百德納，另一個欠五十。因為他們都無力償還，債主就開恩，赦免了他們二人。那麼，他們中誰更愛他呢？」西滿答說：「我想是那多得恩赦的。」耶穌對他說：「你判斷的正對。」他遂轉身向著那婦人，對西滿說：「你看見這個婦人嗎？我進了你的家，你沒有給我水洗腳，她卻用眼淚滴濕了我的腳，並用頭髮擦乾。你沒有給我行口親禮，但她自從我進來，就不斷地口親我的腳。你沒有用油抹我的頭，她卻用香液抹了我的腳。故此，我告訴你：她的那許多罪得了赦免，因為她愛的多；但那少得赦免的，是愛的少。」耶穌遂對婦人說：「你的罪得了赦免。」同席的人心中想道：「這人是誰？他竟然赦免罪過！」耶穌對婦人說：「你的信德救了你，平安回去吧！」（七 36-50）

接受女門徒和其資助

以後，耶穌走遍各城各村講道，宣傳天主國的喜訊，同他在一起的有那十二門徒，還有幾個曾附過惡魔或患病而得治好的婦女，有號稱瑪達肋納的瑪利亞，從她身上趕出了七個魔鬼；還有約安納，即黑落德的家宰雇撒的妻子，又有蘇撒納；還有別的許多婦女，她們都用自己的財產資助他們。（八 1-3）

前往耶路撒冷的旅程：沿途施教

耶穌的容忍

　　耶穌被接升天的日期，就快要來到，他遂決意面朝耶路撒冷走去，便打發使者在他在前面走；他們去了，進了撒瑪黎雅人的一個村莊，好為他準備住宿。人們卻不收留他，因為他是面朝耶路撒冷去的。雅各伯及若望兩個門徒見了，便說：「主，你願意我們叫火自天降下，焚毀他們嗎？」耶穌轉過身來斥責了他們，他們遂又到別的村莊去了。（九 51-56）

慈善的撒瑪黎雅人

　　有一個法學士起來，試探耶穌說：「師傅，我應當做什麼，才能獲得永生？」耶穌對他說：「法律上記載了什麼？你是怎樣讀的？」他答說：「你應當全心、全靈、全力、全意愛上主，你的天主，並愛近人如你自己。」耶穌向他說：「你答應得對。你這樣做，必得生活。」但是，他願意顯示自己理直，又對耶穌說：「畢竟誰是我的近人？」耶穌答說：「有一個人從耶路撒冷下來，到耶里哥去，遭遇了強盜；他們剝去他的衣服，並加以擊傷，將他半死半活的丟下走了。正巧有一個司祭在那條路上下來，看了看他，便從旁邊走過去。又有一個肋未人，也是一樣；他到了那裡，看了看，也從旁邊走過去。但有一個撒瑪黎雅人，路過他那裡，一看見就動了憐憫的心，遂上前，在他的傷處注上油與酒，包紮好了，又扶他騎上自己的牲口，把他到帶客店裡，小心照料他。第二天，取出兩個銀

錢交給店主說：請你小心看護他！不論餘外花費多少，等我回來時，必要補還你。你以為這三個人中，誰是那遭遇那強盜者的近人呢？」那人答說：「是憐憫他的那人。」耶穌遂給他說：「你去，也照樣做吧！」（十 28-42）

戒貪世物

人群中有一個人向耶穌說「師傅，請吩咐我的兄弟與我分家罷！」耶穌對他說「人哪，誰立了我做你們的判官及分家人呢？」遂對他們說：「你們要謹慎，躲避一切貪婪，因為一個人縱然富裕，他的生命並不在於他的資產。」耶穌對他們設了一個比喻說「有一個富人，他的田地出產豐富。他心裡想道我可怎麼辦呢？因為我已沒有地方收藏我的物產。他遂說我要這樣做我要拆毀我的倉房，另建更大的，好在那裡收藏我的一切穀類及財物。以後，我要對我的靈魂說靈魂哪！你存有大量的財物，足夠多年之用，你休息罷！吃喝宴樂罷！天主卻給他說糊塗人哪！今夜就要索回你的靈魂，你所備置的，將歸誰呢？那為自己厚積財產而不在天主前致富的，也是如此。」（十二 13-21）

安息日治好傴僂婦女

安息日，耶穌在一會堂裡施教。有一女人，病魔纏身已十八年了，傴僂著，完全不能直立。耶穌見了她，便叫她過來，給她說：「女人，你的病已消除了。」遂給她按手，她即刻就挺直起來，光榮天主。會堂長因氣惱耶穌在安息日治病，便給

眾人說道：「有六天應該工作，你們在這些日子裡可來治病，但不可在安息日這一天。」主回答他說：「假善人哪！你們每一個人在安息日，有不解下槽上的牛驢，牽去飲水的嗎？這個女人原是亞巴郎的女兒，她被撒殫纏住已經有十八年了，安息日這一天，就不該解開她的束縛嗎？」當耶穌講這話時，所有敵對他的人，個個慚愧；一切民眾因他所行的種種輝煌事蹟，莫不歡喜。（十三 10-17）

天主仁慈的國度

眾稅吏及罪人們都來接近耶穌，為聽他講道。法利塞人及經師們竊竊私議說：「這個人交接罪人，又同他們吃飯。」耶穌遂對他們設了這個比喻說：「你們中間有哪個人有一百隻羊，遺失了其中的一隻，而不把這九十九隻丟在荒野，去尋覓那遺失的一隻，直到找著呢？待找著了，就喜歡的把牠放在自己的肩膀上，來到家中，請他的友好及鄰人來，給他們說：你們與我同樂罷！因為我那隻遺失了的羊，又找到了。我告訴你們：同樣，對於一個罪人悔改，在天上所有的歡樂，甚於對那九十九個無須悔改的義人。」

「或者那個婦女，有十個『達瑪』，若遺失了一個『達瑪』，而不點上燈，打掃房屋，細心尋找，直到找著呢？待找著了，她就請女友及鄰人來說：你們與我同樂罷！因為我失去的那一個『達瑪』又找到了。我告訴你們：對於一個罪人悔改，在天主的使者前，也是這樣歡樂。」

耶穌又說：「一個人有兩個兒子，那小的向父親說父親，請把我應得的一份家產給我罷！父親遂把產業給他們分開了。

過了不多幾天，小兒子把所有的一切都收拾起來，就往遠方去了。他在那裡荒淫度日，耗費他的資財。當他把所有的都揮霍盡了以後，那地方正遇著大荒年，他便開始窮困起來。他去投靠一個當地的居民；那人打發他到自己的莊田上去放豬。他恨不能拿豬吃的豆莢來果腹，可是沒有人給他。他反躬自問：我父親有多少傭工，都口糧豐盛，我在這裡反要餓死！我要起身到我父親那裡去，並且要給他說：父親！我得罪了天，也得罪了你。我不配再稱作你的兒子，把我當作你的一個傭工罷！他便起身到他父親那裡去了。他離得還遠的時候，他父親就看見了他，動了憐憫的心，跑上前去，撲到他的脖子上，熱情地親吻他。兒子向他說：父親，我得罪了天，也得罪了你，我不配再稱作你的兒子了！父親卻吩咐自己的僕人說：你們快拿出上等的袍子來給他穿上，把戒指戴在他手上，給他腳上穿上鞋，再把那隻肥牛犢牽來宰了，我們應吃喝歡宴，因為我這個兒子是死而復生，失而復得了；他們就歡宴起來。那時，他的長子正在田地裡，當他回來快到家的時候，聽見有奏樂及歌舞的歡聲，遂叫一個僕人過來，問他這是什麼事。僕人向他說：你弟弟回來了，你父親因為見他無恙歸來，便為他宰了那隻肥牛犢。長子就生氣不肯進去，他父親遂出來勸解他。他回答父親說：你看，這些年來我服事你，從未違背過你的命令，而你從未給過我一隻小山羊，讓我同我的朋友們歡宴；但你這個兒子同娼妓們耗盡了你的財產，他一回來，你倒為他宰了那隻肥牛犢。父親給他說：孩子！你常同我在一起，凡我所有的，都是你的；只因為你這個弟弟死而復生，失而復得，應當歡宴喜樂！」（十五 1-32）

富翁與拉匝祿的比喻

「有一個富家人，身穿紫紅袍及細麻衣，天天奢華地宴樂。另有一個乞丐，名叫拉匝祿，滿身瘡痍，躺臥在他的大門前。他指望藉富家人桌上掉下的碎屑充饑，但只有狗來舐他的瘡痍。那乞丐死了，天使把他送到亞巴郎的懷抱裡。那個富家人也死了，被人埋葬了。他在陰間，在痛苦中舉目一望，遠遠看見亞巴郎及他懷抱中的拉匝祿，便喊叫說：父親亞巴郎！可憐我罷！請打發拉匝祿用他的指頭尖，蘸點水來涼潤我的舌頭，因為我在這火焰中極甚慘苦。亞巴郎說：孩子，你應記得你活著的時候，已享盡了你的福，而拉匝祿同樣也受盡了苦。現在，他在這裡受安慰，而你應受苦了。除此之外，在我們與你們之間，隔著一個巨大的深淵，致使人即便願意，從這邊到你們那邊去也不能，從那邊到我們這邊來也不能。那人說父親！那麼就請你打發拉匝祿到我父家去，因為我有五個兄弟，叫他警告他們，免得他們也來到這痛苦的地方。亞巴郎說：他們自有梅瑟及先知，聽從他們好了。他說不，父親亞巴郎！倘若有人從死者中到了他們那裡，他們必會悔改。亞巴郎給他說：如果他們不聽從梅瑟及先知，縱使有人從死者中復活了，他們也必不信服。」（十六 19-31）

醫治十位痲瘋病人

耶穌往耶路撒冷去的時候，經過撒瑪黎雅及加里肋亞中間，走進一個村莊的時候，有十個癩病人迎面而來，遠遠地站著。他們提高聲音說：「師傅，耶穌，可憐我們罷！」耶穌定睛一看，向他們說：「你們去叫司祭們檢驗你們罷！」他們去

的時候，便潔淨了。其中一個，看見自己痊癒了，就回來大聲光榮天主，並且跪伏在耶穌足前，感謝他；他是一個撒瑪黎雅人。耶穌便說道：「潔淨了的不是十個人嗎？那九個人在那裡呢？除了這個外邦人，就沒有別人回來歸光榮於天主嗎？」耶穌遂給那人說「起來，去罷！你的信德救了你。」（十七 11-19）

法利塞人和稅吏祈禱的比喻

耶穌也向幾個自充為義人，而輕視他人的人，設了這個比喻：「有兩個人上聖殿去祈禱：一個是法利塞人，另一個是稅吏。那個法利塞人立著，心裡這樣祈禱：天主，我感謝你，因為我不像其他的人，勒索、不義、姦淫，也不像這個稅吏。我每週兩次禁食，凡我所得的，都捐獻十分之一。那個稅吏卻遠遠地站著，連舉目望天都不敢，只是捶著自己的胸膛說：天主，可憐我這個罪人罷！我告訴你們這人下去，到他家裡，成了正義的，而那個人卻不然。因為凡高舉自己的，必被貶抑；凡貶抑自己的，必被高舉。」（十八 9-14）

救恩來到稅吏的家

耶穌進了耶里哥，正經過的時候，有一個人，名叫匝凱，他原是稅吏長，是個富有的人。他想要看看耶穌是什麼人；但由於人多，不能看見，因為他身材短小。於是他往前奔跑，攀上了一棵野桑樹，要看看耶穌，因為耶穌就要從那裡經過。耶穌來到那地方，抬頭一看，對他說：「匝凱，你快下來！因為

我今天必須住在你家中。」他便趕快下來，喜悅地款留耶穌。眾人見了，都竊竊私議說：「他竟到有罪的人那裡投宿。」匝凱站起來對主說：「主，你看，我把我財物的一半施捨給窮人；我如果欺騙過誰，我就以四倍賠償。」耶穌對他說：「今天救恩臨到了這一家，因為他也是亞巴郎之子。因為人子來，是為尋找及拯救迷失了的人。」（十九 1-10）

耶穌在耶路撒冷：
完成其苦難—死亡—復活—升天的逾越奧蹟

哀哭耶路撒冷

耶穌臨近的時候，望見京城，便哀哭她說：「恨不能在這一天，你也知道有關你平安的事；但這事如今在你眼前是隱藏的。的確，日子將臨於你，你的仇敵要在你四周築起壁壘，包圍你，四面窘困你；又要蕩平你，及在你內的子民；在你內絕不留一塊石頭在另一塊石頭上，因為你沒有認識眷顧你的時期。」（十九 41-44）

稱讚窮寡婦

耶穌舉目一望，看見富人把他們的獻儀投入銀庫內。又看見一個貧苦的寡婦，把兩文錢投入裡面，遂說：「我實在告訴你們：這個窮寡婦比眾人投入的都多，因為眾人都是拿他們多餘的投入，作為給天主的獻儀；而這個寡婦卻是從她的不足中，把她所有的一切生活費都投上了。」（二一 1-4）

苦難敘述之路加獨有經文

耶穌對宗徒的最後訓言和對伯多祿的仁慈

　　在他們中又起了爭論：他們中數著誰最大？耶穌給他們說：「外邦人有君王宰製他們，那有權管治他們的，稱為恩主；但你們卻不要這樣：你們中最大的，要成為最小的；為首領的，要成為服事人的。是誰大呢？是坐席的，還是服事人的？不是坐席的嗎？可是我在你們中間卻像是服事人的。在我的困難中，與我常常相偕的，就是你們。所以，我將王權給你們預備下，正如我父給我預備下了一樣，為使你們在我的國裡，一同在我的筵席上吃喝，並坐在寶座上，審判以色列十二支派。西滿，西滿，看，撒殫求得了許可，要篩你們像篩麥子一樣。但是我已為你祈求了，為叫你的信德不致喪失，待你回頭以後，要堅固你的兄弟。」伯多祿向他說：「主，我已經準備同你一起下獄，同去受死。」耶穌說：「伯多祿，我告訴你：今天雞還未叫以前，你要三次說不認識我。」（二二 24-34）

耶穌在十字苦路上對婦女的仁慈

　　有許多人民及婦女跟隨著耶穌，婦女搥胸痛哭他。耶穌轉身向她們說：「耶路撒冷女子！你們不要哭我，但應哭你們自己及你們的子女，因為日子將到，那時，人要說：那荒胎的，那沒有生產過的胎，和沒有哺養過的乳，是有福的。那時，人要開始對高山說：倒在我們身上吧！對丘陵說：蓋起我們來

吧！如果對於青綠的樹木，他們還這樣做，對於枯槁的樹木，又將怎樣呢？」（二三 27-31）

耶穌對釘他的人和對右盜的仁慈

他們既到了那名叫髑髏的地方，就在那裡把耶穌釘在十字架上；也釘了那兩個兇犯：一個在右邊，一個在左邊。耶穌說：「父啊，寬赦他們吧！因為他們不知道他們做的是什麼。」⋯⋯懸掛著的兇犯中，有一個侮辱耶穌說：「你不是默西亞嗎？救救你自己和我們吧！」另一個兇犯應聲責斥他說：「你既然受同樣的刑罰，連天主你都不怕嗎？這對我們是理所當然的，因為我們所受的，正配我們所行的；但是，這個人從未做過什麼不正當的事。」隨後說：「耶穌，當你來為王時，請你紀念我！」耶穌給他說：「我實在告訴你：今天你就要與我一同在樂園裡。」（二三 33-34，39-43）

耶穌復活：陪伴兩位失望的門徒

就在那一天，他們中，有兩個人往一個村莊去，村名厄瑪烏，離耶路撒冷約六十「斯塔狄」。他們彼此談論所發生的一切事。正談話討論的時候，耶穌親自走近他們，與他們同行。他們的眼睛卻被阻止住了，以致認不出他來。耶穌對他們說：「你們走路，彼此談論的是些什麼事？」他們就站住，面帶愁容。一個名叫克羅帕的，回答他說：「獨有你在耶路撒冷作客，不知道在那裡這幾天所發生的事嗎？」耶穌問他們說：「什麼事？」他們回答說：「就是有關納匝肋人耶穌的事。他本是一位先知，在天主及眾百姓前，行事說話都有權力。我們

的司祭長及首領竟解送了他，判了他死罪，釘他在十字架上。我們原指望他就是那要拯救以色列的。可是——此外還有：這些事發生到今天，已是第三天了。我們中有幾個婦女驚嚇了我們；她們清早到了墳墓那裡，沒有看見他的遺體，回來說她們見了天使顯現，天使說他復活了。我們中也有幾個到過墳墓那裡，所遇見的事，如同婦女們所說的一樣，但是沒有看見他。」耶穌於是對他們說：「唉！無知的人哪！為信先知們所說的一切話，你們的心竟是這般遲鈍！默西亞不是必須受這些苦難，才進入他的光榮嗎？」他於是從梅瑟及眾先知開始，把全部經書論及他的話，都給他們解釋了。當他們臨近了他們要去的村莊時，耶穌裝作還要前行。他們強留他說：「請同我們一起住下吧！因為快到晚上，天已垂暮了。」耶穌就進去，同他們住下。當耶穌與他們坐下吃飯的時候，就拿起餅來，祝福了，擘開，遞給他們。他們的眼睛開了，這才認出耶穌來；但他卻由他們眼前隱沒了。他們就彼此說：「當他在路上與我們談話，給我們講解聖經的時候，我們的心不是火熱的嗎？他們遂即動身，返回耶路撒冷，遇見那十一門徒及同他們一起的人，正聚在一起，彼此談論說：「主真復活了，並顯現給西滿了。」二人就把在路上的事，及在分餅時，他們怎樣認出了耶穌，述說了一遍。（二四 13-35）

最後的顯現

耶穌對他們說：「我以前還同你們在一起的時候，就對你們說過這話：諸凡梅瑟法律、先知並聖詠上指著我所記載的話，都必須應驗。」耶穌遂開啟他們的明悟，叫他們理解經書；又向他們說：「經上曾這樣記載：默西亞必須受苦，第三

天要從死者中復活；並且必須從耶路撒冷開始，因他的名向萬
邦宣講悔改，以得罪之赦。你們就是這些事的見證人。看，我
要把我父所恩許的，遣發到你們身上；至於你們，你們應當留
在這城中，直到佩戴上自高天而來的能力。」（二四 44-49）

耶穌升天

耶穌領他們出去，直到伯達尼附近，就舉手降福了他們。
正降福他們的時候，就離開他們，被提升天去了。他們叩拜了
他，皆大歡喜地返回了耶路撒冷，常在聖殿裡稱謝天主。（二
四 50-53）

〈宗徒大事錄〉

序言

德敖斐羅！我在第一部書中，已論及耶穌所行所教的一切，直到他借聖神囑咐了所選的宗徒之後，被接去的那一天為止；他受難以後，用了許多憑據，向他們顯明自己還活著，四十天之久發現給他們，講論天主國的事。（一 1-3）

耶穌升天

耶穌與他們一起進食時，吩咐他們不要離開耶路撒冷，但要等候父的恩許，即你們聽我所說過的：「若翰固然以水施了洗，但不多幾天以後，你們要因聖神受洗。」他們聚集的時候，就問耶穌說：「主，是此時要給以色列復興國家嗎？」他回答說：「父以自己的權柄所定的時候和日期，不是你們應當知道的；但當聖神降臨於你們身上時，你們將充滿聖神的德能，要在耶路撒冷及全猶太和撒瑪黎雅，並直到地極，為我作證人。」耶穌說完這些話，就在他們觀望中，被舉上升，有塊雲彩接了他去，離開他們的眼界。他們向天注視著他上升的時候，忽有兩個穿白衣的人站在他們前，向他們說：「加里肋亞人！你們為什麼站著望天呢？這位離開你們，被接到天上去的耶穌，你們看見他怎樣升了天，也要怎樣降來。」（一 4-11）

前篇：伯多祿事錄

耶路撒冷教會

等候聖神降臨

那時，他們從名叫橄欖的山上，回了耶路撒冷，這山離耶路撒冷不遠，有一安息日的路程。他們進了城，就上了那座他們所居住的樓房，在那裡有伯多祿、若望、雅各伯、安德肋、斐理伯、多默、巴爾多祿茂、瑪竇、阿耳斐的兒子雅各伯、熱誠者西滿及雅各伯的兄弟猶達。這些人同一些婦女及耶穌的母親瑪利亞並他的兄弟，都同心合意地專務祈禱。（一 12-14）

揀選瑪弟亞代猶達斯為宗徒

有一天，伯多祿起來站在弟兄們中間說：──當時在一起的眾人大約共有一百二十名──「諸位仁人弟兄！聖神藉達味的口，關於領導逮捕耶穌的猶達斯所預言的經文，必須應驗。……聖詠集曾記載說：『願他的居所變成荒土，沒有人在那裡居住。』又說：『讓人取去他的職位。』所以必須從這些人中，即主耶穌在我們中間來往的所有時期內，常同我們在一起的人中，由若翰施洗起，直到耶穌從我們中被接去的日子止，由這些人中，應當有一個同我們一起作他復活的見證人。」他們便提出了名叫巴爾撒巴，號稱猶斯托的若瑟，和瑪弟亞兩個人。他們就祈禱說：「主，你認識眾人的心，求你指示，這兩個人中，你揀選了那一個，使他取得這職務的地位，即宗徒的職位，因為猶達斯放棄了這職位，去了他自己的地方。」他們

給二人拈鬮，瑪弟亞中了鬮，就列入十一位宗徒之中。（一15-16，20-26）

聖神降臨

五旬節日一到，眾人都聚集一處。忽然，從天上來了一陣響聲，好象暴風刮來，充滿了他們所在的全座房屋。有些散開好像火的舌頭，停留在他們每人頭上，眾人都充滿了聖神，照聖神賜給他們的話？說起外方話來。那時，居住在耶路撒冷的，有從天下各國來的虔誠的猶太人。這聲音一響，就聚來了許多人，都倉皇失措，因為人人都聽見他們說自己的方言。他們驚訝奇怪地說：「看，這些說話的不都是加里肋亞人嗎？怎麼我們每人聽見他們說我們出生地的方言呢？我們中有帕提雅人、瑪待人、厄藍人和居住在美索不達米亞、猶太及卡帕多細雅、本都並亞細亞、夫黎基雅和旁非里雅、埃及並靠近基勒乃的利比亞一帶的人，以及僑居的羅馬人、猶太人和皈依猶太教的人、克里特人和阿剌伯人，怎麼我們都聽見他們用我們的話，講論天主的奇事呢？」眾人都驚訝猶豫，彼此說：「這是什麼事？」另有些人卻譏笑說：「他們喝醉了酒！」（二1-13）

伯多祿講道

伯多祿就同十一位宗徒站起來，高聲向他們說：「猶太人和所有居住在耶路撒冷的人！請你們留意，側耳靜聽我的話！……納匝肋人耶穌是天主用德能、奇蹟和徵兆——即天主藉他在你們中所行的，一如你們所知道的——給你們證明了的

人。他照天主已定的計畫和預知，被交付了；你們借著不法者的手，釘他在十字架上，殺死了他；天主卻解除了他死亡的苦痛，使他復活了，因為他不能受死亡的控制，因為達味指著他說：『我常將上主置於我眼前；我絕不動搖，因他在我右邊。因此，我心歡樂，我的舌愉快，連我的肉身也要安息於希望中，因為你絕不會將我的靈魂遺棄在陰府，也不會讓你的聖者見到腐朽。你要將生命的道路指示給我，要在你面前用喜樂充滿我。』

諸位仁人弟兄！容我坦白對你們講論聖祖達味的事罷！他死了，也埋葬了，他的墳墓直到今天還在我們這裡。他既是先知，也知道天主曾以誓詞對他起了誓，要從他的子嗣中立一位來坐他的御座。他既預見了，就論及默西亞的復活說：『他沒有被遺棄在陰府，他的肉身也沒有見到腐朽。』這位耶穌，天主使他復活了，我們都是他的見證人。他被舉揚到天主的右邊，由父領受了所恩許的聖神；你們現今所見所聞的，就是他所傾注的聖神。達味本來沒有升到天上，但是他卻說：『上主對吾主說：你坐在我右邊，等我使你的仇敵，變作你腳的踏板。』所以，以色列全家應確切知道：天主已把你們所釘死的這位耶穌，立為主，立為默西亞了。」（二 14，22-36）

三千人歸化

他們一聽見這些話，就心中刺痛，遂向伯多祿和其他宗徒說：「諸位仁人弟兄！我們該作什麼？」伯多祿便對他們說：「你們悔改罷！你們每人要以耶穌基督的名字受洗，好赦免你們的罪過，並領受聖神的恩惠。因為這恩許就是為了你們和你們的子女，以及一切遠方的人，因為都是我們的上主天主所召

叫的。」他還講了很多別的作證的話，並勸他們說：「你們應
救自己脫離這邪惡的世代。」於是，凡接受他的話的人，都受
了洗；在那一天約增添了三千人。（二 36-41）

新興教會

他們專心聽取宗徒的訓誨，時常團聚，擘餅，祈禱。因為
宗徒顯了許多奇蹟異事，每人都懷著敬畏之情。凡信了的人，
常齊集一處，一切所有皆歸公用。他們把產業和財物變賣，按
照每人的需要分配。每天都成群結隊地前往聖殿，也挨戶擘
餅，懷著歡樂和誠實的心一起進食。他們常讚頌天主，也獲得
了全民眾的愛戴；上主天天使那些得救的人加入會眾。（二
43-47）

宗徒們行奇蹟、放膽宣講並開始受迫害

他們把宗徒領來之後，叫他們站在公議會中，大司祭便審
問他們，說：「我們曾嚴厲命令你們，不可用這名字施教。你
們看，你們卻把你們的道理傳遍了耶路撒冷，你們是有意把這
人的血，引到我們身上來啊！」伯多祿和宗徒們回答說：「聽
天主的命應勝過聽人的命。我們祖先的天主復活了你們下毒手
懸在木架上的耶穌。天主以右手舉揚了他，叫他做首領和救
主，為賜給以色列人悔改和罪赦。我們就是這些事的證人，並
且天主給那些服從他的人所賞的聖神，也為此事作證。」他們
一聽這話，大發雷霆，想要殺害他們。

有一個法利塞人，名叫加瑪里耳，是眾百姓敬重的法學
士，他在公議會中站起來，命這些人暫時出去。他便向議員們

說：「諸位以色列人！你們對這些人，應小心處理！因為在不久以前，特烏達起來，說自己是個大人物，附和他的人數約有四百；他被殺了，跟從他的人也都散了，歸於烏有。此後，加里肋亞人猶達，當戶口登記的日子，起來引誘百姓隨從他；他喪亡了，跟從他的人也都四散了。對現今的事，我奉勸你們：不要管這些人，由他們去罷！因為，若是這計畫或工作是由人來的，必要消散；但若是從天主來的，你們不但不能消滅他們，恐怕你們反而成了與天主作對的人。」他們都贊成他的意見，他們遂把宗徒們叫來，鞭打了以後，命他們不可再因耶穌的名字講道，遂釋放了他們。他們喜喜歡歡地由公議會前出來，因為他們配為這名字受侮辱。他們每天不斷在聖殿內，或挨戶施教，宣講基督耶穌的福音。（五 27-42）

選立七位執事

十二宗徒召集眾門徒說：「讓我們放棄天主的聖言，而操管飲食，實在不相宜。所以，弟兄們！當從你們中檢定七位有好聲望，且充滿聖神和智慧的人，派他們管這要務。至於我們，我們要專務祈禱，並為真道服役。」這番話得了全體的悅服，就選了斯德望，他是位充滿信德和聖神的人，和斐理伯、僕洛葛洛、尼加諾爾、提孟、帕爾默納及尼苛勞，他是個皈依猶太教的安提約基雅人，叫他們立在宗徒面前；宗徒們祈禱以後，就給他們覆了手。天主的道漸漸發揚，門徒的數目在耶路撒冷大為增加，司祭中也有許多人，服從了信仰。（六 2-7）

第一位殉道者斯德望

斯德望充滿恩寵和德能，在百姓中顯大奇蹟，行大徵兆。……於是他們便慫恿一些人，說：「我們聽見他說過褻瀆梅瑟和天主的話。」他們又煽動了百姓、長老和經師，一同跑來，捉住了他，解送到公議會。他們並設下假見證……他們一聽這些話，怒從心起，向他咬牙切齒。斯德望卻充滿了聖神，注目向天，看見天主的光榮，並看見耶穌站在天主右邊，遂說道：「看，我見天開了，並見人子站在天主右邊。」他們都大聲亂嚷，掩著自己的耳朵一致向他撲去，把他拉出城外，用石頭砸死了。證人脫下自己的衣服放在名叫掃祿的青年人腳前。當他們用石頭砸斯德望的時候，他祈求說：「主耶穌！接我的靈魂去罷！」遂屈膝跪下，大聲呼喊說：「主，不要向他們算這罪債！」說了這話，就死了。（六 8，11-13，七54-60）

掃祿歸化

掃祿還是向主的門徒口吐恐嚇和兇殺之氣，……快要臨近大馬士革的時候，忽然從天上有一道光，環射到他身上。他便跌倒在地，聽見有聲音向他說：「掃祿，掃祿，你為什麼迫害我？」他答說：「主！你是誰？」主說：「我就是你所迫害的耶穌。但是，你起來進城去，必有人告訴你當作什麼。」陪他同行的人站在那裡，說不出話來；只聽見聲音，卻看不見什麼人。掃祿從地上起來，睜開他的眼，什麼也看不見了。人們牽著他的手，領他進了大馬士革。三天的工夫看不見，也不吃，也不喝。在大馬士革有個門徒，名叫阿納尼雅，主在異象中向他說：「阿納尼雅！」他答說：「主，我在這裡。」主向他

說：「起來，往那條名叫『直街』的地方去，要在猶大家裡找一個名叫掃祿的塔爾索人；看，他正在祈禱。」——掃祿此時在異像中看見一個名叫阿納尼雅的人進來給自己覆手，使他復明——阿納尼雅卻答說：「關於這個人，我聽許多人說：他在耶路撒冷對你的聖徒做了許多壞事；他在這裡也有從大司祭取得的權柄，要捆綁一切呼號你名字的人。」主卻向他說：「你去罷！因為這人是我所揀選的器皿，為把我的名字帶到外邦人、國王和以色列子民前，因為我要指示他，為我的名字該受多麼大的苦。」阿納尼雅就去了，進了那一家，給他覆手說：「掃祿兄弟！在你來的路上，發顯給你的主耶穌打發我來，叫你看見，叫你充滿聖神。」立刻有像鱗甲一樣的東西，從他的眼中掉了下來，他便看見了，遂起來領了洗。進食以後，就有了力量。（九 1，3-19）

伯多祿為外邦人科爾乃略賦洗，並向責難的猶太基督徒提出答辯

「在我開始講話時，聖神就降在他們身上，有如當初降在我們身上一樣。我就想起了主所說的話：若翰固然用水施了洗，但你們卻要因聖神受洗。所以，如果天主賜給了他們同樣的恩惠，如同給我們信主耶穌基督的人一樣，我是什麼人，能阻止天主呢？」眾人聽了這話，才平靜下來，並光榮天主說：「原來天主也恩賜外邦人悔改，為得生命。」（十一 15-18）

安提約基雅教會

〔歸主人數很多〕這事傳到了耶路撒冷教會的耳中，就打發巴爾納伯到安提約基雅去。……他往塔爾索去找掃祿；找著

以後，便領他回到安提約基雅。他們一整年在那教會中共同工作，教導了許多人；在安提約基雅最先稱門徒為「基督徒」。（十一 22，26）

後編：保祿事錄

保祿初次出外傳教

在安提約基雅教會……敬禮主和禁食的時候，聖神向他們說：「你們給我選拔出巴爾納伯和掃祿來，去行我叫他們要行的工作。」（十三 1，2）

他們來到賽普勒斯島，再從帕佛到丕息狄雅的安提約基雅到依科尼雍、呂斯特辣，一路行奇蹟和宣講。在呂斯德拉曾治好一位胎生的跛子，引起當地百姓的狂熱：

群眾看見保祿所行的，就大聲用呂考尼雅話說：「神取了人形，降到我們這裡了！」他們遂稱巴爾納伯為則烏斯，稱保祿為赫爾默斯，因為它是主要發言人。在城關的則烏斯的司祭，就帶著公牛與花圈來到大門前，要同群眾一起獻祭。巴爾納伯和保祿宗徒聽說這事，就撕裂了自己的衣服，跑到群眾中，喊著，說道：「人哪！你們這是做什麼？我們也是人啊！與你們有同樣的性情；我們只是給你們傳揚福音，為叫你們離開這些虛無之物，皈依生活的天主，是他創造了天地海洋和其中的一切。他在過去的世代，容忍了萬民各行其道；但他並不是沒有以善行為自己作證，他從天上給你們賜了雨和結實的季節，以食物和喜樂充滿你們的心。」說了這些話，才算阻住了

群眾，沒有向他們獻祭。（十四11-18）

他們後來返回安提約基雅，並為外邦人歸化的問題前往耶路撒冷。

有幾個信教的法利塞黨人起來說：「必須叫外邦人受割損，又應該命他們遵守梅瑟法律。」宗徒和長老們就開會商討此事。辯論多時之後，……雅各伯接著說：「諸位仁人弟兄……，按我的意見，不要再加給由外邦皈依天主的人煩難，只要函告他們戒避偶像的玷污和姦淫，戒食窒死之物和血。因為自古以來，在各城內都有宣講梅瑟的人，每安息日在會堂中誦讀他的書。」……當時，宗徒和長老同全教會決定，……他們帶去的信如下：「宗徒和長老弟兄們，給在安提約基雅、敘利亞和基里基雅由外邦歸化的弟兄們請安。我們聽說有幾個從我們這裡去的，而並非我們所派去的人，講話擾亂你們，混亂了你們的心。我們取得同意後，決定揀選幾個人，派他們同我們可愛的巴爾納伯和保祿，到你們那裡去。此二人為了我們主耶穌基督的名，已付出了自己的性命。我們派猶達和息拉去，他們要親口報告同樣的事。因為聖神和我們決定，不再加給你們什麼重擔，除了這幾項重要的事：即戒食祭邪神之物、血和窒死之物，並戒避姦淫；若你們戒絕了這一切，那就好了。祝你們安好！」他們去後，就下到安提約基雅，聚集了眾人，遞上公函。人們讀了，對這勸慰的話都十分歡喜。（十五 1-2，13，19-31）

保祿第二次出外傳教（十五 36－十八 22）：與巴爾納伯分離，帶息拉走遍敘利亞和基里基雅，堅固各教會，並來到得撒洛

尼、貝洛雅，抵達雅典，宣講受挫折之後，來到格林多，歸化許多人，卻受人誣，後來返回安提約基雅。

保祿第三次出外傳教（十八 23－二一 26）：經過迦拉達地區和夫黎基雅，堅固眾位門徒，巡視馬其頓及阿哈雅，來到米所託，並召集厄弗所長老致詞：

他便向他們說：「你們知道：自從我來到亞細亞的第一天起，與你們在一起，始終怎樣為人，怎樣以極度的謙遜，含著眼淚，歷經猶太人為我所設的陰謀，而忠信事奉主。你們也知道：凡有益於你們的事，我沒有一樣隱諱而不傳給你們的，我常在公眾前，或挨家教訓你們，不論向猶太人或希臘人，我常苦勸你們悔改，歸向天主，並信從吾主耶穌。看，現在，我為聖神所束縛，必須往耶路撒冷去，在那裡要遇到什麼事，我不知道；我只知道聖神在各城中向我指明說：有鎖鏈和患難在等待我。可是，只要我完成了我的行程，完成了受自主耶穌叫我給天主恩寵的福音作證的任務，我沒有任何理由，珍惜我的性命。我曾在你們中往來，宣講了天主的國，但現在，我知道你們眾人以後不得再見我的面了。

因此，我今天向你們作證：對於眾人的血，我是無罪的，因為天主的一切計畫，我都傳告給你們了，毫無隱諱。聖神既在全群中立你們為監督，牧養天主用自己的血所取得的教會，所以你們要對你們自己和整個羊群留心。我知道在我離開之後，將有兇暴的豺狼進到你們中間，不顧惜羊群，就是在你們中間，也要有人起來講說謬論，勾引門徒跟隨他們。因此，你們要警醒，記住我三年之久，日夜不斷地含淚勸勉了你們每一個人。現在，我把你們託付給天主和他恩寵之道，他能建立你們，並在一切聖徒中，賜給你們嗣業。我沒有貪圖過任何人的

金銀或衣服。你們自己知道：這雙手供應了我，和同我一起的人的需要。在各方面我都給你們立了榜樣，就是必須這樣勞動，扶助病弱者；要記住主耶穌的話，他說過：『施予比領受更為有福。』」

說完這些話，便跪下同眾人祈禱。眾人都大哭起來，並伏在保祿的頸項上，口親他。他們最傷心的，是為了保祿說的這句話：以後他們不得再見他的面了。他們便送他上了船。（二十 18-37）

保祿被捕

保祿回到耶路撒冷，在聖殿被捕，他向猶太人說明自己的皈依經驗，後來在公議會受審。

保祿注視公議會說：「諸位仁人弟兄！我在天主前，作事為人，全憑純善的良心，直到今天。」大司祭阿納尼雅卻命站在旁邊的人打他的嘴。那時，保祿向他說：「粉白的牆啊！天主將要打擊你；你坐下審判我，應按照法律，你竟違反法律，下令打我嗎？」旁邊站著的人說：「你竟敢辱罵天主的大司祭嗎？」保祿說：「弟兄們！我原不知道他是大司祭，因為經上記載說：『不可詛咒你百姓的首長。』」保祿一看出他們一部分是撒杜塞人，另一部分是法利塞人，就在公議會中喊說：「諸位仁人弟兄！我是法利塞人，是法利塞人的兒子，我是為了希望死者的復活，現在受審。」他說了這話，法利塞人和撒杜塞人便起了爭辯，會眾就分裂了。原來撒杜塞人說沒有復活，也沒有天使，也沒有神靈；法利塞人卻樣樣都承認。於是喧嚷大起，有幾個法利塞黨的經師起來力爭說：「我們在這人

身上找不出一點過錯來；或者有神靈或天使同他說了話！」爭辯越來越大，千夫長怕保祿被他們撕裂，便命軍隊下來，把保祿從他們中間搶出來，帶到營裡去了。次夜，主顯現給保祿說：「你放心罷！你怎樣在耶路撒冷為我作證，也該怎樣在羅馬為我作證。」（二三 1-11）

保祿被解送至凱撒勒雅，在斐理斯總督前受審。斐理斯想討好猶太人，希望保祿上耶路撒冷受審，保祿則要求去羅馬向凱撒上訴，經過許多危險，終於抵達羅馬。

我們進了羅馬，保祿獲准與看守他的士兵獨居一處。過了三天，保祿便召集猶太人的首領；待他們來齊了，就向他們說：「諸位仁人弟兄！論到我，我雖沒有行什麼反對民族，或祖先規例的事，卻被鎖押了，從耶路撒冷被交到羅馬人手裡。他們審問了我，在我身上沒有找到該死的罪案，就想釋放我；但猶太人反對，我不得已，只好向凱撒上訴，並不是我有什麼事要控告我的人民。為這個緣故，我才請你們來見面談話。我原是為了以色列所希望的事，才帶上了這條鎖鏈。」他們向他說：「我們沒有從猶太接到關於你的書信，弟兄們中也沒有一個人來報告，或說你有什麼不好；不過我們願意從你本人聽聽你的意見，因為關於這個教門，我們知道它到處受人反對。」（二八 17-23）

兩年囚居的傳教生活

他們既與保祿約定了日子，就有更多的人到寓所來見他；他就從早到晚，給他們講解，為天主的國作證，引徵梅瑟法律

和先知書，勸導他們信服耶穌。有的人因他所說的話而相信了，有的卻不相信；他們彼此不合，便散去了。散去之前，保祿曾說了這段話：「聖神藉依撒意亞先知向你們祖先說的正對。他說：『你去對這民族說：你們聽是聽，但不瞭解；看是看，卻不明白，因為這民族的心遲鈍，耳朵難以聽見；他們閉了自己的眼睛，免得眼睛看見，耳朵聽見，心裡瞭解而悔改，而要我醫好他們。』所以，你們要知道：天主的這個救恩已送給了外邦人，他們將要聽從。」

保祿在自己賃的房子裡，住了整整兩年；凡來見他的，他都接待。他宣講天主的國，教授主耶穌基督的事，都非常自由，沒有人禁止。（二八 23-31）

《新約聖經》中的若望著作

導論

　　若望著作包括了《若望福音》、《若望壹書》、《若望貳書》、《若望參書》和《若望默示錄》。在研究聖經的學者中，相當普遍地接受有一個「愛徒（若望）團體」的存在，此愛徒團體的成員至少有四位：耶穌所愛的門徒（他是傳承的來源）、若望聖史、長老，及《福音》的編輯者，若望著作即是由他們所完成的。在若望福音和書信中，我們可認識耶穌就是默西亞、天主子；在默示錄中，我們可瞭解初期教會遭受羅馬帝國的迫害。

一、若望福音

若望聖史與他的福音[1]

　　有關若望聖史，《若望福音》編輯者宣稱：這位匿名的「耶穌所愛的門徒」作證，並「寫下了這些事」（若二十一20，24）。聖依肋乃（St. Irenaeus，約主曆180年）確認這位門徒就是住在厄弗所的若望，他一直活到羅馬皇帝Trajan 統治時

1　Raymond E. Brown, S. S., The Gospel and Epistles of John－A Concise Commentary, Collegeville, Minn.: Liturgical Press, 1988. 活水編譯小組編譯，《若望福音及書信詮釋：簡要本》，臺北：光啟文化，2010，頁3-180。

期（約主曆98年）。依肋乃年幼時，就認識了Smyrna地方的主教Polycarp。Polycarp主教算是與若望熟識的。由他開始確認：載伯德的兒子若望就是耶穌的門徒，也就是若望聖史。福音的編寫則是由他和一些助手完成的。故若望聖史所代表的是「整個若望團體的傳承及教導」，而不是某一個人。他們編撰《若望福音》的目的為：使後人能相信耶穌是默西亞、天主子，並使信的人賴他的名得生命。

至於《若望福音》的編寫過程與成書時間：它是由耶穌所愛的門徒參與耶穌的宣講事工開始，年復一年口傳的保存，經過教會團體的發展，以及可能較早期的文字收集（「神蹟之書」：參閱二十30），在以上諸多的程序之後，才由若望聖史寫成初稿（約在主曆90年），最後才由編輯者敲定成書（主曆100-110年）。

《若望福音》蘊藏著一些特徵，讀者若能注意下列七項特徵，則會有助於瞭解《若望福音》的意涵。1. 誤解：耶穌常把自己描述成一位「象徵性人物」，或以「隱喻」的方式說出訊息。在接下來的對話上，提出問題的人常誤解此「象徵性人物」或「隱喻」，只理解到口頭上或物質層面的意思。這就讓耶穌有機會進一步、更深、更徹底的解釋，因而解開祂教導內容的謎（參：若二20）。2. 反諷：反對耶穌的人，會說出一些關於耶穌的言論，都是惡言中傷的、譏諷的、懷疑的。然而，妙處就在這些言論常常是「說對了」，或是帶有更深層的意義，但說這話的人卻不瞭解（參：若三2）。3. 雙重意義：（1）希伯來文及希臘文中都有不少「雙義字」或「多義字」，若望聖史就在文字的涵義上玩弄玄機（參：若三3）。（2）若望聖史常要讀者在同一記述、同一隱喻（象徵性的語言）中，讀到幾個不同層面的意義。例如：要瞭解耶穌所說的

「聖殿被毀，三天之內會復興起來」，是指祂的身體（若二20）。4. 故事頭尾呼應：《若望福音》通常會在故事的結尾處安排一些細節（或做一點暗示），剛好與故事開頭處所說的相吻合（若九2-3，41）。5. 已實現了的末世觀：若望聖史是採「已實現了的末世觀」（Realized Eschatology）作為其理論的基礎（若三18）。6. 在對話中轉成獨白：在《若望福音》裡，有時耶穌開始跟某人或一群聽眾對話，談話正常的進行，談話的對象卻無緣無故地消失了，談話的結尾好像耶穌在獨白，成了一篇教導性的演講詞（若十四－十七章）。7. 演講詞重複出現：在《若望福音》裡，有時會同時出現兩篇耶穌的演講詞，其內容大同小異。演講詞重複出現，是耶穌的談話有雙重的意義，《若望福音》都保留下來（若三31-36）。

若望福音選讀（若一1－二十31）

《若望福音》包括：1. 序言；2. 神蹟之書；3. 光榮之書。

1. 序言（一1-18）

《若望福音》的〈序言〉是一首詩歌，它描述了聖言成為血肉事工的前導及結論。在〈序言〉與之後的章節中，我們會一再地提到若望聖史的「大迴向」：聖子由天降下，來到我們人間的層面，寄居在我們當中，然後升天回到天上，祂也要帶我們同祂一起到屬天的層面。

2. 神蹟之書（一19－十二50）

「神蹟之書」主要敘述：聖言對世界及對祂自己的人顯示自己，但他們不接受祂。它可分成四大段：第一大段（一19－二12）主題：七天逐步顯示耶穌各種身分。第二大段（二13－

四54）有兩大主題，第一大主題：取代舊約制度，如：取代猶太人的洗潔禮和在耶路撒冷朝拜；第二大主題：代表某種地位的某些人，面對耶穌事工的反應，如：標準的猶太人。第三大段有兩大主題，第一主題：取代舊約的慶節，如：取代安息日和逾越節；第二主題：是「生命」和「光」的主題。第四大段主題：拉匝祿，拉匝祿的復活是達到「生命及光」主題的高峰，而他的復活，直接導致了耶穌被定罪。

3. 光榮之書（十三1－二十31）

「光榮之書」的主旨為：對那些接受祂的人，聖言以死亡、復活、升天而回歸到天父身邊，來表達祂的榮耀。在全然受光榮之中，祂賜下聖神。它可分成三大段：第一大段（十三1－十七26）：最後晚餐，包括：洗腳、出賣和耶穌的臨別贈言；第二大段（十八1－十九42）：耶穌受難和死亡；第三大段（二十1-31）：耶穌復活、升天和賜下聖神。

二、若望書信選讀

大多數的學者認為《若望壹書》、《若望貳書》、《若望參書》都是由同一位長老寫成。因為《壹書》與《貳書》有相同的內容：強調要彼此相愛、嚴厲斥責進入世界迷惑人的假基督。《若望壹書》是類似書信的言論，而《若望貳書》和《若望參書》則是以信件方式寫出。三篇書信寫成的時間，大多數學者認為是在若望聖史完成《福音》初稿的十年之後（約主曆90年），而且是在《福音》編輯者著手編輯之前（恰於主曆一百年之後）。撰寫若望書信的目的是：維護信友的信德與道德，免受異端的危害。在三篇的若望書信中，我們僅選讀《若

望壹書》。

　　《若望壹書》是一篇勸勉信友的論述，用來繼續發揮若望福音的主要論題。它主要反對的是那些否認耶穌是默西亞、天主子的分離份子。它可分成三部分：1. 序言（若壹一1-4）；2. 主要部分（若壹一5－五12）；3. 結尾（若壹五13-21）。序言是對《若望福音》詩歌形式的序言所做的評論。主要部分又分為兩部分，第一部分（若壹一5－三10）說明「這福音」是「天主是光」，強調人有責任在光中行走；第二部分（若壹三11－五12）說明「這福音」是「我們應彼此相愛」，要效法耶穌，作為愛兄弟姊妹的典範。

三、《若望默示錄》選讀[2]

　　學者們將《默示錄》放在若望著作中，是因為書中的一些思想和若望學派比較接近。雖然作者名叫若望，而有關作者的其他資料卻沒有，所以作者的身分是不清楚的，可能是若望學派中的一位所撰寫，寫作的時間大約是西元九十六年。撰寫《默示錄》的目的是：以基督的光榮顯示和最後勝利來堅固那些信德動搖的信友，並鼓勵為信德而受難的義士。

　　《默示錄》是一種抗議文學，協助受壓迫者抵抗壓迫當局。為使讀者易於瞭解《默示錄》，我們將解釋密碼語言、象徵意義、數字意義、幾個重要的詮釋方向。密碼語言：默示錄中的語言不易懂且有許多言詞之外的含意，是為了不讓羅馬當局看懂這本著作而有具體證據指控作者。象徵意義：作者使用許多超自然和超文化的象徵，一般人不容易領會其意義。所有象徵都有強烈的宗教或政治意義，表示所有壓迫的政權終將滅

2　穆宏志，《若望著作導論：下冊》，臺北：光啟文化，1999，頁337-411。

亡；在警告政權的同時，也提醒基督徒，時候還沒有到，應該醒悟、奮鬥，因為新耶路撒冷還沒有來到。數字的意義：「三」是對天主的一種啟示；「四」是指地上四方：東、西、南、北；「七」是「三」加「四」，也就是天加地，是圓滿的意思，整個默示錄都是以七來安排的。「十二」是指以色列十二支派或耶穌十二門徒，十二等於三乘四，也有圓滿的意思。

若望默示錄的幾個重要詮釋方向：學者在解讀時，有三個普遍的解釋。1. 歷史時間的解釋：默示錄所描寫的是當時教會所處的社會情況。但為各個時代的讀者只能以間接的方式使用本書，為解釋各時代的情形。2. 未來性的解釋：採取此立場的人認為《若望默示錄》是針對未來的默示而寫的，不解釋過程，只強調在最後的時刻天主終將獲勝。3. 理想的解釋：此立場是採取一種歷史哲學的方式，即不是針對某段歷史，而是無論在什麼時代什麼地方，有哪一些力量在運作和那些力量產生了什麼效果。如：象徵意義，象徵就是為了讓每個世代，都能在他們的世代中找到符合當代的意義。把歷史時間的解釋、未來性的解釋和理想的解釋合在一起的態度，是完全且比較合適的解釋。

《默示錄》的結構為：1. 序言（默一1-20）；2. 先以神視作為引論（一9-20），接著是給七個教會的七封書信（默二－三）；3. 有關末世的神視共分五組：七印、七號角、七異兆、七金盂和基督與大巴比倫的戰爭（四1－十九10）；4. 記述基督與教會的最後勝利（十九11－二二5）；5. 結語（二二6-21）。我們僅選讀七金盂（十四6－十九8）。

七金盂這一組是在描寫巴比倫如何陷落，作者在此說明巴比倫是指羅馬。作者首先描述七印，七印暗示著七卷書所隱藏的祕密，只有基督才能開啟這些卷。第二描述號角，號角表示

的是處在戰爭的狀況中。第三是盂，這個圖像是由舊約來的，天主的憤怒常常在盂內，舊約有些章節記載天主強迫有些人喝天主的盂，表示天主的懲罰。既然第三是天主最後的懲罰，所以用盂這個圖像，之後又有鐮刀的圖像，鐮刀象徵收穫，最後的審判常用此圖像來描寫。作者在第十八章描寫一個城市毀滅，所以要哀悼。然而，作者又表現出一些驚訝，因為羅馬原是很強的，怎麼會一下子就毀滅了。第十八章描寫的是一種矛盾的心情，一方面驚訝，一方面又哀悼，因為天主實行了祂的懲罰。

〈若望福音〉

序言

第一章

聖言降生為人

在起初已有聖言，聖言與天主同在，聖言就是天主。聖言在起初就與天主同在。萬有是藉著他而造成的；凡受造的，沒有一樣不是由他而造成的。在他內有生命，這生命是人的光。光在黑暗中照耀，黑暗絕不能勝過他。

曾有一人，是由天主派遣來的，名叫若翰。這人來，是為作證，為給光作證，為使眾人藉他而信。他不是那光，祇是為給那光作證。那普照每人的真光，正在進入這世界；他已在世界上；世界原是藉他造成的；但世界卻不認識他。他來到了自己的領域，自己的人卻沒有接受他。但是，凡接受他的，他給他們，即給那些信他名字的人權能，好成為天主的子女。他們不是由血氣，也不是由肉慾，也不是由男慾，而是由天主生的。於是，聖言成了血肉，寄居在們中間；我們見了他的光榮，正如父獨生者的光榮，滿溢恩寵和真理。若翰為他作證呼喊說：「這就是我所說的：那在我以後來的，成了在我以前的，因他原先我而有。」

從他的滿盈中，我們都領受了恩寵，而且恩寵上加恩寵。因為法律是藉梅瑟傳授的，恩寵和真理卻是由耶穌基督而來

的。從來沒有人見過天主，只有那在父懷裡的獨生者，身為天主的，他給我們詳述了。（一 1-18）

天主聖子顯示給世人

前驅若翰作證

　　這是若翰所作的見證：當時，猶太人從耶路撒冷派遣了司祭和肋未人，到他那裡問他說：「你是誰？」他明明承認，並沒有否認；他明認說：「我不是默西亞。」他們又問他說：「那麼你是誰？你是厄里亞嗎？」他說：「我不是。」「你是那位先知嗎？」他回答說：「不是。」於是他們問他說：「你究竟是誰？好叫我們給那派遣我們來的人一個答覆。關於你自己，你說什麼呢？」他說：「我是在曠野裡呼喊者的聲音：修直上主的道路罷！正如依撒意亞先知所說的。」被派遣來的有些是法利塞人。他們又問他說：「你既不是默西亞，又不是厄里亞，也不是那位先知，那麼你為什麼施洗呢？」若翰答覆他們說：「我以水施洗，你們中間站著一位，是你們所不認識的；他在我以後來，我卻當不起解他的鞋帶。」這些事發生於約旦河對岸的伯達尼，若翰施洗的地方。

　　第二天，若翰見耶穌向他走來，便說：「看，天主的羔羊，除免世罪者！這位就是我論他曾說過：有一個人在我以後來，成了在我以前的，因他原先我而有。連我也不曾認識他，但為使他顯示於以色列，為此，我來以水施洗。」若翰又作證說：「我看見聖神彷彿鴿子從天降下，停在他身上。我也不曾認識他，但那派遣我來以水施洗的，給我說：你看見聖神降下，停在誰身上，誰就是那要以聖神施洗的人。我看見了，我便作證：他就是天主子。」（一 19-34）

作證的效果

第二天，若翰和他的兩個門徒，又在那裡站著，若翰看見耶穌走過，便注視著他說：「看，天主的羔羊！」那兩個門徒聽見他說這話，便跟隨了耶穌。耶穌轉過身來，看見他們跟著，便問他們說：「你們找什麼？」他們回答說：「辣彼！——意即師傅——你住在那裡？」他向他們說：「你們來看看罷！」他們於是去了，看了他住的地方；並且那一天就在他那裡住下了。那時，大約是第十時辰。

西滿伯多祿的哥哥安德肋，就是聽了若翰的話，而跟隨了耶穌的那兩人中的一個，先去找到了自己的弟弟西滿，並向他說：「我們找到了默西亞。」——意即基督。遂領他到耶穌跟前，耶穌注視他說：「你是若望的兒子西滿，你要叫『刻法』。」——意即伯多祿。

第二天，耶穌願意往加里肋亞去，遇到了斐理伯，耶穌便向他說：「你跟隨我罷！」斐理伯是貝特賽達人，與安德肋和伯多祿同城。斐理伯遇到納塔乃耳，就向他說：「梅瑟在法律上所記載，和先知們所預報的，我們找著了，就是若瑟的兒子，出身於納匝肋的耶穌。」納塔乃耳便向他說：「從納匝肋還能出什麼好事嗎？」斐理伯向他說：「你來看一看罷！」

耶穌看見納塔乃耳向自己走來，就指著他說：「看，這確是一個以色列人，在他內毫無詭詐。」納塔乃耳給祂說：「你從哪裡認識我呢？」耶穌回答說：「斐理伯叫你以前，當你還在無花果樹下時，我就看見了你。」納塔乃耳回答說：「辣彼，你是天主子，你是以色列的君王。」耶穌遂說道：「因為我向你說：我看見了你在無花果樹下，你就信了嗎？你要看見比這更大的事！」又向他說：「我實實在在告訴你們：你們要

看見天開，天主的天使在人子身上，上去下來。」（一 35-51）

第二章

初行奇蹟

第三天，在加里肋亞加納有婚宴，耶穌的母親在那裡；耶穌和他的門徒也被請去赴婚宴。酒缺了，耶穌的母親向他說：「他們沒有酒了。」耶穌回答說：「女人，這於我和你有什麼關係？我的時刻尚未來到。」他的母親給僕役說：「他無論吩咐你們什麼，你們就做什麼。」在那裡放著六口石缸，是為猶太人取潔禮用的；每口可容納兩三桶水。耶穌向僕役說：「你們把缸灌滿水罷！」他們就灌滿了，直到缸口。然後，耶穌給他們說：「現在你們舀出來，送給司席。」他們便送去了。司席一嘗已變成酒的水——並不知是從那裡來的，舀水的僕役卻知道——司席便叫了新郎來，向他說：「人人都先擺上好酒，當客人都喝夠了，才擺上次等的；你卻把好酒保留到現在。」

這是耶穌所行的第一個神蹟，是在加里肋亞納匝肋行的；他顯示了自己的光榮，衪的門徒們就信從了他。此後他和他的母親、弟兄和門徒下到葛法翁，在那裡住了不多幾天。（二1-12）

首次上耶京潔淨聖殿

猶太人的逾越節近了，耶穌便上了耶路撒冷。在殿院裡，他發現了賣牛、羊、鴿子的，和坐在錢莊上兌換銀錢的人，就

用繩索做了一條鞭子，把眾人連羊帶牛，從殿院都趕出去，傾倒了換錢者的銀錢，推翻了他們的桌子；給賣鴿子的人說：「把這些東西從這裡拿出去，不要使我父的殿宇成為商場。」他的門徒就想起了經上記載的：『我對你殿宇所懷的熱忱，把我耗盡。』的話。

猶太人便追問祂說：「你給我們顯什麼神蹟，證明你有權柄做這些事？」耶穌回答他們說：「你們拆毀這座聖殿，三天之內，我要把它重建起來。」猶太人就說：「這座聖殿建築了四十六年，你在三天之內就會重建起它來嗎？」但耶穌所提的聖所，是指他自己的身體。所以，當他從死者中復活以後，他的門徒就想起了他曾說過這話，便相信了聖經和耶穌說過的話。

當耶穌在耶路撒冷過逾越節慶節時，有許多人看見他所行的神蹟，便信從了他；耶穌卻不信任他們，因為他認識眾人；他並不需要誰告訴他，人是怎樣的，因為他認識人心裡有什麼。（二 13-25）

第三章

與尼苛德摩講論新生

有一個法利塞人，名叫尼苛德摩，是個猶太人的首領。有一夜，他來到耶穌前，向他說：「辣彼，我們知道你是由天主而來的師傅，因為天主若不同他在一起，誰也不能行你所行的這些神蹟。」耶穌回答說：「我實實在在告訴你：人除非由上而生，不能見到天主的國。」尼苛德摩說：「人已年老，怎樣能重生呢？難道他還能再入母腹而重生嗎？」耶穌回答說：

「我實實在在告訴你：人除非由水和聖神而生，不能進天主的國：由肉生的屬於肉，由神生的屬於神。你不要驚奇，因我給你說了：你們應該由上而生。風隨意向哪裡吹，你聽到風的響聲，卻不知道風從哪裡來，往哪裡去：凡由聖神而生的就是這樣。」

尼苛德摩問說：「這事怎麼能成就呢？」耶穌回答說：「你是以色列的師傅；連這事你都不知道嗎？我實實在在告訴你：我們知道的，我們才講論；我們見過的，我們才作證；而你們卻不接受我們的作證。若我給你說地上的事，你們尚且不信；若我給你們說天上的事，你們怎麼會信呢？沒有人上過天，除了那自天降下而仍在天上的人子。正如梅瑟曾在曠野裡高舉了蛇，人子也應照樣被舉起來，使凡信的人，在他內得永生。」（三 1-15）

聖史的感想

天主竟這樣愛了世界，甚至賜下了自己的獨生子，使凡信他的人不致喪亡，反而獲得永生，因為天主沒有派遣子到世界上來審判世界，而是為叫世界藉著他而獲救。那信從他的，不受審判；那不信的，已受了審判，因為他沒有信從天主獨生子的名字。審判就在於此：光明來到了世界，世人卻愛黑暗甚於光明，因為他們的行為是邪惡的。的確，凡作惡的，都憎惡光明，也不來就光明，怕自己的行為彰顯出來；然而履行真理的，卻來就光明，為顯示出他的行為是在天主內完成的。（三 16-21）

若翰再給耶穌作證

此後，耶穌和門徒來到猶太地，同他們一起住在那裡施洗。那時若翰也在臨近撒林的艾農施洗，因為那裡水多，人們常來受洗。那時，若翰尚未被投在監獄裡。

若翰的門徒和一個猶太人，關於取潔禮發生了爭辯。他們便來到若翰前對他說：「辣彼，曾同你一起在約旦河對岸，你給他作證的那位，看，他也施洗；並且眾人都到他那裡去了。」若翰回答說：「人不能領受什麼，除非有天上的賞賜。你們自己可以給我作證，我曾說過：我不是默西亞，我只是被派遣作他前驅的。有新娘的是新郎；新郎的朋友，侍立靜聽，一聽得新郎的聲音，就非常喜樂：我的喜樂已滿足了。他應該興盛，我卻應該衰微。」（三 22-30）

聖史的感想

那由上而來的，超越一切。那出於下地的，是屬於下地，且講論下地的事；那由上天而來的，超越萬有之上，他對所見所聞的，予以作證，卻沒有人接受他的見證。那接受他見證的人，就證實天主是真實的。天主所派遣的，講論天主的話，因為天主把聖神無限量地賞賜了祂。父愛子，並把一切交在他手中。那信從子的，便有永生；那不信從子的，不但不會見到生命，反有天主的義怒常在他身上。（三 31-36）

第四章

向撒瑪黎雅婦人顯示自己

耶穌一知道法利塞人聽說他已收徒，施洗比若翰還多——其實耶穌本人並沒有施洗，而是他的門徒——便離開猶太，又往加里肋亞去了。

他必須途經撒瑪黎雅。於是到了撒瑪黎雅的一座城，名叫息哈爾，靠近雅各伯給他的兒子若瑟的莊田，在那裡有「雅各伯泉」。耶穌因行路疲倦，就順便坐在泉傍；那時，大約是第六時辰。有一個撒瑪黎雅婦女來汲水，耶穌向她說：「請給我點水喝！」那時，他的門徒已往城裡買食物去了。那撒瑪黎雅婦女就回答說：「你既是個猶太人，怎麼向我一個撒瑪黎雅婦人要水喝呢？」原來，猶太人和撒瑪黎雅人不相往來。耶穌回答她說：「若是你知道天主的恩賜，並知道向你說：給我水喝的人是誰，你或許早求了他，而他也早賜給了你活水。」

那婦人問說；「先生，你連汲水器也沒有，而井又深，你從哪裡得那活水呢？難道你比我們的祖先雅各伯還大嗎？他留給了我們這口井，他和他的子孫以及他的牲畜，都曾喝過這井裡的水。」耶穌回答說：「凡喝這水的，還要再渴；但誰若喝了我賜予他的水，他將永遠不渴；並且我賜給他的水，將在他內成為湧到永生的水泉。」

婦人說：「先生，請給我這水罷！免得我再渴，也免得我再來這裡汲水。」耶穌向她說：「去叫你的丈夫，再回這裡來。」那婦人回答說：「我沒有丈夫。」耶穌說：「你說：我沒有丈夫，正對；因為你曾有過五個丈夫，而你現在所有的，也不是你的丈夫：你說的這話真對。」

婦人向他說：「先生，我看你是個先知。我們的祖先一向在這座山上朝拜天主，你們卻說：應該朝拜的地方是在耶路撒冷。」耶穌回答說：「女人，你相信我罷！到了時候，你們將不在這座山，也不在耶路撒冷朝拜父。你們朝拜你們所不認識的，我們朝拜我們所認識的，因為救恩是出自猶太人。然而時候要到，且現在就是，那些真正朝拜的人，將以心神以真理朝拜父，因為父就是尋找這樣朝拜他的人。天主是神，朝拜他的人，應當以心神以真理去朝拜他。」婦人說：「我知道默西亞——意即基督——要來，他一來了，必會告訴我們一切。」耶穌向她說：「同你談話的我就是。」

　　正在這時，他的門徒回來了，他們就驚奇他同一個婦人談話；但是沒有人問：「你要什麼？」或：「你同她談論什麼？」

　　於是那婦人撒下自己的水罐，往城裡去向人說：「你們來看！有一個人說出了我所做過的一切事：莫非他就是默西亞嗎？」眾人從城裡出來，往他那裡去。

　　這其間門徒請求耶穌說：「辣彼，吃罷！」他卻回答說：「我已有食物吃，那是你們所不知道的。」門徒便彼此問說：「難道有人給他送來了吃的嗎？」耶穌向他們說：「我的食物就是承行派遣我者的旨意，完成他的工程。你們不是說：還有四個月才到收穫期嗎？看，我給你們說：舉起你們的眼，細看田地，莊稼已經發白，可以收割了。收割的人已領到工資，且為永生收集了果實，如此，撒種的和收割的將一同喜歡。這正如俗語所說的：撒種的是一人，收割的是另一人。我派遣你們在你們沒有勞過力的地方去收割；別人勞了力，而你們去收穫他們勞苦的成果。」（四 1-38）

撒瑪黎雅人信從耶穌

城裡有許多撒瑪黎雅人信從了耶穌，因為那婦人作證說：「他向我說出我所做過的一切。」這樣，那些撒瑪黎雅人來到耶穌前，請求他在他們那裡住下；耶穌就在那裡住了兩天。還有更多的人因著他的講論，信從了他。他們向那婦人說：「現在我們信，不是為了你的話，而是因為我們親自聽見了，並知道他確實是世界的救主。」（四 39-42）

治好王臣的兒子

過了兩天，耶穌離開那裡，往加里肋亞去了。耶穌曾親自作證說：「先知在自己的家鄉絕受不到尊榮。」

他一來到加里肋亞，加里肋亞人便接待了他，因為他們也曾上了耶路撒冷去過節，並親眼見了他在慶節中所行的一切。耶穌又來到加里肋亞加納，即他變水為酒的地方，那裡有一位王臣，他的兒子在葛法翁患病。這人一聽說耶穌從猶太到加里肋亞來了，就到他那裡去，懇求他下來醫治他的兒子，因為他快要死了。

耶穌對他說：「除非你們看到神蹟和奇事，你們總是不信。」那王臣向他說：「主，在我的小孩未死以前，請你下來罷！」耶穌回答說：「去罷！你的兒子活了。」那人信了耶穌向他說的話，便走了。他正下去的時候，僕人們迎上他來，說他的孩子活了。他問他們孩子病勢好轉的時刻，他們給他說：「昨天第七時辰，熱就退了。」父親就知道正是耶穌向他說：「你的兒子活了」的那個時辰；他和他的全家便都信了。這是耶穌從猶太回到加里肋亞後，所行的第二個神蹟。（四 43-54）

第五章

耶穌顯示給不信的猶太

治好無助的癱子

　　這些事後，正是猶太人的慶節，耶穌便上了耶路撒冷。在耶路撒冷靠近羊門有一個水池，希伯來語叫作貝特匝達，周圍有五個走廊。在這些走廊內，躺著許多患病的，瞎眼的，瘸腿的，麻痺的，都在等候水動，因為有天使按時下到水池中，攪動池水；水動後，第一個下去的，無論他患什麼病，必會痊癒。

　　在那裡有一個人，患病已三十八年。耶穌看見這人躺在那裡，知道他已病了多時，就向他說：「你願意痊癒嗎？」那病人回答說：「主，我沒有人在水動的時候，把我放到水池中；我正到的時候，別人在我以前已經下去了。」耶穌向他說：「起來，拿起你的床，行走罷！」那人便立刻痊癒了，拿起自己的床，行走起來；那一天正是安息日。於是猶太人對那痊癒的人說：「今天是安息日，不許你拿床。」他回答他們說：「叫我痊癒了的那一位給我說：拿起你的床，行走罷！」他們就問他：「給你說拿起床來，而行走的那人是誰？」那痊癒的人卻不知道他是誰，因為那地方人多，耶穌已躲開了。

　　事後耶穌在聖殿裡遇見了，他便向他說：「看，你已痊癒了，不要再犯罪，免得你遭遇更不幸的事。」那人就去告訴猶太人：使他痊癒的就是耶穌。為此猶太人便開始迫害耶穌，因為他在安息日做這樣的事。耶穌遂向他們說：「我父到現在一直工作，我也應該工作。」為此猶太人越發想要殺害他，因為

他不但犯了安息日，而且又稱天主是自己的父，使自己與天主平等。（五 1-18）

顯示自己與天父的關係

耶穌於是回答他們說：「我實實在在告訴你們：子不能由自己做什麼，他看見父做什麼，才能作什麼；凡父所做的，子也照樣做，因為父愛子，凡自己所做的都指示給他；並且還要把比這些更大的工程指示給他，為叫你們驚奇。就如父喚起死者，使他們復生，照樣子也使他所願意的人復生。父不審判任何人，但他把審判的全權交給了子，為叫眾人尊敬子如同尊敬父；不尊敬子的，就是不尊敬派遣他來的父。我實實在在告訴你們：聽我的話，相信派遣我來者的，便有永生，不受審判，而已出死入生。我實實在在告訴你們：時候要到，且現在就是，死者要聽見天主子的聲音，凡聽從的，就必生存。就如父是生命之源，照樣他也使子成為生命之源；並且賜給他行審判的權柄，因為他是人子。你們不要驚奇這事，因為時候要到，那時，凡在墳墓裡的，都要聽見他的聲音，而出來：行過善的，復活進入生命；做過惡的，復活而受審判。我由我自己什麼也不能做；父怎樣告訴我，我就怎樣審判，所以我的審判是正義的，因為我不尋求我的旨意，而只尋求那派遣我來者的旨意。」（五 19-30）

父為子作證

「如果我為我自己作證，我的證據不足憑信；但另有一位為我作證，我知道他為我作的證足以憑信。你們曾派人到若翰

那裡去，他就為真理作過證。其實我並不需要人的證據，我提及這事，只是為叫你們得救。若翰好比是一盞點著而發亮的燈，你們只一時高興享受了他的光明。但我有比若翰更大的證據，即父所託付我要我完成的工程，就是我所行的這些工程，為我作證：證明是父派遣了我。派遣我來的父，親自為我作證；你們從未聽見過他的聲音，也從未看見過他的儀容，並且你們也沒有把他的話存留在心中，因為你們不相信他所派遣的那位。你們查考經典，因你們認為其中有永生，正是這些經典為我作證；但你們不願意到我這裡來，為獲得生命。」（五31-40）

猶太人不信耶穌

「我不求人的光榮；而且我認得你們，知道在你們內沒有天主的愛情。我因父的名而來，你們卻不接納我；如果有人因自己的名而來，你們反而接納他。你們既然彼此尋求光榮，而不尋求出於惟一天主的光榮，你們怎麼能相信我呢？不要想我要在父面前控告你們；有一位控告你們的，就是你們所寄望的梅瑟。若是你們相信梅瑟，必會相信我，因為他是指著我而寫的。如果你們不相信他所寫的，怎會相信我的話呢？」（五41-47）

第六章

增餅奇蹟

這些事以後，耶穌往加里肋亞海，即提庇黎雅海的對岸去

了。大批群眾，因為看見他在患病者身上所行的神蹟，都跟隨著他。耶穌上了山，和他的門徒一起坐在那裡。那時，猶太人的慶節，即逾越節，已臨近了。耶穌舉目看見大批群眾來到他前，就對斐理伯說：「我們從那裡買餅給這些人吃呢？」他說這話，是為試探斐理伯；他自己原知道要做什麼。斐理伯回答說：「就是二百塊『德納』的餅，也不夠每人分得一小塊。」有一個門徒，即西滿伯多祿的哥哥安德肋說：「這裡有一個兒童，他有五個大麥餅和兩條魚；但是為這麼多的人，這算得什麼？」耶穌說：「你們叫眾人坐下罷！」在那地方有許多青草，於是人們便坐下，男人約有五千。耶穌就拿起餅，祝謝後，分給坐下的人；對於魚也照樣做了；讓眾人任意吃。他們吃飽以後，耶穌向門徒說：「把剩下的碎塊收集起來，免得糟蹋了。」他們就把人吃後所剩的五個大麥餅的碎塊，收集起來，裝滿了十二筐。眾人見了耶穌所行的神蹟，就說：「這人確實是那要來到世界上的先知。」耶穌看出他們要來強迫他，立他為王，就獨自又退避到山裡去了。

步行海面

到了晚上，他的門徒下到海邊，上船要到海對岸的葛法翁去。天已黑了，耶穌還沒有來到他們那裡。海上因起了大風，便翻騰起來。當他們搖櫓大約過了二十五或三十「斯塔狄」時，看見耶穌在海面上行走，臨近了船，便害怕起來。但他卻向他們說：「是我，不要害怕！」他們便欣然接他上船，船就立時到了他們所要去的地方。（六 16-21）

群眾尋找耶穌

第二天，留在海對岸的群眾，看見只有一隻小船留在那裡，也知道耶穌沒有同他的門徒一起上船，只有他的門徒走了——然而從提庇黎雅有別的小船來到了，靠近吾主祝謝後，人們吃餅的地方——當群眾一發覺耶穌和他的門徒都不在那裡時，他們便上了那些小船，往葛法翁找耶穌去了。當群眾在海對岸找著他時，就對他說：「辣彼，你什麼時候到了這裡？」（六22-25）

生命之糧的言論

耶穌回答說：「我實實在在告訴你們：你們尋找我，並不是因為看到了神蹟，而是因為吃餅吃飽了。你們不要為那可損壞的食糧勞碌，而要為那存留到永生的食糧勞碌，即人子所要賜給你們的，因為他是天主聖父所印證的。」

他們問說：「我們該做什麼，才算做天主的事業呢？」耶穌回答說：「天主要你們所做的事業，就是要你們信從他所派遣來的。」他們又說：「那麼，你行什麼神蹟給我們看，好叫我們信服你呢？你要行什麼事呢？我們的祖先在曠野裡吃過『瑪納』，正如經上所記載的：『他從天上賜給了他們食物吃。』」於是耶穌向他們說：「我實實在在告訴你們：並不是梅瑟賜給了你們那從天上來的食糧，而是我父現今賜給你們從天上來的真正的食糧，因為天主的食糧，是那由天降下，並賜給世界生命的。」

他們便說：「主！你就把這樣的食糧常常賜給我們罷！」耶穌回答說：「我就是生命的食糧，到我這裡來的，永不會飢

餓；信從我的，總不會渴。但是，我向你們說過：你們看見了我，仍然不信。凡父交給我的，必到我這裡來；而到我這裡來的，我必不把他拋棄於外，因為我從天降下，不是為執行我的旨意，而是為執行派遣我來者的旨意。派遣我來者的旨意就是：凡他交給我的，叫我連一個也不失掉，而且在末日還要使他復活，因為這是我父的旨意：凡看見子，並信從子的，必獲得永生；並且在末日，我要使他復活。」（六 26-40）

耶穌是生命之糧

猶太人遂對耶穌竊竊私議，因為他說：我是從天上降下來的食糧。他們說：「這人不是若瑟的兒子耶穌麼？他的父親和母親，我們豈不是都認識麼？怎麼他竟說：我是從天上降下來的呢？」

耶穌回答說：「你們不要彼此竊竊私議！凡不是派遣我的父所吸引的人，誰也不能到我這裡來，而我在末日要叫他復活。在先知書上記載：『眾人都要蒙天主的訓誨。』凡由父聽教而學習的，必到我這裡來。這不是說有人看見過父，只有那從天主來的，才看見過父。我實實在在告訴你們：信從的人必得永生。我是生命的食糧。你們的祖先在曠野中吃過『瑪納』，卻死了；這是從天上降下來的食糧，誰吃了，就不死。我是從天上降下的生活的食糧；誰若吃了這食糧，必要生活直到永遠。」（六 41-51）

人子的血肉是信友的飲食

「我所要賜給的食糧，就是我的肉，是為世界的生命而賜

給的。」因此，猶太人彼此爭論說：「這人怎能把他的肉，賜給我們吃呢？」耶穌向他們說：「我實實在在告訴你們：你們若不吃人子的肉，不喝他的血，在你們內，便沒有生命。誰吃我的肉，並喝我的血，必得永生，在末日，我且要叫他復活，因為我的肉，是真實的食品；我的血，是真實的飲料。誰吃我的肉，並喝我的血，便住在我內，我也住在他內。就如那生活的父派遣了我，我因父而生活；照樣，那吃我的人，也要因我而生活。這是從天上降下來的食糧，不像祖先吃了『瑪納』仍然死了；誰吃這食糧，必要生活直到永遠。」這些話是耶穌在葛法翁會堂教訓人時說的。（六 52-59）

言論的結果

他的門徒中有許多聽了，便說：「這話生硬，有誰能聽得下去呢？」耶穌自知他的門徒對這話竊竊私議，便向他們說：「這話使你們起反感嗎？那麼，如果你們看到人子升到他先前所在的地方去，將怎樣呢？使生活的是神，肉一無所用；我給你們所講論的話，就是神，就是生命。但你們中間有些人，卻不相信。」原來，耶穌從起頭就知道那些人不信，和誰要出賣他。

所以他又說：「為此，我對你們說過：除非蒙父恩賜的，誰也不能到我這裡來。」從此，他的門徒中有許多人退去了，不再同他往來。於是耶穌向那十二人說：「難道你們也願走嗎？」西滿伯多祿回答說：「主！惟你有永生的話，我們去投奔誰呢？我們相信，而且已知道你是天主的聖者。」耶穌對他們說：「我不是揀選了你們十二個人嗎？你們中卻有一個是魔鬼。」他是指依斯加略人西滿的兒子猶達斯說的；因為就是這

人，十二人中的一個，將要出賣耶穌。（六 60-70）

第七章

耶穌暗自入京

這些事以後，耶穌周遊於加里肋亞，而不願周遊於猶太，因為猶太人要圖謀殺害他。那時，猶太人的慶節，帳棚節近了，他的弟兄於是對他說：「你離開這裡，往猶太去罷！好叫你的門徒也看見你所行的事，因為沒有人願意顯揚自己，而在暗地裡行事的；你既然行這些事，就該將你自己顯示給世界。」原來，連他的弟兄們也不相信他。

耶穌回答說：「我的時候還沒有到，你們的時候卻常是現成的。世界不會恨你們，卻是恨我，因為我指證它的行為是邪惡的。你們上去過節罷！我還不上去過這慶節，因為我的時候還沒有成熟。」他說了這些話後，仍留在加里肋亞。但他的弟兄們上去過節以後，他也去了，但不是明顯的，而是暗中去的。

在慶節中，猶太尋找他說：「那人在哪裡呢？」在群眾間對他發生了許多私議：有的說：「他是好人；」有的卻說：「不，他在煽惑民眾。」但是，因為都怕猶太人，誰也不敢公開地講論他。（七 1-13）

在聖殿施教

慶節已過了一半，耶穌就上聖殿裡去施教。猶太人都驚訝說：「這人沒有進過學，怎麼通曉經書呢？」耶穌回答他們

說：「我的教訓不是我的，而是派遣我來者的。誰若願意承行他的旨意，就會認出這教訓，是出於天主或由我自己而講的。由自己而講的，是尋求自己的光榮；但誰若尋求派遣他來者的光榮，他便是誠實的，在他內沒有不義。梅瑟不是曾給你們頒布了法律嗎？但你們中卻沒有一人遵行法律；你們為什麼圖謀殺害我？」

群眾回答說：「你附了魔；誰圖謀殺害你？」

耶穌回答說：「我做了一件事，你們就都奇怪。梅瑟曾給你們頒定了割損禮——其實並不是由梅瑟，而是由祖先開始的，因此，你們也在安息日給人行割損禮。若是在安息日為滿全梅瑟的法律，人可受割損禮；那麼，為了我在安息日，使一個人完全恢復健康，你們就對我發怒麼？你們不要按照外表判斷，但要按照公義判斷。」（七 14-24）

耶穌是由父派遣來的

於是，有幾個耶路撒冷人說：「這不是人們所要圖謀殺害的人嗎？看，他放膽地講論，而沒有人對他說什麼，難道首長們也確認這人就是默西亞嗎？可是，我們知道這人是那裡的；然而，當默西亞來時，卻沒有人知道他是哪裡的。」於是耶穌在聖殿施教時，大聲喊說：「你們認識我，也知道我是那裡的；但我不是由我自己而來，而是那真實者派遣我來的，你們卻不認識他；我認識他，因為我是出於他，是他派遣了我。」他們想捉住他，但沒有人向他下手，因為他的時辰還沒有到。（七 25-30）

派遣人捉拿耶穌

群眾中有許多人信了他，且說：「默西亞來時，難道會行比這人更多的奇蹟嗎？」法利塞人聽見群眾對耶穌這樣議論紛紛，司祭長和法利塞人便派遣差役去捉拿他。

於是耶穌說：「我和你們同在的時候不多了，我要回到派遣我來的那裡去。你們要找我卻找不著；而我所在的地方，你們也不能去。」

猶太便彼此說：「這人要往哪裡去，我們找不著他呢？難道他要往散居在希臘民中的猶太人那裡去，教訓希臘人麼？他所說：『你們要找我，卻找不著；我所在的地方，你們也不能去』的這話，是什麼意思？」（七 31-36）

耶穌為永生的泉源

在慶節末日最隆重的那一天，耶穌站著大聲喊說：「誰若渴，到我這裡來喝罷！凡信從我的，就如經上說：從他的心中要流出活水的江河。」他說這話，是指那信仰他的人將要領受的聖神；聖神還沒有賜下，因為耶穌還沒有受到光榮。（七31-39）

人論耶穌不同的意見

群眾中有些人聽了這些話，便說：「這人真是那位先知。」另有些人說：「這人是默西亞。」但也有人說：「難道默西亞能來自加里肋亞嗎？經上不是說：默西亞要出自達味的

後裔，來自達味出生的村莊白冷嗎？」因此，為了耶穌的緣故，在群眾中起了紛爭。他們中有些人願捉拿他，但誰也沒有向他下手。

差役回到司祭長和法利塞人那裡；司祭長和法利塞人問他們說：「為什麼你們沒有把他帶來？」差役回答說：「從來沒有一個人如此講話，像這人講話一樣。」法利塞人遂向他們說：「難道你們也受了煽惑嗎？首長中或法利塞人中，難道有人信仰了他嗎？但是，這些不明白法律的群眾，是可詛咒的！」

他們中有一個，即先前曾來到耶穌那裡的尼苛德摩，遂向他們說：「如果不先聽取人的口供，和查明他所做的事，難道我們的法律就許定他的罪麼？」他們回答他說：「難道你也是出自加里肋亞麼？你去查考，你就能知道：從加里肋亞不會出先知的。」然後，他們就各自回家去了。（七 40-53）

第八章

憐憫淫婦

耶穌上了橄欖山。清晨他又來到聖殿，眾百姓都到他跟前來，他便坐下教訓他們。那時，經師和法利塞人帶來了一個犯姦淫時被捉住的婦人，叫她站在中間，便向耶穌說：「師傅！這婦人是正在犯姦淫時被捉住的，在法律上，梅瑟命令我們該用石頭砸死這樣的婦人；可是，你說什麼呢？」

他們說這話，是要試探耶穌，好能控告他；耶穌卻彎下身去，用指頭在地上畫字。因為他們不斷地追問，他便直起身來，向他們說：「你們中間誰沒有罪，先向她投石罷！」他又

彎下身去，在地上寫字。

　　他們一聽這話，就從年老的開始到年幼的，一個一個地都溜走了，只留下耶穌一人和站在那裡的婦人。耶穌遂直起身來向她說：「婦人！他們在哪裡呢？沒有人定你的罪嗎？」她說：「主！沒有人。」耶穌向她說：「我也不定你的罪；去罷！從今以後，不要再犯罪了！」（八 1-11）

照世真光

　　耶穌又向眾人講說：「我是世界的光；跟隨我的，絕不在黑暗中行走，必有生命的光。」

　　法利塞人於是對他說：「你為你自己作證，你的證據是不可憑信的。」

　　耶穌回答說：「我即便為我自己作證，我的證據是可憑信的，因為我知道：我從那裡來，往那裡去；你們卻不知道：我從那裡來，或往那裡去。你們只憑肉眼判斷，我卻不判斷任何人；即使我判斷，我的判斷仍是真實的，因為我不是獨自一個，而是有我，還有派遣我來的父。在你們的法律上也記載著：兩個人的作證是可憑信的。今有我為我自己作證，也有派遣我的父，為我作證。」

　　他們便問他說：「你的父在哪裡？」耶穌答覆說：「你們不認識我，也不認識我的父；若是你們認識了我，也就認識我的父了。」這些話是耶穌於聖殿施教時，在銀庫院裡所講的。誰也沒有捉拿，因為他的時辰還沒有到。（八 12-20）

猶太人必死在罪惡中

那時，耶穌又向他們說：「我去了，你們要尋找我，你們必要死在你們的罪惡中；我所去的地方，你們不能去。」

猶太人便說：「他說：我所去的地方，你們不能去；莫非他要自殺嗎？」

耶穌向他們說：「你們是出於下，我卻是出於上；你們是出於這個世界，我卻不是出於這個世界。因此，我對你們說過：你們要死在你們的罪惡中。的確，你們若不相信我就是那一位，你們必要死在你們的罪惡中。」

於是，他們問耶穌說：「你到底是誰？」耶穌回答他們說：「難道從起初我沒有對你們講論過嗎？對你們我有許多事要說，要譴責；但是派遣我來者是真實的；我由他聽來的，我就講給世界聽。」他們不明白他是在給他們講論父。

耶穌遂說：「當你們高舉了人子以後，你們便知道我就是那一位。我由我自己不做什麼；我所講論的，都是依照父所教訓我的。派遣我來者與我在一起，他沒有留下我獨自一個，因為我常做他所喜悅的事。」當耶穌講這些話時，許多人便信了他。（八21-30）

猶太人自恃為亞巴郎的子孫

於是，耶穌對那些信他的猶太人說：「你們如果固守我的話，就確是我的門徒，也會認識真理，而真理必會使你們獲得自由。」

他們回答說：「我們是亞巴郎的後裔，從未給任何人做過奴隸；怎麼你說：你們要成為自由的呢？」耶穌答覆說：「我

實實在在告訴你們：凡是犯罪的，就是罪惡的奴隸。奴隸不能永遠住在家裡，兒子卻永遠居住。那麼，如果天主子使你們自由了，你們的確是自由的。我知道你們是亞巴郎後裔，你們卻圖謀殺害我，因為你們容納不下我的話。我說的，是我在父那裡所看見的；而你們行的，卻是從你們的父親那裡所學習的。」

他們回答說：「我們的父親是亞巴郎。」耶穌對他們說：「假如你們是亞巴郎的子女，你們就該做亞巴郎所做的事。如今，你們竟然圖謀殺害我——這個給你們說出從天主那裡所聽到的真理的人——亞巴郎卻沒有做過這樣的事。你們正做你們父親的事業。」

他們向他說：「我們不是由淫亂生的，我們只有一個父親：就是天主。」耶穌回答說：「假如天主是你們的父親，你們必愛我，因為我是由天主出發而來的，並不是由我自己來的，而是那一位派遣了我。為什麼你們不明白我的講論呢？無非是你們不肯聽我的話。你們是出於你們的父親魔鬼，並願意追隨你們父親的欲望。從起初，他就是殺人的兇手，不站在真理上，因為在他內沒有真理；他幾時撒謊，正出於他的本性，因為他是撒謊者，而且又是撒謊者的父親。至於我，因為我說真理，你們卻不信我。你們中誰能指證我有罪？若是我說真理，為什麼你們卻不信我呢？出於天主的，必聽天主的話；你們所以不聽，因為你們不是出於天主。」

猶太人遂向他說：「我們說你是個撒瑪黎雅人，並附有魔鬼，豈不正對嗎？」耶穌答覆說：「我沒有附魔，我只是尊敬我的父，你們卻侮辱我。然而，我不尋求我的光榮，有為我尋求而行判斷的一位。我實實在在告訴你們：「誰如果遵行我的話，永遠見不到死亡。」

猶太人向他說：「現在我們知道：你附有魔鬼；亞巴郎和先知都死了；你卻說：誰如果遵行我的話，永遠嘗不到死味。難道你比我們的父親亞巴郎還大嗎？他死了，先知們也死了。你把你自己當作什麼人呢？」耶穌答覆說：「我如果光榮我自己，我的光榮算不了什麼；那光榮是我的，是我的父，就是你們所稱的「我們的天主」。你們不認識他，我卻認識他；我若說我不認識他，我便像你們一樣是個撒謊者；但是，我認識他，也遵守他的話。你們的父親亞巴郎曾歡欣喜樂地企望看到我的日子，他看見了極其高興。」

　　猶太人就對他說：「你還沒有五十歲，就見過亞巴郎嗎？」耶穌回答說：「我實實在在告訴你們：在亞巴郎出現以前我就有。」他們就拿起石頭來要向他投去；耶穌卻隱沒了，從聖殿裡出去了。（八 31-59）

第九章

治好胎生的瞎子

　　耶穌前行時，看見了一個生來瞎眼的人。他的門徒就問他說：「辣彼，誰犯了罪？是他，還是他的父母，竟使他生來瞎眼呢？」耶穌答覆說：「也不是他犯了罪，也不是他的父母，而是為叫天主的工作在他身上顯揚出來。趁著白天，我們應該做派遣我來者的工作；黑夜來到，就沒有人能工作了。當我在世界上的時候，我是世界的光。」耶穌說了這話以後，便吐唾沫在地上，用唾沫和了些泥，把泥抹在瞎子的眼上，對他說：「去，到史羅亞水池裡洗洗罷！」——史羅亞解說「被派遣的」——瞎子去了，洗了，回來就看見了。

於是，鄰居和那些素來曾見他討飯的人，就說：「這不是那曾坐著討飯的人麼？」有的說：「就是這人。」有的說：「不，是另一個很相似他的人。」那人卻說：「就是我。」他們問他說：「你的眼睛究竟是怎樣開的呢？」他答覆說：「名叫耶穌的那個人，和了些泥，抹在我的眼上，給我說：你往史羅亞去洗洗罷；我去了，洗了，就看見了。」他們又問他說：「那個人在那裡？」他說：「我不知道。」（九 1-12）

法利塞人的盤問

他們便將先前瞎眼的人，領到法利塞人那裡。耶穌和泥開他眼睛的那天，正是安息日。

於是法利塞人又詰問他怎樣看見了。那人就向他們說：「他把泥放在我的眼上，我洗了，就看見了。」法利塞人中有的說：「這人不是從天主來的，因為他不遵守安息日。」有的卻說：「一個罪人怎能行這樣的奇蹟？」他們中間便發生了紛爭。

於是，他們又問瞎子說：「對於那開了你眼睛的人，你說什麼呢？」瞎子說：「他是一位先知。」可是猶太人不肯相信他先是瞎子而後看見了，等到叫了復明者的父母來，問他們說：「這是你們的兒子麼？你們說他生來就瞎麼？怎麼他現在竟看見了呢？」他的父母答覆說：「我們知道這是我們的兒子，也生來就瞎。如今他究竟怎麼看見了，我們卻不知道；或者誰開了他的眼睛，我們也不知道。你們問他罷！他已經成年，會說自己的事了。」他的父母因為害怕猶太人，才這樣說，因為猶太人早已議定：誰若承諾耶穌是默西亞，就必被逐出會堂。為此，他的父母說：他已經成年，你們問他罷！

於是法利塞人再把那先前瞎眼的人叫過來，向他說：「歸光榮於天主罷！我們知道這人是個罪人。」那人回答說：「他是不是罪人，我不知道；有一件事我知道：我曾是個瞎子，現在我卻看見了。」他們又問他說：「他給你做了什麼？怎樣開了你的眼睛？」他回答說：「我已經告訴了你們，你們不聽；為什麼又願意聽呢？莫非你們也願意做他的門徒麼？」他們辱罵他說：「你去做他的門徒好了！我們是梅瑟的門徒。我們知道：天主曾給梅瑟說過話；至於這人，我們不知道他是從那裡來的。」那人回答說：「這真奇怪！你們不知道他是從那裡來的，他卻開了我的眼睛。我們都曉得天主不俯聽罪人，只俯聽那恭敬天主，並承行他旨意的人。自古以來從未聽說：有人開了生來就是瞎子的眼睛。這人若不是由天主來的，他什麼也不能做。」他們卻向他說：「你整個生於罪惡中，竟來教訓我們？」便把他趕了出去了。（九 13-34）

人子來世判別世人

耶穌聽說他們把他趕出去了，後來遇見了他，就給他說：「你信人子麼？」那人便回答說：「主，是誰，好使我去信他呢？」耶穌對他說：「你已看見他了，和你講話的就是！」他遂說道：「主，我信。」遂俯伏朝拜了耶穌。

耶穌遂說：「我是為了判別，才到這世界上來，叫那些看不見的，看得見；叫那些看得見的，反而成為瞎子。」有些和他在一起的法利塞人，一聽了這話就說：「難道我們也是瞎子麼？」耶穌回答說：「你們如果是瞎子，就沒有罪了；但你們如今說：我們看得見，你們的罪惡便存留下來了。」（九 35-40）

第十章

耶穌是善牧

「我實實在在告訴你們：凡不由門進入羊棧，而由別處爬進去的，便是賊，是強盜。由門進去的，才是羊的牧人。看門的給他開門，羊聽他的聲音；他按著名字呼喚自己的羊，並引領出來。當他把羊放出來以後，就走在羊前面，羊也跟隨他，因為認得他的聲音。羊絕不跟隨陌生人，反而逃避他，因為羊不認得陌生人的聲音。」

耶穌給他們講了這個比喻，他們卻不明白給他們所講的是什麼。於是耶穌又對他們說：「我實實在在告訴你們：我是羊的門；凡在我以先來的，都是賊和強盜，沒有聽從他們。我就是門，誰若經過我進來，必得安全；可以進，可以出，可以找到草場。賊來，無非是為偷竊、殺害、毀滅；我來，卻是為叫他們獲得生命，且獲得更豐富的生命。我是善牧：善牧為羊捨掉自己的性命。傭工，因不是牧人，羊也不是他自己的，一看見狼來，便棄羊逃跑——狼就抓住羊，把羊趕散了，因為他是傭工，對羊漠不關心。我是善牧，我認識我的羊，我的羊也認識我，正如父認識我，我也認識父一樣；我並且為羊捨掉我的性命。我還有別的羊，不屬於這一棧，我也該把他們引來，他們要聽我的聲音，這樣，將只有一個羊群，一個牧人。父愛我，因為我捨掉我的性命，為再取回它來：誰也不能奪去我的性命，而是我甘心情願捨掉它；我有權捨掉它，我也有權再取回它來：這是我由我父接受的命令。」

因了這些話，猶太人中間又發生了紛爭；他們中有許多人

說：「他附魔發瘋，為什麼還聽他呢？」另有些人說：「這話不是附魔的人所能說的；難道魔鬼能開瞎子的眼睛麼？」（十1-21）

耶穌是天主子

那時，在耶路撒冷舉行重建節，正是冬天。耶穌徘徊於聖殿內撒羅滿遊廊下。猶太人圍起他來，向他說：「你使我們的心神懸疑不定，要到幾時呢？你如果是默西亞，就坦白告訴我們罷！」

耶穌答覆說：「我已經告訴了你們，你們卻不相信；我以我父的名所作的工作，為我作證，但你們還是不信，因為你們不是屬於我的羊。我的羊聽我的聲音，我也認識他們，他們也跟隨我；我賜予他們永生，他們永遠不會喪亡；誰也不能從我手中把他們奪去。那賜給我羊群的父，超越一切，為此，誰也不能從我父手裡將他們奪去。我與父原是一體。」

猶太人又拿起石頭來，要砸死他。

耶穌向他們說：「我賴我父給你們顯示了許多善事，為了哪一件，你們要砸死我呢？」猶太人回答說：「為了善事，我們不會砸死你；而是為了褻瀆的話，因為你是人，卻把你自己當作是天主。」耶穌卻向他們說：「在你們的法律上不是記載著：『我說過：你們是神』麼？如果，那些承受天主話的，天主尚且稱他們為神——而經書是不能廢棄的——那麼，父所祝聖並派遣到世界上來的，因為說過：我是天主子，你們就說：你說褻瀆的話麼？假使我不做我父的工作，你們就不必信我；但若是我做了，你們縱然不肯信我，至少要信這些工作，如此你們必定認出父在我內，我在父內。」

他們又企圖捉拿他，他卻從他們手中走脫了。

耶穌又到約旦河對岸，若翰先前施洗的地方去了，並住在那裡。有許多人到他那裡說：「若翰固然沒有行過神蹟，但若翰關於這人所說的一切，都是真的。」許多人就在那裡信了耶穌。（十 22-42）

第十一章

拉匝祿病死

有一個病人，名叫拉匝祿，住在伯達尼，即瑪利亞和她姊姊瑪爾大所住的村莊。瑪利亞就是那曾用香液傅抹過主，並用自己的頭髮擦乾過他腳的婦人，患病的拉匝祿是他的兄弟。

他們姊妹二人便派人到耶穌那裡說：「主啊！你所愛的病了！」耶穌聽了，便說：「這病不至於死，只是為彰顯天主的光榮，並為叫天主子因此受到光榮。」

耶穌素愛瑪爾大及她的妹妹和拉匝祿。當他聽說拉匝祿病了，仍在原地逗留了兩天。此後，才對門徒說：「我們再往猶太去罷！」門徒向他說：「辣彼，近來猶太人圖謀砸死你，你又要往那裡去麼？」耶穌回答說：「白日不是有十二個時辰麼？人若在白日行路，不會碰跌，因為看得見這世界的光；人若在黑夜行路，就要碰跌，因為他沒有光。」

耶穌說了這些話，又給他們說：「我們的朋友拉匝祿睡著了，我要去叫醒他。」門徒便對他說：「主，若是他睡著了，必定好了。」耶穌原是指他的死說的，他們卻以為他是指安眠睡覺說的。然後，耶穌就明明地向他們說：「拉匝祿死了。為了你們，我喜歡我不在那裡，好叫你們相信；我們到他那裡去

罷！」

號稱狄狄摩的多默便向其他的同伴說：「我們也去，同他一起死罷！」號稱狄狄摩的多默便向其他的同伴說：「我們也去，同他一起死罷！」（十一 1-16）

拉匝祿復活

耶穌一到伯達尼，得知拉匝祿在墳墓裡已經四天了。伯達尼靠近耶路撒冷，相距約十五「斯塔狄」，因而有許多猶太人來到瑪爾大和瑪利亞那裡，為她們兄弟的死安慰她們。

瑪爾大一聽說耶穌來了，便去迎接他；瑪利亞仍坐在家裡。瑪爾大對耶穌說：「主你在這裡，我的兄弟絕不會死！就是現在，我也知道：你無論向天主求什麼，天主必要賜給你。」耶穌對她說：「你的兄弟必定要復活。」瑪爾大說：「我知道在末日復活時，他必要復活。」耶穌對她說：「我就是復活，就是生命；信從我的，即使死了，仍要活著；凡活著而信從我的人，必永遠不死。你信麼？」她回答說：「是的，主，我信你是默西亞，天主子，要來到世界上的那一位。」

她說了這話，就去叫她的妹妹瑪利亞，偷偷地說：「師傅來了，他叫你。」瑪利亞一聽說，立時起身到耶穌那裡去了。那時，耶穌還沒有進村莊，仍在瑪爾大迎接他的地方。那些同瑪利亞在家，安慰他的猶太人，見她急忙起身出去，便跟著她，以為她往墳墓上去哭泣。

當瑪利亞來到耶穌所在的地方，一看見他，就俯伏在他腳前，向他說：「主！若是你在這裡，我的兄弟絕不會死！」耶穌看見她哭泣，還有同他一起來的猶太人也哭泣，便心神感傷，難過起來，遂說：「你們把他安放在那裡？」他們回答

說：「主，你來，看罷！」

耶穌流淚了。於是猶太人說：「看，他多麼愛他啊！」其中有些人說：「這個開了瞎子眼睛的，豈不能使這人也不死麼？」

耶穌心中又感傷起來，來到墳墓前。這墳墓是個洞穴，前面有一塊石頭堵著。耶穌說：「挪開這塊石頭！」死者的姊姊瑪爾大向他說：「主！已經臭了，因為已有四天了。」耶穌對她說：「我不是告訴過你：如果你信，會看到天主的光榮嗎？」他們便挪開了石頭；耶穌舉目向上說：「父啊！我感謝你，因為你俯聽了我。我本來知道你常常俯聽我，但是，我說這話，是為了四周站立的群眾，好叫他們信是你派遣了我。」說完這話，便大聲喊說：「拉匝祿！出來罷！」死者便出來了，腳和手都纏著布條，面上還蒙著汗巾。耶穌向他們說：「解開他，讓他行走罷。」（十一 17-44）

公議會決議殺害耶穌

那些來到瑪利亞那裡的猶太人，一看到耶穌所行的事，就有許多人信了他。他們中也有一些到法利塞人那裡去，把耶穌所行的，報告給他們。因此，司祭長和法利塞人召集了會議說：「這人行了許多奇蹟，我們怎麼辦呢？如果讓他這樣，眾人都會信從他，羅馬人必要來，連我們的聖殿和民族都要除掉。」

他們中有一個名叫蓋法的，正是那一年的大司祭，對他們說：「你們什麼都不懂，也不想想：叫一個人替百姓死，以免全民族滅亡；這為你們多麼有利。」這話不是由他自己說出的，只因他是那年的大司祭，才預言了耶穌將為民族而死；為

猶太民族，而且也是為使那四散的天主的兒女都聚集歸一。

從那一天起，他們就議決要殺害耶穌。因此，耶穌不再公開地在猶太人中往來，卻從那裡往臨近荒野的地方去，來到一座名叫厄弗辣因的城，在那裡和他的門徒住下了。

猶太人的逾越節臨近了，所以，許多人在逾越節前，從鄉間上了耶路撒冷，要聖潔自己。他們就尋找耶穌，並站在聖殿內，彼此談論說：「你們想什麼？他來不來過節呢？」司祭長和法利塞人早已頒發命令：如果有人知道他在那裡，就該通知他們，好去捉拿他。（十一 45-57）

第十二章

伯達尼晚宴

逾越節前六天，耶穌來到伯達尼，就是耶穌從死者中喚起拉匝祿的地方。有人在那裡為他擺設了晚宴，瑪爾大伺候，而拉匝祿也是和耶穌一起坐席的一位。那時，瑪利亞拿了一斤極珍貴的純「拿爾多」香液，敷抹了耶穌的腳，並用自己的頭髮擦乾，屋裡便充滿了香液的氣味。

那要負賣耶穌的依斯加略猶達斯——即他的一個門徒——便說：「為什麼不把這香液去賣三百塊『德納』，施捨給窮人呢？」他說這話，並不是因為他關心窮人，只因為他是個賊，掌管錢囊，常偷取其中所存放的。

耶穌就說：「由她罷！這原是她為我安葬之日而保存的。你們常有窮人和你們在一起；至於我，你們卻不常有。」

有許多猶太人聽說耶穌在那裡，就來了，不但是為耶穌，也是為看他從死者中所喚起的拉匝祿。為此，司祭長議決連拉

匝祿也要殺掉，因為有許多猶太人為了拉匝祿的緣故，離開他們，而信從了耶穌。（十二 1-11）

耶穌榮進聖京

第二天，來過節的群眾，聽說耶穌來到耶路撒冷，便拿了棕櫚枝，出去迎接他，喊說：「賀三納！因上主之名而來的，以色列的君王，應受讚頌。」

耶穌找了一匹小驢，就騎上去，正如經上所記載的：「熙雍女子，不要害怕！看，你的君王騎著驢駒來了！」起初他的門徒也沒有明白這些事，然而，當耶穌受光榮以後，他們才想起這些話是指著他而記載的。為此，他們就這樣對他做了。

當耶穌叫拉匝祿從墳墓中出來，由死者中喚起他時，那時同他在一起的眾人，都為所見的作證；因此，有一群人去迎接他，因為他們聽說他行了這個神蹟；於是法利塞人便彼此說：「看，你們一無所成！瞧，全世界都跟他去了。」（十二 12-19）

耶穌對民眾最後的講詞

在那些上來過節，崇拜天主的人中，有些希臘人。他們來到加里肋亞貝特賽達人斐理伯前，請求他說：「先生！我們願拜見耶穌。」斐理伯就去告訴安德肋，然後安德肋和斐理伯便來告訴耶穌。

耶穌開口向他們說：「人子要受光榮的時辰到了。我實實在在告訴你們：一粒麥子如果不落在地裡死了，仍只是一粒；如果死了，才結出許多子粒來。愛惜自己性命的，必要喪失性

命；在現世憎恨自己性命的，必要保存性命入於永生。誰若事奉我，就當跟隨我；如此，我在那裡，我的僕人也要在那裡；誰若事奉我，我父必要尊重他。現在我心神煩亂，我可說什麼呢？我說：父啊！救我脫離這時辰罷？但正是為此，我才到了這時辰。父啊！光榮你的名罷！」當時有聲音來自天上：「我已光榮了我的名，我還要光榮。」

在場聽見的群眾，便說：「這是打雷。」另有人說：「是天使同他說話。」耶穌回答說：「這聲音不是為我而來，而是為你們。現在就是這世界應受審判的時候，現在這世界的元首就要被趕出去；至於我，當我從地上被舉起來時，便要吸引眾人來歸向我。」他說這話，是要表明他要以怎樣的死而死。

於是群眾回答他說：「我們從法律知道：默西亞要存留到永遠；你怎麼說：人子必須被舉起呢？這個人子是誰？」耶穌遂給他們說：「光在你們中間還有片刻。你們趁著還有光的時候，應該行走，免得黑暗籠罩了你們。那在黑暗中行走的，不知道往那裡去。幾時你們還有光，應當信從光，好成為光明之子。」耶穌講完了這些話，就躲開他們，隱藏去了。（十二20-36）

聖史的感想

耶穌雖然在他們面前行了這麼多的神蹟，他們仍然不信他；這正應驗了依撒意亞先知所說的話：「上主！有誰會相信我們的報道呢？上主的手臂又向誰顯示了出來呢？」他們不能信，因為依撒意亞又說過：「上主使他們瞎了眼，使他們硬了心，免得他們眼睛看見，心裡覺悟而悔改，使我治好他們。」依撒意亞因為看見了他的光榮，所以指著講了這話。事雖如

此，但在首領中，仍有許多人信從了耶穌，只為了法利塞人而不敢明認，免得被逐出會堂，因為他們喜愛世人的光榮，勝過天主的光榮。（十二 37-43）

耶穌宣言大綱

耶穌呼喊說：「信我的，不是信我，而是信那派遣我來的；看見我的，也就是看見那派遣我來的。我身為光明，來到了世界上，使凡信我的，不留在黑暗中。無論誰，若聽我的話而不遵行，我不審判他，因為我不是為審判世界而來，乃是為拯救世界。拒絕我，及不接受我話的，自有審判他的：就是我所說的話，要在末日審判他。因為我沒有憑我自己說話，而是派遣我來的父，他給我出了命，叫我該說什麼，該講什麼。我知道他的命令就是永生；所以，我所講論的，全是依照父對我所說的而講論的。」（十二 44-50）

耶穌回到父那裡
顯示於門徒

第十三章

給門徒洗腳

在逾越節慶日前，耶穌知道他離此世歸父的時辰已到，他既然愛了世上屬於自己的人，就愛他們到底。

正吃晚餐的時候——魔鬼已使依斯加略人西滿的兒子猶達斯決意出賣耶穌——耶穌因知道父把一切已交在他手中，也知

道自己是從天主來的，又要往天主那裡去，就從席間起來，脫下外衣，拿起一條手巾束在腰間，然後把水倒在盆裡，開始洗門徒的腳，用束著的手巾擦乾。

及至來到西滿伯多祿跟前，伯多祿對他說：「主！你給我洗腳嗎？」耶穌回答說：「我所做的，你現在還不明白，但以後你會明白。」伯多祿對他說：「不，你永遠不可給我洗腳！」耶穌回答說：「我若不洗你，你就與我無分。」西滿伯多祿遂說：「主！不但我的腳，而且連手帶頭，都給我洗罷！」耶穌向他說：「沐浴過的人，已全身清潔，只需洗腳就夠了。你們原是潔淨的，但不都是。」原來，耶穌知道誰要出賣他，為此說：你們不都是潔淨的。

及至耶穌洗完了他們的腳，穿上外衣，又去坐下，對他們說：「你們明白我給你們所做的嗎？你們稱我『師傅』、『主子』，說得正對：我原來是。若我為主子，為師傅的，給你們洗腳，你們也該彼此洗腳；我給你們立了榜樣，叫你們也照我給你們所做的去做。我實實在在告訴你們：沒有僕人大過主人的，也沒有奉使的大過派遣他的。你們既知道了這些事，如果實行，便是有福的。我不是說你們全體，我認識我所揀選的；但經上所記載的必須應驗：『吃過我飯的人，也舉腳踢我。』就在現在，事未發生以前，我告訴你們，好叫事發生以後，你們相信我就是那一位。我實實在在告訴你們：凡接待我所派遣的，就是接待我；接待我的，就是接待那派遣我來的。」（十三 1-20）

預言將被出賣

耶穌說了這些話，心神煩亂，就明明地說：「我實實在在

告訴你們：你們中有一個要出賣我。」門徒便互相觀望，猜疑他說的是誰。他門徒中有一個是耶穌所愛的，他那時斜倚在耶穌的懷裡，西滿伯多祿就向他示意說：「你問他說的是誰？」那位就緊靠在耶穌的胸膛上，問他說：「主！是誰？」耶穌答覆說：「我蘸這片餅遞給誰，誰就是。」耶穌就蘸了一片餅，遞給依斯加略人西滿的兒子猶達斯。

隨著那片餅，撒殫進入了他的心，於是耶穌對他說：「你所要做的，你快去做罷！」同席的人誰也沒有明白耶穌為什麼向他說了這話。不過，有人因為猶達斯掌管錢囊，以為耶穌是給他說：「你去買我們過節所需要的」，或者，要他給窮人施捨一些東西。猶達斯一吃了那一片餅，就立時出去了；那時，正是黑夜。（十三 21-30）

臨別贈言

彼此相愛的命令

猶達斯出去以後，耶穌就說：「現在人子受到了光榮，天主也在人子身上受到了光榮。天主既然在人子身上得到了光榮，天主也要在自己內使人子得到光榮，並且立時就要光榮他。孩子們！我同你們在一起的時候不多了；以後你們要尋找我，就如我曾向猶太人說過：我所去的地方，你們不能去；現在我也給你們說。我給你們一條新命令：你們該彼此相愛；如同我愛了你們，你們也該照樣彼此相愛。如果你們之間彼此相親相愛，世人因此就可認出你們是我的門徒。」（十三 31-35）

預言伯多祿背主

西滿伯多祿問耶穌說：「主！你往那裡去？」耶穌回答說：「我所去的地方，你如今不能跟我去，但後來卻要跟我去。」伯多祿向他說：「主！為什麼現在我不能跟你去？我要為你捨掉我的性命！」耶穌答覆說：「你要為我捨掉你的性命嗎？我實實在在告訴你：雞未叫以前，你要三次不認我。」（十三 36-38）

第十四章

耶穌先去為信徒預備地方

「你們心裡不要煩亂；你們要信賴天主，也要信賴我。在我父的家裡，有許多住處。我去，原是為給你們預備地方；如不然，我早就告訴了你們。我去了，為你們預備了地方以後，我必再來接你們到我那裡去，為的是我在那裡，你們也在那裡。我去的地方，你們知道往那裡去的路。」

多默說：「主！我們不知道你往那裡去，怎麼會知道那條路呢？」耶穌回答說：「我是道路、真理、生命，除非經過我，誰也不能到父那裡去。你們若認識我，也就必然認識我父；現在你們已認識他，並且已經看見他。」

斐理伯對他說：「主！把父顯示給我們，我們就心滿意足了。」耶穌回答說：「斐理伯！這麼長久的時候，我和你們在一起，而你還不認識我嗎？誰看見了我，就是看見了父；你怎麼說：把父顯示給我們呢？你不信我在父內，父在我內嗎？我對你們所說的話，不是憑我自己講的；而是住在我內的父，做

他自己的事業。你們要相信我：我在父內，父也在我內；若不然，你們至少該因那些事業而相信。」（十四 1-11）

祈禱的神效

「我實實在在告訴你們：凡信我的，我所做的事業，他也要做，並且還要做比這還大的事業，因為我往父那裡去。你們因我的名無論求父什麼，我必要踐行，為叫父在子身上獲得光榮。你們若因我的名向我求什麼，我必要踐行。」（十四 12-14）

預許另一位護慰者

「如果你們愛我，就要遵守我的命令；我也要求父，他必會賜給你們另一位護慰者，使他永遠與你們同在；他是世界所不能領受的真理之神，因為世界看不見他，也不認識他；你們卻認識他，因為他與你們同在，並在你們內。」（十四 15-17）

耶穌顯示給愛慕他的人

「我必不留下你們為孤兒；我要回到你們這裡來。不久以後，世界就再看不見我，你們卻要看見我，因為我生活，你們也要生活。到那一天，你們便知道我在我父內，你們在我內，我也在你們內。接受我的命令而遵守的，便是愛我的人；誰愛我，我父也必愛他，我也要愛他，並將我自己顯示給他。」

猶達斯——不是那個依斯加略人——遂問他說：「主，究

竟為了什麼你要將你自己顯示給我們，而不顯示給世界呢？」耶穌回答說：「誰愛我，必遵守我的話，我父也必愛他，我們要到他那裡去，並要在他那裡作我們的住所；那不愛我的，就不遵守我的話；你們所聽到的話，並不是我的，而是派遣我來的父的話。我還與你們同在的時候，給你們講論了這些事；但那護慰者，就是父因我的名所要派遣來的聖神，他必要教訓你們一切，也要使你們想起，我對你們所說的一切。」（十四18-26）

鼓勵和安慰

「我把平安留給你們，我將我的平安賜給你們；我所賜給你們的，不像世界所賜的一樣。你心裡不要煩亂，也不要膽怯。你們聽見了我給你們說過：我去；但我還要回到你們這裡來。如果你們愛我，就該喜歡我往父那裡去，因為父比我大。如今在事發生前，我就告訴了你們，為叫你們當事發生時能相信。我不再同你們多談了，因為世界的領袖就要來到；他在我身上一無所能，但為叫世界知道我愛父，並且父怎樣命令我，我就照樣去行；起來，我們從這裡走罷！」（十四27-30）

第十五章

葡萄樹的比喻

「我是真葡萄樹，我父是園丁。凡在我身上不結實的枝條，他便剪掉；凡結實的，他就清理，使他結更多的果實；你們因我對你們所講的話，已是清潔的了。你們住在我內，我也

住在你們內。正如枝條若不留在葡萄樹上，憑自己不能結實；你們若不住在我內，也一無所能。我是葡萄樹，你們是枝條；那住在我內，我也住在他內的，他就結許多的果實，因為離了我，你們什麼也不能做。誰若不住在我內，便彷彿枝條，丟在外面而枯乾了，人便把它拾起來，投入火中焚燒。你們如果住在我內，而我的話也存在你們內，如此，你們願意什麼，求罷！必給你們成就。我父受光榮，即在於你們多結果實，如此你們就成為我的門徒。正如父愛了我，同樣我也愛了你們；你們應存在我的愛內。如果你們遵守我的命令，便存在我的愛內，正如我遵守了我父的命令而存在他的愛內一樣。我對你們講論了這些事，為使我的喜樂存在你們內，使你們的喜樂圓滿無缺。」（十五 1-11）

彼此相愛的命令

「這是我的命令：你們該彼此相愛，如同我愛了你們一樣。人若為自己的朋友捨掉性命，再沒有比這更大的愛情了。你們如果實行我所命令你們的，你們就是我的朋友。我不再稱你們為僕人，因為僕人不知道他主人所做的事。我稱你們為朋友，因為凡由我父聽來的一切，我都顯示給你們了。不是你們揀選了我，而是我揀選了你們，並派你們去結果實，去結常存的果實；如此，你們因我的名無論向父求什麼，他必賜給你們。這就是我命令你們的：你們應該彼此相愛。」（十五 12-17）

世界必惱恨信徒

「世界若恨你們，你們該知道，在你們以前，它已恨了我。若是你們屬於世界，世界必喜愛你們，有如屬於自己的人；但因你們不屬於世界，而是我從世界中揀選了你們，為此，世界才恨你們。你們要記得我對你們所說過的話：沒有僕人大過主人的；如果人們迫害了我，也要迫害你們；如果他們遵守了我的話，也要遵守你們的。但是，他們為了我名字的緣故，要向你們做這一切，因為他們不認識那派遣我來的。假使我沒有來，沒有教訓他們，他們就沒有罪；但現在他們對自己的罪，是無可推諉。恨我的，也恨我的父。假使我在他們中，沒有做過其他任何人從未做過的事業，他們便沒有罪；然而，現在他們看見了卻仍恨了我和我父。但這是為應驗他們法律上所記載的話：『他們無故地惱恨了我。』當護慰者，就是我從父那裡要給你們派遣的，那發於父的真理之神來到時，他必要為我作證；並且你們也要作證，因為你們從開始就和我在一起。」

第十六章

門徒必遭迫害

「我給你們講論了這些事，免得你們的信仰受動搖。人要把你們逐出會堂；並且時候必到，凡殺害你們的，還以為是盡恭敬天主的義務。他們這樣做，是因為沒有認識父，也沒有認識我。我給你們講論了這一切，是為叫你們在這一切發生時，想起我早就告訴了你們這一切。這些事起初我沒有告訴你們，

因為我還與你們同在。」（十六 1-4）

聖神的降臨與使命

「現在我就往派遣我者那裡去，你們中卻沒有人問我：你往那裡去？只因我給你們說了這話，你們就滿心憂悶。然而，我將真情告訴你們：我去為你們有益，因為我若不去，護慰者便不會到你們這裡來；我若去了，就要派遣他到你們這裡來。當他來到時，就要指證世界關於罪惡、正義和審判所犯的錯誤：關於罪惡，因為他們沒有信從我；關於正義，因為我往父那裡去，而你們再見不到我；關於審判，因為這世界的首領已被判斷了。我本來還有許多事要告訴你們，然而你們現在不能擔負。當那一位真理之神來時，他要把你們引入一切真理，因為他不憑自己講論，只把他所聽到的講出來，並把未來的事傳告你們。他要光榮我，因為他要把由我所領受的，傳告給你們。凡父所有的一切，都是我的；為此我說：他要由我領受而傳告給你們。」（十六 5-15）

主必再來

「只有片時，你們就看不見我了；再過片時，你們又要看見我。」於是他門徒中有幾個彼此說：「他給我們所說的：『只有片時，你們就看不見我了；再過片時，你們又要看見我。』還有『我往父那裡去』，是什麼意思？」又說：「他說的『這只有片時』，究竟有什麼意思？我們不明白他講什麼。」

耶穌看出他們願意問他，就對他們說：「你們不是彼此詢問我所說的：『只有片時，你們就看不見我了；再過片時，你們又要看見我』的話嗎？我實實在在告訴你們：你們要痛哭，哀號，世界卻要歡樂；你們將要憂愁，但你們的憂愁卻要變為喜樂。婦女生產的時候，感到憂苦，因為她的時辰來到了；既生了孩子，因了喜樂再不記憶那苦楚了，因為一個人已生在世上了。如今，你們固然感到憂愁，但我們要再見到你們，那時，你們心裡要喜樂，並且你們的喜樂誰也不能從你們奪去。那一天，你們什麼也不必問我了。我實實在在告訴你們：你們因我的名無論向父求什麼，他必賜給你們。直到現在，你們沒有因我的名求什麼；求罷！必會得到，好使你們的喜樂得以圓滿。」（十六 16-24）

耶穌戰勝了世界

「我用比喻對你們講了這一切；但時候來到，我不再用比喻對你們說話，而要明明地向你們傳報有關父的一切。在那一天，你們要因我的名祈求，我不向你們說：我要為你們求父，因為父自己愛你們，因你們愛了我，且相信我出自天主。我出自父，來到了世界上；我又離開世界，往父那裡去。」

他的門徒便說：「看，現在你明明地講論，不用什麼比喻了。現在，我們曉得你知道一切，不需要有人問你；因此，我們相信你是出自天主。」

耶穌回答說：「現在你們相信嗎？看，時辰要來，且已來到，你們要被驅散，各人歸各人的地方去，撇下我獨自一個，其實我並不是獨自一個，因為有父與我同在。我給你們講了這一切，是要你們在我內得到平安。在世界上你們要受苦難；然

而你們放心，我已戰勝了世界。」（十六 25-33）

大司祭的祈禱

第十七章

為自己祈禱

耶穌講完了這些話，便舉目向天說：「父啊！時辰來到了，求你光榮你的子，好叫子也光榮你：因為你賜給了他權柄掌管凡有血肉的人，是為叫他將永生賜給一切你所賜給他的人。永生就是：認識你，唯一的真天主，和你所派遣來的耶穌基督。我在地上，已光榮了你，完成了你所委託我所做的工作。父啊！現在，在你面前光榮我罷！賜給我在世界未有以前，我在你前所有的光榮罷！」（十七 1-5）

為門徒祈禱

「我將你的名，已顯示給那些你由世界中所賜給我的人。他們原屬於你，你把他們託給了我，他們也遵守了你的話。現在，他們已知道：凡你賜給我的，都是由你而來的，因為你所授給我的話，我都傳給了他們；他們也接受了，也確實知道我是出於你，並且相信是你派遣了我。我為他們祈求，不為世界祈求，只為你賜給我的人祈求，因為他們原是屬於你的。我的一切都是你的，你的一切都是我的：我因他們已受到了光榮。

從今以後，我不在世界上了，但他們仍在世界上，我卻到

你那裡去。聖父啊！求你因你的名，保全那些你所賜給我的人，使他們合而為一，正如我們一樣。當我和他們同在時，我因你的名，保全了你所賜給我的人，護衛了他們，其中除了那喪亡之子，沒有喪亡一個，這是為應驗經上的話。

　　但如今我到你那裡去，我在世上講這話，是為叫他們的心充滿我的喜樂。我已將你的話授給了他們，世界卻憎恨他們，因為他們不屬於世界，就如我不屬於世界一樣。我不求你將他們從世界上撤去，只求你保護他們脫免邪惡。他們不屬於世界，就如我不屬於世界一樣。求你以真理祝聖他們，你的話就是真理。就如你派遣我到世界上來，照樣我也派遣他們到世界上去。我為他們祝聖我自己，為叫他們也因真理而被祝聖。」（十七 6-19）

為信徒祈禱

　　「我不但為他們祈求，而且也為那些因他們的話而信從我的人祈求。願眾人都合而為一！父啊！願他們在我們內合而為一，就如你在我內，我在你內，為叫世界相信是你派遣了我。我將你賜給我的光榮賜給了他們，為叫他們合而為一，就如我們原為一體一樣。我在他們內，你在我內，使他們完全合而為一，為叫世界知道是你派遣了我，並且你愛了他們，如愛了我一樣。父啊！你所賜給我的人，我願我在那裡，他們也同我在一起，使他們享見你所賜給我的光榮，因為你在創世之前，就愛了我。公義的父啊！世界沒有認識你，我卻認識了你，這些人也知道是你派遣了我。我已將你的名宣示給他們了，我還要宣示，好使你愛我的愛，在他們內，我也在他們內。」（十七 21-27）

耶穌受難史

第十八章

耶穌被捕

耶穌說完了這些話，就和門徒出去，到了克德龍溪的對岸，在那裡有一個園子，他和門徒便進去了。出賣他的猶達斯也知道那地方，因為耶穌同門徒曾屢次在那裡聚集。猶達斯便領了一隊兵和由司祭長及法利塞人派來的差役，帶著火把、燈籠與武器，來到那裡。

耶穌既知道要臨到他身上的一切事，便上前去問他們說：「你們找誰？」他們答覆說：「納匝肋人耶穌。」他向他們說：「我就是。」出賣他的猶達斯也同他們站在一起。

耶穌一對他們說了「我就是。」他們便倒退跌在地上。於是他又問他們說：「你們找誰？」他們說：「納匝肋人耶穌。」耶穌答覆說：「我已給你們說了『我就是』；你們既然找我，就讓這些人去罷！」這是為應驗他先前所說的話：「你賜給我的人，其中我沒有喪失一個。」

西滿伯多祿有一把劍，就拔出來，向大司祭的一個僕人砍去，削下了他的右耳；那僕人名叫瑪耳曷。耶穌就對伯多祿說：「把劍收入鞘內！父賜給我的杯我豈能不喝嗎？」（十八1-11）

受大司祭審問

伯多祿背主

於是兵隊、千夫長和猶太人的差役拘捕了耶穌，把他捆起來，先解送到亞納斯那裡，亞納斯是那一年當大司祭的蓋法的岳父。就是這個蓋法曾給猶太人出過主意：叫一個人替百姓死，是有利的。

那時，西滿伯多祿同另一個門徒跟著耶穌；那門徒是大司祭所認識的，便同耶穌一起進入了大司祭的庭院，伯多祿卻站在門外；大司祭認識的那個門徒遂出來，對看門的侍女說了一聲，就領伯多祿進去。

那看門的侍女對伯多祿說：「你不也是這人的一個門徒嗎？」他說：「我不是。」那時，僕人和差役，因為天冷就生了炭火，站著烤火取暖；伯多祿也同他們站在一起，烤火取暖。

大司祭就有關他的門徒和他的教義審問耶穌。耶穌答覆他說：「我向來公開地對世人講話，我常常在會堂和聖殿內，即眾猶太人所聚集的地方施教，在暗地裡我並沒有講過什麼。你為什麼問我？你問那些聽過我的人，我給他們講了什麼；他們知道我所說的。」

他剛說完這話，侍立在旁的一個差役就給了耶穌一個耳光說：「你就這樣答覆大司祭嗎？」耶穌答覆他說：「我若說得不對，你指證哪裡不對；若對，你為什麼打我？」亞納斯遂把被捆的耶穌，解送到大司祭蓋法那裡去。

西滿伯多祿仍站著烤火取暖，於是有人向他說：「你不也是他門徒中的一個嗎？」伯多祿否認說：「我不是。」

有大司祭的一個僕役，是伯多祿削下耳朵的那人的親戚，對他說：「我不是在山園中看見你同他在一起嗎？」伯多祿又否認了，立時雞就叫了。（十八 12-27）

比拉多審問耶穌

然後他們從蓋法那裡把耶穌解往總督府，那時是清晨；他們自己卻沒有進入總督府，怕受了玷污，而不能吃逾越節的羔羊。

因此，比拉多出來，到外面向他們說：「你們對這人提出什麼控告？」他們回答說：「如果這人不是作惡的，我們便不會把他交給你。」比拉多便對他們說：「你們自己把他帶去，按照你們的法律審判他罷！」猶太人回答說：「我們是不許處死任何人的！」這是為應驗耶穌論及自己將怎樣死去而說過的話。

比拉多於是又進了總督府，叫了耶穌來，對他說：「你是猶太的君王嗎？」

耶穌答覆說：「這話是你由自己說的，或是別人論我而對你說的？」

比拉多答說：「莫非我是個猶太人？你的民族和司祭長把你交付給我，你做了什麼？」

耶穌回答說：「我的國不屬於這世界；假使我的國屬於這世界，我的臣民早已反抗了，使我不至於被交給猶太人；但是我的國不是這世界的。」

於是比拉多對他說：「那麼，你就是君王了？」耶穌回答說：「你說的是，我是君王。我為此而生，我也為此而來到世界上，為給真理作證：凡屬於真理的，必聽從我的聲音。」

比拉多遂說：「什麼是真理？」說了這話，再出去到猶太人那裡，向他們說：「我在這人身上查不出什麼罪狀來。你們有個慣例：在逾越節我該給你們釋放一人；那麼，你們願意我給你們釋放猶太人的君王嗎？」

　　他們就大聲喊說：「不要這人，而要巴辣巴！」巴辣巴原是個強盜。（十八 28-40）

第十九章

耶穌受戲弄

　　那時，比拉多命人把耶穌帶去鞭打了。然後兵士們用荊棘編了個茨冠，放在他頭上，給他披上一件紫紅袍，來到他跟前說：「猶太人的君王，萬歲！」並給他耳光。

　　比拉多又出去到外面，向他們說：「看，我給你們領出他來，為叫你們知道我在他身上查不出什麼罪狀。」

　　於是耶穌帶著茨冠，披著紫紅袍出來了；比拉多就對他們說：「看，這個人！」

　　司祭長和差役們一看見耶穌，就喊說：「釘在十字架上！釘他在十字架上！」比拉多對他們說：「你們把他帶去，釘在十字架上罷！我在他身上查不出什麼罪狀。」

　　猶太人答覆他說：「我們有法律，按法律他應該死，因為他自充為天主子。」（十九 1-7）

比拉多再審耶穌

　　比拉多聽了這話，越發害怕，遂又進了總督府，對耶穌

說：「你到底是哪裡的？」耶穌卻沒有回答他。

於是比拉多對他說：「你對我也不說話嗎？你不知道我有權柄釋放你，也有權柄釘你在十字架上嗎？」

耶穌答說：「若不是由上賜給你，你對我什麼權柄也沒有；為此，把我交付給你的人，負罪更大。」（十九 8-11）

耶穌被判死刑

從此，比拉多設法要釋放耶穌，猶太人卻喊說：「你如果釋放這人，你就不是凱撒的朋友，因為凡自充為王的，就是背叛凱撒。」

比拉多一聽這話，就把耶穌領出來，到了一個名叫「石鋪地」──希伯來話叫「加巴達」的地方，坐在審判座位上。

時值逾越節的預備日，約莫第六時辰，比拉多對猶太人說：「看，你們的君王！」他們就喊叫說：「除掉，除掉，釘他在十字架上！」

比拉多對他們說：「要我把你們的君王在十字架上嗎？」司祭長答說：「除了凱撒，我們沒有君王。」

於是比拉多把耶穌交給他們去釘死。他們就把耶穌帶去了。（十九 12-16）

耶穌死於苦架

耶穌自己背著十字架出來，到了一個名叫「髑髏」的地方，希伯來話叫「哥耳哥達」，他們就在那裡把他釘在十字架上，同他一起另有兩個人：一個在這邊，一個在那邊，耶穌在中間。

比拉多寫了個牌子，放在十字架上端，寫的是：「納匝肋人耶穌，猶太人的君王。」

　　這牌子有許多猶太人唸了，因為耶穌被在十字架上的地方離城很近，字是用希伯來、羅馬和希臘文寫的。於是猶太人的司祭長就對比拉多說：「不要寫猶太人的君王，該寫他自己說：我是猶太人的君王。」比拉多答覆說：「我寫了，就寫了。」

　　兵士將耶穌釘在十字架上後，拿了他的衣服，分成四分，每人一份；又拿了長衣，因那長衣是無縫的，由上到下渾然織成，所以他們彼此說：「我們不要把它撕開，我們擲骰，看是誰的。」這就應驗了經上的話「他們瓜分了我的衣服，為我的長衣，他們拈鬮。」士兵果然這樣做了。

　　在耶穌的十字架旁，站著他的母親和他母親的姊妹，還有克羅帕的妻子瑪利亞和瑪利亞瑪達肋納。耶穌看見母親，又看見他所愛的門徒站在旁邊，就對母親說：「女人，看，你的兒子！」然後又對那門徒說：「看，你的母親！」就從那時起，那門徒把她接到自己家裡。

　　此後，耶穌因知道一切事都完成了，為應驗經上的話，遂說：「我渴。」有一個盛滿了醋的器皿放在那裡，有人便將海綿浸滿了醋，綁在長槍上，送到他的口邊。耶穌一嚐了那醋，便說：「完成了。」就低下頭，交付了靈魂。

　　猶太人因那日子是預備日，免得安息日內──那安息日原是個大節日──屍首留在十字架上，就來請求比拉多打斷他們的腿，把他們拿去。士兵遂前來，把第一個人的，並與耶穌同釘在十字架上的第二個人的腿打斷了。可是，及至來到耶穌跟前，看見他已經死了，就沒有打斷他的腿；但是，有一個兵士用槍刺透了他的肋旁，立刻流出了血和水。

那看見這事的人就作證，而他的見證是真實的；並且「那位」知道他所說的是真實的，為叫你們也相信。這些事發生，正應驗了經上的話說：「不可將他的骨頭打斷。」經上另有一句說：「他們要瞻望他們所刺透的。」（十九 17-37）

安葬於新墳墓內

這些事以後，阿黎瑪特雅人若瑟——他因怕猶太人，暗中作了耶穌的門徒——來求比拉多，為領取耶穌的遺體；比拉多允許了。於是他來把耶穌的遺體領去了。

那以前夜間來見耶穌的尼苛德摩也來了，帶著沒藥及沉香調和的香料，約有一百斤。　他們取下了耶穌的遺體，照猶太人埋葬的習俗，用殮布和香料把他裹好。

在耶穌被在十字架上的地方，有一個園子，那園子裡有一座新墳墓，裡面還沒有安葬過人。只因是猶太人的預備日，墳墓又近，就在那裡安葬了耶穌。（十九 38-42）

第二十章

墳墓已空

一週的第一天，清晨，天還黑的時候，瑪利亞瑪達肋納來到墳墓那裡，看見石頭已從墓門挪開了。於是她跑去見西滿伯多祿和耶穌所愛的那另一個門徒，對他們說：「有人從墳墓中把主搬走了，我們不知道他們把他放在哪裡了。」

伯多祿便和那另一個門徒出來，往墳墓那裡去了。兩人一起跑，但那另一個門徒比伯多祿跑得快，先來到了墳墓那裡。

他俯身看見放著的殮布，卻沒有進去。隨著他的西滿伯多祿也來到了，進了墳墓，看見了放著的殮布，也看見耶穌頭上的那塊汗巾，不同殮布放在一起；而另在一處捲著。那時，先來到墳墓的那個門徒，也進去了，一看見就相信了。這是因為他們還不明白，耶穌必須從死者中復活的那段聖經。然後兩個門徒又回到家裡去了。（二十 1-10）

顯現給瑪利亞

瑪利亞卻站在墳墓外邊痛哭；她痛哭的時候，就俯身向墳墓裡面窺看，見有兩位穿白衣的天使，坐在安放過耶穌遺體的地方：一位在頭部，一位在腳部。

那兩位天使對她說：「女人！你哭什麼？」她答說：「有人把我主搬走了，我不知道他們把他放在那裡了。」說了這話，就向後轉身，見耶穌站在那裡，卻不知道他就是耶穌。

耶穌向她說：「女人，你哭什麼？你找誰？」她以為是園丁，就說：「先生，若是你把他搬走了，請告訴我，你把他放在哪裡，我去取回他來。」

耶穌給她說：「瑪利亞！」她便轉身用希伯來話對他說：「辣步尼！」就是說「師傅。」

耶穌向她說：「你別拉住我不放，因為我還沒有升到父那裡；你到我的弟兄那裡去，告訴他們：我升到我的父和你們的父那裡去，升到我的天主和你們的天主那裡去。」

瑪利亞瑪達肋納就去告訴門徒說：「我見了主。」並報告了耶穌對她所說的那些話。（二十 11-18）

顯現給門徒

正是那一週的第一天晚上，門徒所在的地方，因為怕猶太人，門戶都關著，耶穌來了，站在中間對他們說：「願你們平安！」說了這話，便把手和肋膀指給他們看。門徒見了主，便喜歡起來。

耶穌又對他們說：「願你們平安！就如父派遣了我，我也同樣派遣你們。」說了這話，就向他們噓了一口氣，說：「你們領受聖神罷！你們赦免誰的罪，就給誰赦免；你們存留誰的，就給誰存留。」（二十 19-23）

顯現給多默

十二人中的一個，號稱狄狄摩的多默，當耶穌來時，卻沒有和他們在一起。別的門徒向他說：「我們看見了主。」但他對他們說：「我除非看見他手上的釘孔，用我的指頭，探入釘孔；用我的手，探入他的肋膀，我絕不信。」

八天以後，耶穌的門徒又在屋裡，多默也和他們在一起。門戶關著，耶穌來了，站在中間說：「願你們平安！」然後對多默說：「把你的指頭伸到這裡來，看看我的手罷！並伸過你的手來，探入我的肋旁，不要作無信的人，但要作個有信德的人。」

多默回答說：「我主！我天主！」

耶穌對他說：「因為你看見了我，才相信嗎？那些沒有看見而相信的，才是有福的！」（二十 24-29）

§ 結語

耶穌在門徒前還行了許多其他的神蹟,沒有記在這部書上。這些所記錄的,是為叫你們信耶穌是默西亞,天主子;並使你們信的人,賴他的名獲得生命。(二十 30-31)

〈若望壹書〉

第一章

序言

論到那從起初就有的生命的聖言，就是我們聽見過，我們
親眼看見過，瞻仰過，以及我們親手摸過的生命的聖言——這
生命已顯示出來，我們看見了，也為祂作證，且把這原與父同
在，且已顯示給我們的永遠的生命，傳報給你們——我們將所
見所聞的傳報給你們，為使你們也同我們相通；原來我們是同
父和祂的子耶穌基督相通的。我們給你們寫這些事，是為叫我
們的喜樂得以圓滿。（一 1-4）

天主是光

人應在光中往來

我們由他所聽見，而傳報給你們的，就是這個信息：天主
是光，在他內沒有一點黑暗。如果我們說我們與他相通，但仍
在黑暗中行走，我們就是說謊，不履行真理。但如果我們在光
中行走，如同他在光中一樣，我們就彼此相通，他聖子耶穌的
血就會洗淨我們的各種罪過。如果我們說我們沒有罪過，就是
欺騙自己，真理也不在我們內。但若我們明認我們的罪過，天
主既是忠信正義的，必赦免我們的罪過，並洗淨我們的各種不

義。如果我們說我們沒有犯過罪，我們就是拿他當說謊者，他的話就不在我們內。（一 5-10）

第二章

耶穌為人做了贖罪祭

我的孩子們，我給你們寫這些事，是為叫你們不犯罪；但是，誰若犯了罪，我們在父那裡有正義的耶穌基督作護慰者。他自己就是贖罪祭，贖我們的罪過，不但贖我們的，而且也贖全世界的罪過。（二 1-2）

遵守愛德的命令

如果我們遵守他的命令，由此便知道我們認識他。那說「我認識他」，而不遵守他命令的，是撒謊的人，在他內沒有真理。但是，誰若遵守他的話，天主的愛在他內才得以圓滿；由此我們也知道，我們是在他內。那說自己住在他內的，就應當照那一位所行的去行。可愛的諸位，我給你們寫的，不是一條新命令，而是你們從起初領受的舊命令：這舊命令就是你們所聽的道理。另一方面說，我給你們寫的也是一條新命令——就是在他和你們身上成為事實的——因為黑暗正在消逝，真光已在照耀。誰說自己在光中，而惱恨自己的弟兄，他至今仍是在黑暗中。凡愛自己弟兄的，就是存留在光中，對於他就沒有任何絆腳石；但是惱恨自己弟兄的，就是在黑暗中，且在黑暗中行走，不知道自己往哪裡去，因為黑暗弄瞎了他的眼睛。（二 3-11）

遠離世俗

孩子們，我給你們寫說：因他的名字，你們的罪已獲得赦免。父老們，我給你們寫說：你們已認識了從起初就有的那一位。青年們，我給你們寫說：你們已得勝了那惡者。小孩子們，我給你們寫過：你們已認識了父。父老們，我給你們寫過：你們已認識了從起初就有的那一位。青年們，我給你們寫過：你們是強壯的，天主的話存留在你們內，你們也得勝了那惡者。你們不要愛世界，也不要愛世界上的事；誰若愛世界，天父的愛就不在他內。原來世界上的一切：肉身的貪慾，眼目的貪慾，以及人生的驕奢，都不是出於父，而是出於世界。這世界和它的貪慾都要過去；但那履行天主旨意的，卻永遠存在。（二 12-17）

提防假基督

小孩子們，現在是最末的時期了！就如你們聽說過假基督要來，如今已經出了許多假基督，由此我們就知道現在是最末的時期了。他們是出於我們中的，但不是屬於我們的，因為，如果是屬於我們的，必存留在我們中；但這是為顯示他們都不是屬於我們。至於你們，你們由聖者領受了傅油，並且你們都曉得。我給你們寫信，不是你們不明白真理，而是因為你們明白真理，並明白各種謊言不是出於真理。誰是撒謊的呢？豈不是那否認耶穌為默西亞的嗎？那否認父和子的，這人便是假基督。凡否認子的，也否認父；那明認子的，也有父。至於你們，應把從起初所聽見的，存留在你們內；如果你們從起初所聽見的，存留在你們內，你們必存留在子和父內。這就是他給

我們所預許的恩惠：即永遠的生命。這些就是我關於迷惑你們的人，給你們所寫的。至於你們，你們由他所領受的傅油，常存在你們內，你們就不需要誰教訓你們，而是有他的傅油教訓你們一切。這傅油是真實的，絕不虛假，所以這傅油怎樣教訓你們，你們就怎樣存留在他內。現在，孩子們，你們常存在他內罷！為的是當他顯現時，我們可以放心大膽，在他來臨時，不至於在他面前蒙羞。你們既然知道他是正義的，就該知道凡履行正義的，都是由他而生的。（二 18-29）

天主是父

第三章

天父的子女應相似天父

請看父賜給我們何等的愛情，使我們得稱為天主的子女，而且我們也真是如此。世界所以不認識我們，是因為不認識父。可愛的諸位，現在我們是天主的子女，但我們將來如何，還沒有顯明；可是我們知道：一顯明了，我們必要相似他，因為我們要看見他實在怎樣。所以，凡對他懷著這希望的，必聖潔自己，就如那一位是聖潔的一樣。凡是犯罪的，也就是作違法的事，因為罪過就是違法。你們也知道，那一位曾顯示出來，是為除免罪過，在他身上並沒有罪過。凡存在他內的，就不犯罪過；凡犯罪過的，是沒有看見過他，也沒有認識過他。孩子們，萬不要讓人迷惑你們！那行正義的，就是正義的人，正如那一位是正義的一樣。那犯罪的，是屬於魔鬼，因為魔鬼從起初就犯罪：天主子所以顯現出來，是為消滅魔鬼的作為。

凡由天主生的，就不犯罪過，因為天主的種子存留在他內，他不能犯罪，因為他是由天主生的。天主的子女和魔鬼的子女在這事上可以認出：就是凡不行正義的和不愛自己弟兄的，就不是出於天主。（三 1-10）

愛人的命令

原來你們從起初所聽的訓令就是：我們應彼此相愛；不可像那屬於惡者和殺害自己兄弟的加音。加音究竟為什麼殺了他？因為他自己的行為是邪惡的，而他兄弟的行為是正義的。弟兄們，如果世界惱恨你們，不必驚奇。我們知道，我們已出死入生了，因為我們愛弟兄們；那不愛的，就存在死亡內。凡惱恨自己弟兄的，便是殺人的；你們也知道：凡殺人的，便沒有永遠的生命存在他內。我們所以認識了愛，因為那一位為我們捨棄了自己的生命，我們也應當為弟兄們捨棄生命。誰若有今世的財物，看見自己的弟兄有急難，卻對他關閉自己憐憫的心腸，天主的愛怎能存在他內？孩子們，我們愛，不可只用言語，也不可只用口舌，而要用行動和事實。在這一點上我們可以認出，我們是出於真理的，並且在他面前可以安心；縱然我們的心責備我們，我們還可以安心，因為天主比我們的心大，他原知道一切。可愛的諸位，假使我們的心不責備我們，在天主前便可放心大膽；那麼我們無論求什麼，必由他獲得，因為我們遵守了他的命令，行了他所喜悅的事。他的命令就是叫我們信他的子耶穌基督的名字，並按照他給我們所出的命令，彼此相愛。那遵守他命令的，就住在他內，天主也住在這人內。我們所以知道他住在我們內，是藉他賜給我們的聖神。（三 11-24）

第四章

真理的神和欺詐的神

可愛的諸位，不要凡神就信，但要考驗那些神是否出於天主，因為有許多假先知來到了世界上。你們憑此可認出天主的神：凡明認耶穌為默西亞，且在肉身內降世的神，便是出於天主；凡否認耶穌的神，就不是出於天主，而是屬於假基督的；你們已聽說過他要來，現今他已在世界上了。孩子們，你們出於天主，且已得勝了他們，因為那在你們內的，比那在世界上的更大。他們屬於世界，因此講論屬於世界的事，而世界就聽從他們。我們卻是出於天主的；那認識天主的，必聽從我們；那不出於天主的，便不聽從我們：由此我們可以認出真理的神和欺詐的神來。（四 1-6）

天主是愛

以愛還愛

可愛的諸位，我們應該彼此相愛，因為愛是出於天主；凡有愛的，都是生於天主，也認識天主；那不愛的，也不認識天主，因為天主是愛。天主對我們的愛在這事上已顯出來：就是天主把自己的獨生子，打發到世界上來，好使我們藉著他得到生命。愛就在於此：不是我們愛了天主，而是他愛了我們，且打發自己的兒子，為我們做贖罪祭。可愛的諸位，既然天主這樣愛了我們，我們也應該彼此相愛。從來沒有人瞻仰過天主；如果我們彼此相愛，天主就存留在我們內，他的愛在我們內才

是圓滿的。我們所以知道我們存留在他內，他存留在我們內，就是由於他賜給了我們的聖神。至於我們，我們卻曾瞻仰過，並且作證：父打發了子來作世界的救主。誰若明認耶穌是天主子，天主就存在他內，他也存在天主內。我們認識了，且相信了天主對我們所懷的愛。天主是愛，那存留在愛內的，就存留在天主內，天主也存留在他內。我們內的愛得以圓滿，即在於此：就是我們可在審判的日子放心大膽，因為那一位怎樣，我們在這世界上也怎樣。在愛內沒有恐懼，反之，圓滿的愛把恐懼驅逐於外，因為恐懼內含著懲罰；那恐懼的，在愛內還沒有圓滿。我們應該愛，因為天主先愛了我們。假使有人說：我愛天主，但他卻惱恨自己的弟兄，便是撒謊的；因為那不愛自己所看見的弟兄的，就不能愛自己所看不見的天主。我們從他蒙受了這命令：那愛天主的，也該愛自己的弟兄。（四 7-21）

第五章

信德是得勝世界的力量和得永生的根基

凡信耶穌為默西亞的，是由天主所生的；凡愛生他之父的，也必愛那由他所生的。幾時我們愛天主，又遵行他的誡命，由此知道我們真愛天主的子女。原來愛天主，就是遵行他的誡命，而他的誡命並不沉重，因為凡是由天主所生的，必得勝世界；得勝世界的勝利武器，就是我們的信德。誰是得勝世界的呢？不是那信耶穌為天主子的人嗎？這位就是經過水及血而來的耶穌基督，他不但以水，而且也是以水及血而來的；並且有聖神作證，因為聖神是真理。原來作證的有三個：就是聖神，水及血，而這三個是一致的。人的證據，我們既然接受，

但天主的證據更大，因為天主的證據就是他為自己的子作證。那信天主子的，在自己內就懷有這證據；那不信天主的，就是以天主為撒謊者，因為他不信天主為自己的子所作的證。這證據就是天主將永遠的生命賜給了我們，而這生命是在自己的子內。那有子的，就有生命；那沒有天主子的，就沒有生命。（五 1-12）

〈若望默示錄〉

第十四章

被選者與羔羊為伍

宣布審判來臨

隨後，我看見另一位天使，飛翔於天空中，拿著永恆的福音，要傳報給住在地上的人，給各邦國、各支派、各異語和各民族，大聲喊說：「你們要敬畏天主，光榮他，因為他審判的時辰到了；你們要欽崇造成天地、海洋和水泉的上主。」

又有第二位天使接著說：「偉大的巴比倫陷落了！那曾使萬民喝她那荒淫烈酒的巴比倫陷落了！」

又有第三位天使也隨他們之後，大聲喊說：「誰若朝拜了那獸和牠的像，並在自己的額上，或在自己的手上，接受了牠的印號，就必要喝天主憤怒的酒，即那注在他憤怒之杯的純酒；必在聖天使面前和羔羊面前，遭受烈火與硫磺的酷刑。他們受刑的煙向上直冒，至於萬世無窮；那些朝拜了獸和獸像的，以及凡接受了牠名字的印號的，日夜得不到安息。」

聖徒的恆心，就是在遵守天主的誡命，堅持對耶穌的信德。以後，我聽見有聲音從天上說：「你寫下：『從今而後，凡在主內死去的，是有福的！』的確，聖神說，讓他們勞苦之後安息罷，因為他們的功行常隨著他們。」（十四 6-13）

人子藉天使施行審判

以後，我看見有一片白雲，雲上坐著相似人子的一位，頭戴金冠，手拿一把銳利的鐮刀。有另一位天使從殿裡出來，高聲向坐在雲上的那位喊道：「伸出你的鐮刀收割罷，因為收割的時期已到，地上的莊稼已成熟了。」坐在雲上的那位就向地上伸出鐮刀，地上的莊稼就被收割了。

有另一位天使從天上的殿裡出來，也拿著一把銳利的鐮刀。又有一位掌管火的天使，從祭壇那裡出來，高聲向那拿著銳利鐮刀的喊說：「伸出你銳利的鐮刀，收割地上葡萄園的葡萄罷，因為葡萄已成熟了。」那天使就向地上伸出了鐮刀，收割了地上的葡萄，把葡萄扔到天主義怒的大搾酒池內。那在城外的搾酒池受到踐踏，遂有血由搾酒池中流出，直到馬嚼環那麼深，一千六百「斯塔狄」那麼遠。（十四 14-20）

第十五章

七位天使領受七盂

我看見在天上又出現了一個又大又奇妙的異兆：有七位天使拿著七種最後的災禍，因為天主的義怒就要藉著這些災禍發洩淨盡。

我又看見好像有個攙雜著火的玻璃海；那些戰勝了獸和獸像及牠名號數字的人，站在玻璃海上，拿著天主的琴，歌唱天主的僕人梅瑟的歌曲和羔羊的歌曲說：「上主，全能的天主！你的功行偉大奇妙；萬民的君王！你的道路公平正直；誰敢不敬畏你？上主！誰敢不光榮你的名號？因為只有你是聖善的；

萬民都要前來崇拜你，因為你正義的判斷，已彰明較著。」

這些事以後，我又看見天上盟約的帳幕——聖殿敞開了，那七位拿著七種災禍的天使，從聖殿那裡出來，身穿潔白而明亮的亞麻衣，胸間佩有金帶。那時，四個活物中的一個，給了那七位天使七個滿盛萬世萬代永生天主義怒的金盂。因著天主的榮耀和威能，殿內充滿了煙，沒有一個人能進入殿內，直到那七位天使的七樣災禍降完為止。（十五 1-8）

第十六章

前六盂

我聽見由殿裡發出一個大聲音，向那七位天使說：「你們去，把那滿盛天主義怒的七個盂倒在地上！」

第一位天使便去，把他的盂倒在地上，遂在那些帶有獸印和朝拜獸像的人身上，生出了一種惡毒而劇痛的瘡。第二位天使把他的盂倒在海裡，海水就變成好似死人的血，因而海中的一切活物都死了。第三位天使把他的盂倒在河流和水泉上，水就變成了血。那時，我聽見掌管水的天使說：「今在和昔在的聖善者，你這樣懲罰，真是公義，因為他們曾傾流了聖徒和先知們的血，你如今給他們血喝，這是他們應得的。」我又聽見從祭壇有聲音說：「是的，上主，全能的天主！你的懲罰，真實而公義。」

第四位天使把他的盂倒在太陽上，致使太陽以烈火炙烤世人。世人因被劇熱所炙烤，便褻瀆掌管這些災禍的天主的名號，沒有悔改將光榮歸於天主。第五位天使把他的盂倒在那獸座上，牠的王國就陷入黑暗，人痛苦的咬自己的舌頭；他們因

自己的痛苦和瘡痍，便褻瀆天上的天主，沒有悔改自己的行為。第六位天使把他的盂倒在幼發拉的大河中，河水就乾涸了，為給那些由日出之地要來的諸王，準備了一條道路。（十六 1-12）

三個不潔的淫神

我又看見從龍口、獸口和假先知口中出來了三個不潔的神，狀如青蛙；他們是邪魔之神，施行奇蹟，往全世界的諸王那裡去，召集他們，為在全能天主的那偉大日子上交戰。「看，我來有如盜賊一樣；那醒著並保持自己的衣服，不至於赤身行走，而叫人看見自己的恥辱的，才是有福的！」那三個神就把諸王聚集到一個地方，那地方希伯來文叫「阿瑪革冬」。（十六 13-16）

第七盂

第七位天使把他的盂倒在空氣中，於是就由【天上的】殿裡，從寶座那裡發出了一個巨大聲音說：「成了！」遂有閃電、響聲和雷霆，又發生了大地震，是自從在地上有人類以來，從未有過這樣大的地震。那大城分裂為三段，異民的城也都傾覆了；天主想起了那偉大的巴比倫，遂遞給她那盛滿天主烈怒的酒杯。各島嶼都消失了，諸山嶺也不見了。又有像「塔冷通」般的大冰雹，從天上落在世人的身上；世人因冰雹的災禍便褻瀆天主，因為那災禍太慘重了。（十六 17-21）

第十七章

淫婦巴比倫和獸

那七位拿著七個盂的天使中，有一位前來，向我說道：「你來，我要指給你看，那在多水之旁為王的大淫婦受的懲罰；世上的諸王都同她行過邪淫，地上的居民也都喝醉了她淫亂的酒。」

於是天使叫我神魂超拔，提我到了曠野，我便看見了一個婦人，坐在一隻朱紅色且滿了褻瀆名號的獸身上，牠有七個頭，十隻角。這婦人身穿紫紅和朱紅色的衣服，全身點綴著金子、寶石和珍珠；她手裡拿著滿盛可憎之物和她淫污的金杯。她的額上寫著一個含有奧祕的名字：「偉大的巴比倫！淫亂和地上可憎之物的母親。」我又看見這婦人痛飲了聖徒的血，和為耶穌殉道者的血；我一看見她，遂大為驚奇。（十七 1-6）

淫婦和巨獸之所指

天使便對我說：「你為什麼驚奇？我要告訴你這婦人和馱著她，而有七個頭和十隻角的那獸的奧祕：你所看見的那獸，先前在而今不在，可是牠又要從深淵中上來，自趨於喪亡；地上的居民，凡他們的名字從創世之初，沒有記錄在生命冊中的，看見那先前在，而今不在，將來又在的獸，都必要驚奇。這裡需要一個有智慧的明悟去理解：七個頭是指那婦人所坐的七座山，也是指七位君王；五位已經倒了，一位仍在，另一位還沒有來到；當他來到時，必要存留片刻。至於那先前在而今不在的獸，是第八位，也屬於那七位中之一，牠要趨於喪亡。

你所看見的那十隻角，是指十個君王，他們還沒有領受王位，但必要同那獸一起得到權柄；他們當國王，只一個時辰。他們的意見都一致：就是把自己的能力和權柄都交給那獸。他們要同羔羊交戰，羔羊卻要戰勝他們，因為他是萬主之主，萬王之王，同他在一起的蒙召、被選和忠信的人，也必要獲勝。」

天使又對我說：「你看見那淫婦所統治的水，是指諸民族、群眾、邦國和異語人民。你看見的那十隻角和那獸，必要憎恨那淫婦，使她成為孤獨淒涼，赤身裸體的，並吞食她的肉，且用火焚燒她，因為天主使牠們的心中有這意念，叫牠們實行天主的計畫，就是叫牠們一心，把牠們的王權交給那獸，直到天主的話完全應驗為止。你所看見的那婦人，是指那座對地上的諸王握有王權的大城。」（十七 7-18）

第十八章

宣布巴比倫的滅亡

這些事以後，我看見另一位天使從天降下，掌有大權，下地被他的光榮照亮了。他用強大的聲音喊說：「偉大的巴比倫陷落了！陷落了！她變成了邪魔的住所，一切不潔之神的牢獄，一切不潔和可憎飛禽的巢穴，【以及一切不潔和可憎走獸的圈檻，】因為萬民都喝了她荒淫的烈酒，地上的諸王都同她行過邪淫，地上的商人，也因她的放蕩奢侈，而發了財。」

我又聽到了另一個聲音從天上說：「我的百姓，你們從她中間出來罷！免得你們分沾她的罪惡，也免得遭受她的災禍，因為她的罪惡已堆積得直達上天，使天主想起了她的不義。她

怎樣虐待了人，你們也該怎樣虐待她，並按照她所行的，要加倍報復她；她用什麼杯斟給人，你們也要用什麼杯加倍斟給她；她以前怎樣自誇自耀，奢侈享樂，你們也就怎樣加給她痛苦與哀傷；因為她心裡說過：「我坐著當皇后，而不是寡婦，必見不到哀傷。」為此，一日之內，她的災禍：瘟疫、哀傷和飢荒全都來到；她要被火焚燒，因為懲治她的上主天主，是強而有力的。」（十八 1-8）

諸君王商人船員的哀悼

當時那些曾同她行過邪淫，和享過快樂的地上諸王，看到焚燒她的煙，都要為她流淚哀悼。他們因害怕她受的痛苦，就遠遠站著說：「可憐，可憐！你這座偉大的城，這座強盛的巴比倫城！在一小時之內，你就受到了懲罰。」

地上的商人也為她流淚哀傷，因而再沒有人來買他們的貨物：金銀、寶石、珍珠、細麻布、紫紅布、綢緞、朱紅布等貨物，以及各種香木、各種象牙器皿、各種貴重木器、銅、鐵、大理石的器皿，還有肉桂、香膏、香料、香液、乳香、酒、油、麵粉、麥子、牲口、羊群、駿馬、車輛、奴隸與人口。商人說：「你心中所愛吃的果品，都遠離了你；一切肥美和華麗的物品，都在你前消逝了，再也尋不見了。」

販賣這些貨物，而由她發財的人，因害怕她受的痛苦，遠遠站著，流淚哀傷，說：「可憐，可憐！這偉大的城！這曾穿戴過細麻、紫紅和朱紅布衣裳，並以黃金、寶石和珍珠作裝飾的城，在一小時內，這樣多的財富，就蕩然無存了。」

一切船長、一切到處航海的人、船員以及那些靠海謀生的人，都遠遠站著，看見焚燒她的煙，就呼喊說：「哪有一座城

可與這座偉大的城相比呢！」他們在自己的頭上撒灰，流淚哀傷，喊說：「可憐，可憐！這座偉大的城！凡在海中有船的人，都因她的富饒而發了大財。她怎麼在一時之內就蕩然無存了。」

上天、聖徒、宗徒和先知們，你們因她的毀滅而歡騰罷！因為天主在她身上給你們申了冤。（十八 9-20）

絕對滅亡的象徵

然後，一位強而有力的天使，舉起一塊大如磨盤的石頭，拋在海中說：「偉大的巴比倫城必要這樣猛力地被人拋棄，再也找不著她了！彈琴者、歌唱者、吹笛者和吹號者的聲音，在你中間再也聽不到了；各種工藝的匠人，在你中間再也找不到了；推磨的響聲，在你中間再也聽不到了；燈台上的光，在你中間再也不發亮了；新郎與新娘的聲音，在你中間再也聽不到了，因為你的商人都是地上的要人，又因為萬民都因你的邪術受了迷惑；且在此城中找到了諸先知、諸聖徒以及一切在地上被殺者的血。」（十八 21-24）

第十九章

天上歡樂的凱歌

這些事以後，我聽見天上彷彿有一大夥人群發出的大聲音說：「亞肋路亞！勝利、光榮和能力，應歸於我們的天主，因為，他的判斷是正確而正義的；他懲罰了那曾以自己的邪淫敗壞了下地的大淫婦，並給被她所殺的僕人報了仇。」

他們又重複說：「亞肋路亞！她的煙向上直冒，至於無窮之世。」於是，那二十四位長老和那四個活物，便俯伏朝拜那坐在寶座上的天主說：「阿們。亞肋路亞！」遂有聲音由寶座那裡發出說：「天主的眾僕人，凡敬畏他的，無論大小，請讚美我們的天主罷！」

　　我聽見彷彿有一大夥人群的聲音，就如大水的響聲，又如巨雷的響聲，說：「亞肋路亞！因為我們全能的天主，上主為王了！讓我們歡樂鼓舞，將光榮歸於他罷！因為羔羊的婚期來近了，他的新娘也準備好了；天主又賞賜她穿上了華麗而潔白的細麻衣：這細麻衣就是聖徒們的義行。」（十九 1-8）

《新約聖經》中的宗徒書信

　　《新約》第二部分是「書信」，計廿一封，又稱「宗徒書信」，因為教會傳統認為是由五位宗徒所寫：十四封由保祿所寫、一封雅各伯、兩封伯多祿、一封猶達、三封若望。其實，若干作品作者應是宗徒門生。「書信」中許多作品都寫於新約時期，是後人認識教會初期基督徒生活面貌的見證。

保祿宗徒與他的書信

　　保祿生於教會肇始之際，出生於基里基雅（今土耳其）重要城市之一的塔爾索，他原名掃祿，係以色列後裔，雙親是羅馬公民，他對希臘與猶太文化均十分熟悉，因此能從這兩大傳統中汲取資源，協助傳教工作與神學反省。

　　保祿是在耶穌死亡與復活後，才接觸當時方興未艾的「耶穌運動」。〈宗徒大事錄〉指出，保祿原本是反「耶穌運動」的激進份子之一，原因可能因為他無法接受有人既崇拜耶穌、又抨擊聖殿與猶太律法，他認為這些人是猶太信仰傳統的蠹害者，因此四處搜捕並迫害他們。在前往大馬士革的路上，復活的耶穌向他說：「掃祿、掃祿，你為何迫害我？」這文字雖然簡短但意義深遠，它隱藏了保祿與耶穌相遇的神祕經驗與神學思想。

　　首先，這位被釘死在十字架上、被猶太人詛咒定罪「褻神者」的耶穌竟真復活了，並在天主的光榮中向他發言，這表示：天主選擇與耶穌同一陣營，因此凡是反對與控訴耶穌的

人，就是與天主為敵。

其次，既然天主為耶穌作證，這表示耶穌在世時教導的一切都是對的，包括他在世時對聖殿的批評、對救援的說法，因此任何想要獲得天主救援的人，「相信耶穌」便已足夠，「遵守猶太律法」是次要的。

第三，掃祿迫害的對象是耶穌的跟隨群眾，但耶穌卻責備說「你為何迫害我？」這表示復活的耶穌真實臨於世上所有追隨祂的人們當中，教會與復活的耶穌基督是共為一體的。

凡此說明：在復活的耶穌基督內有天主的大能與聖神，並正在放射光明。保祿只有一個選擇，就是接受事實——相信耶穌，相信祂真是天主子、祂與天主聖父同在、並合為一體。

這是保祿在與耶穌相遇後獲得的諸多理解之一。光憑這些，就足以使他在後來一生中為建立基督的教會，做出偉大貢獻。其他宗徒是在耶穌生前認識了耶穌，保祿認識的耶穌是身披天主光榮、腰繫大權的天主子耶穌基督。對他來說，耶穌的神聖性與作為世界君王的超越性，是一個不爭的事實。

保祿說：「天主親自在我內，將祂的聖子啟示給我，叫我在異民中傳揚祂。」這說明了四點：那在保祿「內」向他啟示的內容，是天主對耶穌的證詞；其次，耶穌深愛著保祿；三、天主聖神促使保祿與耶穌結合為一；四、保祿被賦予使命向世人宣講耶穌基督的福音——任何人只要願意將自己交給耶穌，就必能獲救。

保祿用「信、望、愛」說明何謂「將自己交給耶穌」：信望愛是聖神臨在人身上時結出的果實，「信」是接受天主之愛藉著耶穌啟示的內容，「望」是人雖身處痛苦與迫害中，仍對天主必將實現諾言的堅定盼望，「愛」就是將自己全然獻給天主。信望愛與善行懿德不相違背，相反的，卻催促基督徒實踐

它們。

　　保祿面臨來自教會內的反對，尤其是具有猶太背景的基督徒們，他們不願放棄傳統，他們清楚知道天主在歷史中賞賜他們民族各種恩惠，因此他們害怕因放棄傳統而喪失選民身分。但同為以色列後裔的保祿指出：天主已在耶穌身上顯示了救援的唯一途徑，而歷史中曾出現的都是為了預備耶穌的來臨，猶太律法曾是選民獲救的藍圖，但耶穌的來臨已為那個時代劃下了句點。保祿指出：耶穌是以色列的榮耀，他是唯一的蒙選者，他是天主子。因此不論什麼人，若想獲得天主的救援，除與耶穌基督合一之外，別無他法。

　　保祿說，死亡是罪的果實，律法無法使死人復活，耶穌證明了自己有戰勝死亡的能力；信望愛使人有機會獲救，但律法卻只能製造分裂與仇恨；信望愛能建立新生命並促人行善，因在基督徒心中是「耶穌的精神（聖神）」推動著一切，使人對耶穌與天主父有堅定的信望愛，又使人樂於承行天主旨意。

　　他也指出基督徒禮儀的重要性：洗禮使人死於罪惡、活於基督；分食餅酒使人能與耶穌的體血合而為一；覆手使信友藉天主的聖化，成為天主恩寵的服務者。基督徒禮儀的歷史因此可追溯到耶穌基督自己、與首代基督徒團體的信仰實踐中。教會的禮儀猶如一條河流，源於「唯一的活水」，並在它流經之處給所有願意喝這活水的人，經驗耶穌神聖生命的機會。

　　保祿與耶穌相遇的經歷，使他不僅獲得天主的啟示、更有蒙選與使命。他首先去了阿剌伯（約旦），之後去了耶路撒冷與小亞細亞（土耳其）、希臘，迄於羅馬，歷史資料無法證明他去過西班牙。約西元六十七年，尼祿擔任羅馬皇帝時，保祿在羅馬郊外被斬首，今日的聖保祿大殿正是他當時致命殉道的地點。保祿對教會最大的貢獻是他的行動、他的教導、與他遺

留的作品。他親身經驗了耶穌基督的神聖性，使他相信基督信仰是一普世性的信仰，他的奔走與宣講就是他要證明此一信念的方式，在向異文化者宣講福音時，他發現福音本身能帶領異國萬民走向信仰，同時能強化教會的內部凝聚。保祿書信的語彙極為特殊，使得他要宣講的基督徒訊息既符合猶太傳統、也符合希臘文化。在文化與傳統的十字路口上，保祿高舉基督的福音，為來自各地的人鋪好走向天主的道路。

保祿書信選讀

第一批被選讀的保祿書信，是從傳統稱為「監獄書信」的四封中挑選的三封。它們呈現出保祿的信理思想，〈哥羅森書〉與〈厄弗所書〉是其中兩篇，可相互參照。

首先，第一段選讀的〈哥羅森書〉強調基督的絕對超越性，祂絕對超越任何屬靈的力量。第二段選讀的〈厄弗所書〉指出：基督與世人合一的奧祕，就是在世上建立了教會——祂的奧體。第三段選讀的〈斐理伯書〉指出基督徒生活應有的樣貌。我們應謹記：這些作品是在特定的時空環境下寫成，目的是為瞭解決問題，它們都隱藏在文字的後面；同時，保祿書信傳遞了宗徒自己的神學思想，儘管片段，但仍深具意義，非常值得所有時代的人默想與反省。

第四段選讀出自〈羅馬書〉第一至八章。他首先說明目的，接著是思想。本段落可再分成四個部分，第一、二部分是教導：天主如何藉由福音在此時大顯威能，並且拯救所有信他的人。

第一部分（第一至四章）表明：自己反對那些自認可藉猶太律法躲避天主審判的人。天主的審判是看人的行為，不是看

人的知識（連知道天主的法律也沒用）；因為所有人的行為不好，因此世人都在天主憤怒和正義審判之下。但如今天主已藉耶穌基督使所有相信他的人成為義人，保祿援引經書證明自己的論點：歷史證明天主從古至今都是這樣對待祂的子民。

在第二部分（第五至八章）中，保祿指出相信耶穌的人，在成義之後便獲得救援，因他們戰勝了試探與誘惑，憑藉的不是自己的力量，而是親臨他們之中的聖神的力量。既然亞當的罪過在人身上的力量大過於律法，因此儘管律法是好的，但卻不足以戰勝罪。天主聖父派遣了耶穌，藉由祂降生成人，天主以血肉之軀的方式戰勝了罪過，使凡相信他、並藉洗禮、希望與愛與耶穌同死同生的人獲得聖神的力量，並在他們內動工。

第五段選讀出自〈弟鐸書〉第二至三章（與另外二封共稱「牧函」），文字強調基督徒應建立有秩序的團體生活。選錄的經文指出：天主聖子耶穌基督降來，為世人開闢新的生命道路，使人可一方面過著簡樸的物質生活，另一方面享有極為富有的、與天主合一的信仰生活。

除了上述之外，保祿另外還寫了兩封重要的信件，寄給格林多的教會。

其他的宗徒書信

〈希伯來書〉

傳統認為這作品也屬保祿書信之一，但現今對此存疑。這件作品旨在說明基督的奧祕如何作為以色列所有禮儀的圓滿實現；基督是真正的大司祭，他向天主呈獻真正完美的祭獻，因此他自己與天主訂立了新的盟約與新的禮儀，即：真正實現了天主的旨意。在第六段選讀所選錄的第八至十章指出：藉基督

完成的工程、以及他與天主聖父雙方意願的結合，是全世界人類獲得救援的關鍵。

〈雅各伯書〉

　　教會傳統上認為這信的作者是耶穌的親戚雅各伯。信中對基督徒的生活提出非常清楚具體的勸勉，是教會肇始之際猶太基督徒傳統色彩非常明顯的作品。作者強調：基督徒的善行才是對信仰真正的見證。有人認為他反對保祿，事實上，他與保祿都認為：信仰促使基督徒要實踐善行。第七段選讀選自〈雅各伯書〉的第一、二章，指出：天主是所有一切美善與恩賜的來源，世上的邪惡與誘惑則不來自祂。另外，基督徒應確實實踐這封書信中所要求的一切。

伯多祿書信

　　在新約書信中，有兩封歸屬於伯多祿——這位被耶穌稱為「磐石」的宗徒，耶穌說「要在這個磐石上建立我的教會」。〈伯多祿前書〉首先說明基督徒接受的信仰是何等豐富，接著要求讀者要過著與信仰相符的生活。文字反映當時教會面臨的困境與危難，並提出若干建言，要求信友勇敢面對考驗與挑戰。〈伯多祿後書〉則在處理特定問題：有些基督徒開始懷疑末日與終末審判是否真的來臨，因此肆無忌憚地沉溺在享樂中。

　　第八段選讀的經文出自〈伯前〉第一至三章，是宗徒對基督徒的勸勉：要朝向基督使自己日臻成熟，更要為基督做見證。

　　第九段選讀的經文來自〈伯後〉第一、二章。

〈猶達書〉

　　第十段選讀選自〈猶達書〉，作者是雅各伯的兄弟猶達，他勸勉信友在面對各種來自假弟兄的挑戰時，要堅定信仰，假弟兄們常用信仰作為他們耽溺享樂的藉口。

〈哥羅森書〉

第一章

致候辭

因天主的旨意作基督耶穌宗徒的保祿與弟茂德弟兄，致書給在哥羅森的聖徒及在基督內忠信的弟兄，恩寵與平安由天主我們的父賜予你們！（一 1-2）

感謝與代禱

我們在祈禱時，常為你們感謝我們的主耶穌基督的天主和父，因為我們聽說：你們在基督耶穌內的信德，和你們對眾聖徒所有的愛德：這是為了那在天上給你們所存留的希望，對這希望你們由福音真理的宣講中早已聽過了。

這福音一傳到你們那裡，就如在全世界上，不斷結果，不斷發展；在你們那裡，自從你們聽到了福音，並在真理內認識了天主的恩寵那天以來，也是一樣；這福音也就是你們由我們親愛的同僕厄帕夫辣所學得的，他為你們實在是基督的忠信僕役，也就是他給我們報告了聖神所賜予你們的愛。

為此，自從我們得到了報告那天起，就不斷為你們祈禱，懇求天主使你們對祂的旨意有充分的認識，充滿各樣屬神的智慧和見識，好使你們的行動相稱於主，事事叫祂喜悅，在一切善功上結出果實，在認識天主上獲得進展，全力加強自己，賴

他光榮的德能，含忍容受一切，欣然感謝那使我們有資格，在光明中分享聖徒福分的天父，因為是祂由黑暗的權勢下救出了我們，並將我們移置在祂愛子的國內，我們且在他內得到了救贖，獲得了罪赦。（一 3-14）

基督為萬有的根源與終向

基督的品位

祂是不可見的天主的肖像，是一切受造物的首生者，因為在天上和在地上的一切，可見的與不可見的，或是上座者，或是宰制者，或是率領者，或是掌權者，都是在祂內受造的：一切都是藉著他，並且是為了他而受造的。

他在萬有之先就有，萬有都賴祂而存在；祂又是身體——教會的頭：祂是元始，是死者中的首生者，為使祂在萬有之上獨佔首位，因為天主樂意叫整個的圓滿居在祂內，並藉著祂使萬有，無論是地上的，是天上的，都與自己重歸於好，因著祂十字架的血立定了和平。

連你們從前也與天主隔絕，並因邪惡的行為在心意上與祂為敵；可是現今天主卻以祂血肉的身體，藉著死亡使你們與自己和好了，把你們呈獻在祂跟前，成為聖潔，無瑕和無可指摘的，只要你們在信德上站穩，堅定不移，不偏離你們由聽福音所得的希望，這福音已傳與天下一切受造物，我保祿就是這福音的僕役。（一 15-23）

宗徒的任務

如今我在為你們受苦，反覺高興，因為這樣我可在我的肉身上，為基督的身體——教會，補充基督的苦難所欠缺的；我依照天主為你們所授與我的職責，作了這教會的僕役，好把天主的道理充分地宣揚出去，這道理就是從世世代代以來所隱藏，而如今卻顯示給祂的聖徒的奧祕。

天主願意他們知道，這奧祕為外邦人是有如何豐盛的光榮，這奧祕就是基督在你們中作了你們得光榮的希望。

我們所傳揚的，就是這位基督，因而我們以各種智慧，勸告一切人，教訓一切人，好把一切人，呈獻於天主前，成為在基督內的成全人；我就是為這事而勞苦，按祂以大能在我身上所發動的力量，盡力奮鬥。（一 24-29）

第二章

我實願意你們知道：我為你們和那些在勞狄刻雅以及所有未曾親眼看見過我的人，作如何的奮鬥，為使他們的心受到鼓勵，使他們在愛內互相連結，充分的得到真知灼見，能認識天主的奧祕——基督，因為在祂內蘊藏著智慧和知識的一切寶藏。我說這話，免得有人以巧言花語欺騙你們。我肉身雖然不在你們那裡，但心靈卻與你們同在，高興見到你們生活的秩序，和你們對基督的堅定信仰。（二 1-5）

惟在基督內方可得救

你們既然接受了基督耶穌為主，就該在祂內行動生活，在祂內生根修建，堅定於你們所學得的信德，滿懷感恩之情。你

們要小心，免得有人以哲學，以虛偽的妄言，按照人的傳授，依據世俗的原理，而不是依據基督，把你們勾引了去。因為是在基督內，真實地住有整個圓滿的天主性，你們也是在祂內得到豐滿。

祂是一切率領者和掌權者的元首，你們也是在祂內受了割損，但不是人手所行的割損，而是基督的割損，在乎脫去肉慾之身。你們既因聖洗與祂一同埋葬了，也就因聖洗，藉著信德，即信使祂由死者中復活的天主的能力，與祂一同復活了。

你們從前因了你們的過犯和未受割損的肉身，原是死的；但天主卻使你們與基督一同生活，赦免了我們的一切過犯：塗抹了那相反我們，告發我們對誡命負債的債卷，把它從中除去，將它釘在十字架上；解除了率領者和掌權者的武裝，把他們公然示眾，仗賴十字架，帶著他們舉行凱旋的儀式。為此，不要讓任何人在飲食上，或在節期或月朔或安息日等事上，對你們有所規定。這一切原是未來事物的陰影，至於實體乃是基督。

不可讓那甘願自卑而敬拜天使的人，奪去你們的獎品，這種人只探究所見的幻象，因自己的血肉之見，妄自尊大，而不與頭相連接；其實由於頭，全身才能賴關節和脈絡獲得滋養而互相連結，藉天主所賜的生長力而生長。

既然你們與基督已同死於世俗的原理，為什麼還如生活在世俗中一樣，受人指點：「不可拿，不可嘗，不可摸」，拘泥於人的規定和教訓呢？——其實這一切一經使用，便敗壞了。這些教規既基於隨從私意的敬禮、謙卑和苦身克己，徒有智慧之名，並沒有什麼價值，只為滿足肉慾而已。（二 6-23）

相稱於基督的生活

第三章

信友生活的理想與實踐

你們既然與基督一同復活了，就該追求天上的事，在那裡有基督坐在天主的右邊。你們該思念天上的事不該思念地上的事，因為你們已經死了，你們的生命已與基督一同藏在天主內了；當基督，我們的生命顯現時，那時，你們也要與祂一同出現在光榮之中。

為此，你們要致死屬於地上的肢體，致死淫亂、不潔、邪情、惡慾和無異於偶像崇拜的貪婪，為了這一切，天主的義怒才降在悖逆之子身上；當你們生活在其中時，你們也曾一度在其中行動過，但是現在你們卻該戒絕這一切：忿怒、暴戾、惡意、詬罵和出於你們口中的穢言。

不要彼此說謊；你們原已脫去了舊人和他的作為，且穿上了新人，這新人既是照創造他者的肖像而更新，為獲得知識的；在這一點上，已沒有希臘人或猶太人，受割損的或未受割損的，野蠻人、叔提雅人、奴隸、自由人的分別，而只有是一切並在一切內的基督。

為此，你們該如天主所揀選的，所愛的聖者，穿上憐憫的心腸、仁慈、謙卑、良善和含忍；如果有人對某人有什麼怨恨的事，要彼此擔待，互相寬恕；就如主怎樣寬恕了你們，你們也要怎樣寬恕人。在這一切以上尤該有愛德，因為愛德是全德的聯繫。

還要叫基督的平安，在你們心中作主；你們所以蒙召存於一個身體內，也是為此，所以你們該有感恩之心。要讓基督的話充分地存在你們內，以各種智慧彼此教導規勸，以聖詠、詩詞和屬神的歌曲在你們心內，懷著感恩之情，歌頌天主。你們無論作什麼，在言語上或行為上，一切都該因主耶穌的名而作，藉著祂感謝天主聖父。（三 1-17）

家庭的職責

　　作妻子的，應該服從丈夫，如在主內所當行的。作丈夫的，應該愛妻子，不要苦待她們。作子女的，應該事事聽從父母，因為這是主所喜悅的。作父母的，不要激怒你們的子女，免得他們灰心喪志。作奴隸的，應該事事聽從肉身的主人，且不要只當著眼前服事，像是取悅於人，而是要以誠心，出於敬畏主。

　　你們無論作什麼，都要從心裡去作，如同是為主，而不是為人，因為你們該知道，你們要由主領取產業作為報酬；你們服事主基督罷！因為凡行不義的，必要得他所行不義的報應；天主絕不看情面。（三 18-25）

第四章

　　作主人的，要以正義公平對待奴僕，因為該知道，你們在天上也有一位主子。（四 1）

祈禱與為人

　　你們要恆心祈禱，在祈禱中要醒寤，要謝恩；同時，也要

為我們祈禱，求天主給我們大開傳道之門，好叫我能以宣講基督的奧祕——我就是為此帶上了鎖鏈——好叫我能照我該說的，把這奧祕傳揚出去。與外人來往要有智慧，要把握時機。你們的言談常要溫和，像調和上了鹽；要知道如何答覆每個人。（四 2-6）

結論

介紹送信人

關於我的一切，有我們親愛的弟兄，忠信的服務者及在主內的同僕提希苛，告訴你們。我打發他到你們那裡去，就是為把我們的事報告給你們，並為安慰你們的心。和他同去的，還有忠信親愛的弟兄敖乃息摩，他原是你們的同鄉；他們會把這裡的一切事報告給你們。（四 7-9）

問安與祝福

我的囚伴阿黎斯塔苛問候你們，巴爾納伯的表弟馬爾谷也問候你們——關於他，你們已獲得了指示；如果他到了你們那裡，你們要接待他——還有號稱猶斯托的耶穌，也問候你們；受割損的人中，只有這些人對天主的國是合作的人，他們這樣的人才是我的安慰。

你們的同鄉，基督耶穌的奴僕厄帕夫辣問候你們，他在祈禱中常為你們苦求，為使你們能堅定不移，在天主所願意的一切事上，作成全兼誠服的人。我實在能給他作證：他為你們和在勞狄刻雅及耶辣頗里的人受了許多辛苦。親愛的醫生路加和

德瑪斯問候你們。

　　請你們問候勞狄刻雅的弟兄，也問候寧法和她家裡的教會。 幾時你們宣讀了這封信，務要使這封信，也在勞狄刻雅人的教會內宣讀；至於那由勞狄刻雅轉來的信，你們也要宣讀。請你們告訴阿爾希頗：「要留心你在主內所接受的職分，務要善盡此職！」

　　我保祿親筆問候；你們要念及我的鎖鏈！願恩寵與你們同在！（四 10-18）

〈厄弗所書〉

第一章

致候辭

　　因天主的旨意，做耶穌基督宗徒的保祿，致書給那些【在厄弗所的】聖徒和信仰基督耶穌的人。願恩寵與平安，由我們的父天主和主耶穌基督，賜予你們！（一 1-2）

基督為萬物的元首

　　願我們的主耶穌基督的天主和父受讚美！祂在天上，在基督內，以各種屬神的祝福，祝福了我們，因為祂於創世以前，在基督內已揀選了我們，為使我們在祂面前，成為聖潔無瑕疵的；又由於愛，按照自己旨意的決定，預定了我們藉著耶穌基督獲得義子的名份，而歸於祂，為頌揚祂恩寵的光榮，這恩寵是祂在自己的愛子內賜予我們的；我們就是全憑天主豐厚的恩寵，在祂的愛子內，藉祂愛子的血，獲得了救贖，罪過的赦免。

　　的確，天主豐厚地把這恩寵傾注在我們身上，賜予我們各種智慧和明達，為使我們知道，祂旨意的奧祕，是全照祂在愛子內所定的計畫；就是依照祂的措施，當時期一滿，就使天上和地上的萬有，總歸於基督元首。

　　我們也是在基督內得作天主的產業，因為我們是由那位按

照自己旨意的計畫施行萬事者，早預定了的，為使我們這些首先在默西亞內懷著希望的人，頌揚祂的光榮；在基督內，你們一聽到了真理的話，即你們得救的福音，便信從了，且在祂內受了恩許聖神的印證；這聖神就是我們得嗣業的保證，為使天主所置為嗣業的子民，蒙受完全的救贖，為頌揚祂的光榮。（一 3-14）

基督為教會的元首

因此，我一聽見你們對主耶穌的信德和對眾聖徒的愛德，便不斷為你們感謝天主，在我的祈禱中記念你們，為使我們的主耶穌基督的天主，即那光榮的父，把智慧和啟示的神恩，賜予你們，好使你們認識祂；並光照你們心靈的眼目，為叫你們認清祂的寵召有什麼希望，在聖徒中祂嗣業的光榮，是怎樣豐厚；祂對我們虔信的人，所施展的強有力而見效的德能是怎樣的偉大。

正如祂已將這德能施展在基督身上，使祂從死者中復活，叫祂在天上坐在自己右邊，超乎一切率領者、掌權者、異能者、宰制者，以及一切現世及來世可稱呼的名號以上；又將萬有置於祂的腳下，使祂在教會內作至上的元首，這教會就是基督的身體，就是在一切內充滿一切者的圓滿。（一 15-23）

第二章

天主使人在基督內成為新受造物

你們從前因著你們的過犯和罪惡是死的；那時你們生活在

過犯罪惡中，跟隨這世界的風氣，順從空中權能的首領，即現今在悖逆之子身上發生作用的惡神。就連我們從前也都在這樣環境中生活過，放縱肉身的私慾，照肉身和心意所喜好的行事，且生來就是易怒之子，和別人一樣。

然而富於慈悲的天主，因著祂愛我們的大愛，竟在我們因過犯死了的時候，使我們同基督一起生活──可見你們得救，是由於恩寵──且使我們同祂一起復活，在基督耶穌內使我們和祂一同坐在天上，為將自己無限豐富的恩寵，即祂在基督耶穌內，對我們所懷有的慈惠，顯示給未來的世代。

因為你們得救是由於恩寵，藉著信德，所以得救並不是出於你們自己，而是天主的恩惠；不是出於功行，免得有人自誇。原來我們是祂的化工，是在基督耶穌內受造的，為行天主所預備的各種善工，叫我們在這些善工中度日。（二 1-10）

在基督內猶太人和外邦人合為一體

所以你們應該記得，你們從前生來本是外邦人，被那些稱為受割損的人──割損本是人手在肉身上所行的──稱為未受割損的人；記得那時你們沒有默西亞，與以色列社團隔絕，對恩許的盟約是局外人，在這世界上沒有希望，沒有天主。

但是現今在基督耶穌內，你們從前遠離天主的人，藉著基督的血，成為親近的了。因為基督是我們的和平，祂使雙方合而為一；祂以自己的肉身，拆毀了中間阻隔的牆壁，就是雙方的仇恨，並廢除了由規條命令所組成的法律，為把雙方在自己身上造成一個新人，而成就和平。祂以十字架誅滅了仇恨，也以十字架使雙方合成一體，與天主和好。

所以祂來，向你們遠離的人傳佈了和平的福音，也向那親

近的人傳佈了和平，因為藉著祂，我們雙方在一個聖神內，才得以進到父面前。所以你們已不再是外方人或旅客，而是聖徒的同胞，是天主的家人；已被建築在宗徒和先知的基礎上，而基督耶穌自己卻是這建築物的角石，靠著祂，整個建築物結構緊湊，逐漸擴大，在主內成為一座聖殿；並且靠著祂，你們也一同被建築，因著聖神，成為天主的住所。（二 11-22）

第三章

天主奧祕的宣傳員

因此，我保祿為你們外邦人的緣故，作基督耶穌囚犯的，為你們祈禱——想你們必聽說過天主的恩寵，為了你們賜予我的職份：就是藉著啟示，使我得知我在上邊已大略寫過的奧祕；你們照著讀了，便能明白我對基督的奧祕所有的瞭解，這奧祕在以前的世代中，沒有告訴過任何人，有如現在一樣，藉聖神已啟示給祂的聖宗徒和先知；這奧祕就是：外邦人藉著福音在基督耶穌內與猶太人同為承繼人，同為一身，同為恩許的分享人。

至於我，我依照天主大能的功效所賜予我的恩寵，作了這福音的僕役；我原是一切聖徒中最小的，竟蒙受了這恩寵，得向外邦宣布基督那不可測量的豐富福音，並光照一切人，使他們明白，從創世以來，即隱藏在創造萬有的天主內的奧祕，為使天上的率領者和掌權者，現在藉著教會，得知天主的各樣智慧，全是按照祂在我們的主基督耶穌內所實現的永遠計畫；所以只有在基督內，我們才可藉著對祂所懷的信德，放心大膽地懷著依恃之心，進到天主面前。

為此，我請求你們，不要因我為你們所受的苦難而沮喪，我的苦難原是你們的光榮。（三 1-13）

求賜信徒認識基督的愛

因此，我在天父面前屈膝——上天下地的一切家族都是由祂而得名——求祂依照祂豐富的光榮，藉著祂的聖神，以大能堅固你們內在的人，並使基督因著你們的信德，住在你們心中，叫你們在愛德上根深柢固，奠定基礎，為使你們能夠同眾聖徒領悟基督的愛是怎樣的廣、寬、高、深，並知道基督的愛是遠超人所能知的，為叫你們充滿天主的一切富裕。願光榮歸於天主，祂能照祂在我們身上所發揮的德能，成就一切，遠超我們所求所想的。願祂在教會內，並在基督耶穌內，獲享光榮，至於萬世萬代！阿們。（三 14-21）

生活行動應相稱天主的寵召

第四章

應保持教會的合一

所以我在這主內為囚犯的懇求你們，行動務要與你們所受的寵召相稱，凡事要謙遜、溫和、忍耐，在愛德中彼此擔待，盡力以和平的聯繫，保持心神的合一，因為只有一個身體和一個聖神，正如你們蒙召，同有一個希望一樣。只有一個主，一個信德 ，一個洗禮；只有一個天主和眾人之父，祂超越眾人，

貫通眾人，且在眾人之內。但我們個人所領受的恩寵，卻是按照基督賜恩的尺度。

為此經上說：「祂帶領俘虜，升上高天，且把恩惠賜予人。」說祂上升了，豈不是說祂曾下降到地下嗎？那下降的，正是上升超乎諸天之上，以充滿萬有的那一位，就是祂賜予這些人作宗徒，那些人作先知，有的作傳福音者，有的作司牧和教師，為成全聖徒，使之各盡其職；為建樹基督的身體，直到我們眾人都達到對於天主子，有一致的信仰和認識，成為成年人，達到基督圓滿年齡的程度；使我們不再做小孩子，為各種教義之風所飄盪，所捲去，而中了人的陰謀，陷於引入荒謬的詭計；反而在愛德中持守真理，在各方面長進，而歸於那為元首的基督，本著祂，全身都結構緊湊，藉著各關節的互相補助，按照各肢體的功用，各盡其職，使身體不斷增長，在愛德中將它建立起來。（四 1-16）

脫去舊人穿上新人

為此我說，且在主內苦勸你們，生活不要再像外邦人，順隨自己的虛妄思念而生活；他們的理智受了蒙蔽，因著他們的無知和固執，與天主的生命隔絕了。這樣的人既已麻木，便縱情恣慾，貪行各種不潔。但你們卻不是這樣學了基督。如果你們真聽過祂，按照在耶穌內的真理，在祂內受過教，就該脫去你們照從前生活的舊人，就是因順從享樂的慾念而敗壞的舊人，應在心思念慮上改換一新，穿上新人，就是按照天主的肖像所造，具有真實的正義和聖善的新人。（四 17-24）

忠告信徒躲避罪惡

為此，你們應該戒絕謊言，彼此應該說實話，因為我們彼此都是一身的肢體。「你們縱然動怒，但是不可犯罪；」不可讓太陽在你們含怒時西落，也不可給魔鬼留有餘地。那以前偷竊的，不要再偷竊，卻更要勞苦，親手賺取正當的利潤，好能賙濟貧乏的人。一切壞話都不可出於你們的口；但看事情的需要，說造就人的話，叫聽眾獲得益處。你們不要叫天主的聖神憂鬱，因為你們是在祂內受了印證，以待得救的日子。一切毒辣、怨恨、忿怒、爭吵、毀謗以及一切邪惡，都要從你們中除掉；彼此相待，要良善，要仁慈，互相寬恕，如同天主在基督內寬恕了你們一樣。（四 25-32）

第五章

天主兒女應戒避邪淫

所以你們應該效法天主，如同蒙寵愛的兒女一樣；又應該在愛德中生活，就如基督愛了我們，且為我們把自己交出，獻於天主作為馨香的供物和祭品。至於邪淫，一切不潔和貪婪之事，在你們中間，連提也不要提：如此才合乎聖徒的身分。同樣，猥褻、放蕩和輕薄的戲言都不相宜；反要說感恩的話，因為你們應該清楚知道：不論是犯邪淫的，行不潔的，或是貪婪的——即崇拜偶像的——在基督和天主的國內，都不得承受產業。

不要讓任何人以浮言欺騙你們，因為就是為了這些事，天主的忿怒才降在這些悖逆之子身上。所以你們不要作這些人的

同伴。從你們原是黑暗，但現在你們在主內卻是光明，生活自然要像光明之子一樣；光明所結的果實，就是各種良善、正義和誠實，你們要體察什麼是主所喜悅的；不要參與黑暗無益的作為，反要加以指摘，因為他們暗中所行的事，就是連提起，也是可恥的。凡一切事，一經指摘，便由光顯露出來；因為凡顯露出來的，就成了光明；為此說：「你這睡眠的，醒起來罷！從死者中起來罷！基督必要光照你！」（五 1-14）

光明之子的行止

所以，你們應細心觀察自己怎樣生活；不要像無知的人，卻要像明智的人；應把握時機，因為這些時日是邪惡的；因此不要作糊塗人，但要曉得什麼是主的旨意。也不要醉酒，醉酒使人淫亂；卻要充滿聖神，以聖詠、詩詞及屬神的歌曲，互相對談，在你們心中歌頌讚美主；為一切事，要因我們的主耶穌基督的名，時時感謝天主父；又要懷著敬畏基督的心，互相順從。（五 15-21）

婚姻的神聖

你們作妻子的，應當服從自己的丈夫，如同服從主一樣，因為丈夫是妻子的頭，如同基督是教會的頭，祂又是這身體的救主。教會怎樣服從基督，作妻子的也應怎樣事事服從丈夫。

你們作丈夫的，應該愛妻子，如同基督愛了教會，並為她捨棄了自己，以水洗，藉言語，來潔淨她，聖化她，好使她在自己面前呈現為一個光耀的教會，沒有瑕疵，沒有皺紋，或其他類似的缺陷；而使她成為聖潔和沒有污點的。

作丈夫的也應當如此愛自己的妻子，如同愛自己的身體一樣；那愛自己妻子的，就是愛自己，因為從來沒有人恨過自己的肉身，反而培養撫育它，一如基督之對教會；因為我們都是他身上的肢體。

「為此，人應離開自己的父母，依附自己的妻子，二人成為一體。」這奧祕真是偉大！但我是指基督和教會說的。總之，你們每人應當各愛自己的妻子，就如愛自己一樣；至於妻子，應該敬重自己的丈夫。（五 15-33）

第六章

父母子女間的義務

你們作子女的，要在主內聽從你們的父母，因為這是理所當然的。「孝敬你的父親和母親——這是附有恩許的第一條誡命——為使你得到幸福，並在地上延年益壽。」你們作父母的，不要惹你們的子女發怒；但要用主的規範和訓誡，教養他們。（六 1-4）

主僕間的義務

你們作奴僕的，要戰戰兢兢，以誠實的心，聽從你們肉身的主人，如同聽從基督一樣。不要只在人眼前服事，好像單討人的喜歡，而要像基督的僕人，從心裡遵行天主的旨意；甘心服事，好像服事主，而非服事人，因為你們知道：每一個人，或為奴的，或自主的，不論行了什麼善事，都要按他所行的領取主的賞報。至於你們作主人的，要同樣對待奴僕，戒用恐

嚇，因為你們知道，他們和你們在天上有同一個主，而且祂是不看情面的。（六 5-9）

基督徒的全副武裝

此外，你們務要在主內，藉祂的能力作堅強的人。要穿上天主的全副武裝，為能抵抗魔鬼的陰謀，因為我們戰鬥不是對抗血和肉，而是對抗率領者，對抗掌權者，對抗這黑暗世界的霸主，對抗天界裡邪惡的鬼神。為此，你們應拿起天主的全副武裝，為使你們在邪惡的日子能夠抵得住，並在獲得全勝之後，仍屹立不動。

所以要站穩！用真理作帶，束起你們的腰，穿上正義作甲，以和平的福音作準備走路的鞋，穿在腳上；此外，還要拿起信德作盾牌，使你們能以此撲滅惡者的一切火箭；並戴上救恩當盔，拿著聖神作利劍，即天主的話，時時靠著聖神，以各種祈求和哀禱祈禱；且要醒寤不倦，為眾聖徒祈求，也為我祈求，使我在開口的時候，賜我能說相稱的話，能放心大膽地傳揚福音的奧祕——為這福音我竟作了帶鎖鍊的使者——使我能放心大膽，照我應該宣講的去宣講。（六 10-20）

結語與祝福辭

今有我可愛的弟兄，且忠於主的服務者提希苛給你們報告一切，好使你們知道我的事和我現在做什麼。我特意打發他到你們那裡去，為叫你們知道我們的情形，並叫他安慰你們的心。願平安、愛德和信德由天主父和主耶穌基督賜予眾弟兄！

願恩寵與那些以永恆不變的愛愛我們的主耶穌基督的人同在！

（六 21-24）

〈斐理伯書〉

第一章

致候辭

　　基督耶穌的僕人保祿和弟茂德，致書給斐理伯的眾位在基督耶穌內的聖徒、監督及執事；願恩寵與平安由天主我們的父和主耶穌基督賜予你們！（一 1-2）

感謝與祈禱

　　我一想起你們，就感謝我的天主；我每次祈禱，總懷著喜悅為你們眾位祈禱，因為你們從最初的一天直到現在，就協助了宣傳福音的工作；我深信，在你們內開始這美好工作的那位，必予以完成，直到耶穌基督的日子。
　　我這樣想念你們眾人，是理當的，因為我在心內常懷念你們，不論我帶鎖鏈，或辯護或確證福音時，你們常參與了我受的恩寵。天主為我作證：我是怎樣以基督耶穌的情懷愛你們眾人。
　　我所祈求的是：願你們的愛德日漸增長，滿渥真知識和各種識見，使你們能辨別卓絕之事，為叫你們直到基督的日子，常是潔淨無瑕的，賴耶穌基督滿結義德的果實，為光榮讚美天主。（一 3-10）

自述所處的環境

弟兄們！我願意告訴你們，我的環境對於福音的進展反而更有了益處，以致御營全軍和其餘眾人都明明知道，我帶鎖鏈是為基督的緣故；並且大多數的弟兄，因見我帶鎖鏈，就依靠主，更敢講論天主的道理，一點也不害怕。

有些人宣講基督，固然是出於嫉妒和競爭，有些人卻是出於善意；這些出於愛的人，知道我是被立為護衛福音的；那些出於私見宣傳基督的人，目的不純正，想要給我的鎖鏈更增添煩惱。哪有什麼妨礙呢？無論如何，或是假意，或是誠心，終究是宣傳了基督。為此，如今我喜歡，將來我仍然要喜歡，因為我知道，賴你們的祈禱和耶穌基督的聖神的輔助，這事必有利於我的得救。

按照我所熱切期待希望的，我在任何事上必不會蒙羞，所以現在和從前一樣，我反而放心大膽，我或生或死，總要叫基督在我身上受頌揚。因為在我看來，生活原是基督，死亡乃是利益。但如果生活在肉身內，我還能獲得工作的效果：我現在選擇那一樣，我自己也不知道。我正夾在兩者之間：我渴望求解脫而與基督同在一起：這實在是再好沒有了；但存留在肉身內，對你們卻十分重要。

我確信不疑：我知道我必要存留，且必要為你們眾人存留於世，為使你們在信德上，得到進展和喜樂，並使你們因著我再來到你們中，同我在基督耶穌內更加歡躍。（一 12-26）

生活應合乎福音

你們生活度日只應合乎基督的福音，好叫我或來看望你

們，或不在時，聽到關於你們的事，而知道你們仍保持同一的精神，一心一意為福音的信仰共同奮鬥，一點也不為敵人所嚇住：這樣證明了他們必將喪亡，你們必將得救，因為這是出於天主，因為，為了基督的緣故，賜給你們的恩賜，不但是為相信祂，而且也是為為祂受苦：就是要遭受你們曾在我身上所見的，及如今由我所聽到的同樣的決鬥。（一 27-30）

第二章

效法基督友愛謙下

所以，如果你們在基督內獲得了鼓勵，愛的勸勉，聖神的交往，哀憐和同情，你們就應彼此意見一致，同氣相愛，同心合意，思念同樣的事，以滿全我的喜樂。不論做什麼，不從私見，也不求虛榮，只存心謙下，彼此該想自己不如人；各人不可只顧自己的事，也該顧及別人的事。

你們該懷有基督耶穌所懷有的心情：他雖具有天主的形體，並沒有以自己與天主同等，為應當把持不捨的，卻使自己空虛，取了奴僕的形體，與人相似，形狀也一見如人；祂貶抑自己，聽命至死，且死在十字架上。為此，天主極其舉揚祂，賜給了祂一個名字，超越其他所有的名字，致使上天、地上和地下的一切，一聽到耶穌的名字，無不屈膝叩拜；一切唇舌無不明認耶穌基督是主，以光榮天主聖父。為此，我可愛的，就如你們常常聽了命，不但我與你們同在的時候，就是如今不在的時候，你們更應該聽命。你們要懷著恐懼戰慄，努力成就你們得救的事，因為是天主在你們內工作，使你們願意，並使你們力行，為成就祂的善意。

你們做一切事，總不可抱怨，也不可爭論，好使你們成為無可指摘和純潔的，在乖僻敗壞的世代中，做天主無瑕的子女；在世人中你們應放光明，有如宇宙間的明星，將生命的話顯耀出來，使我到基督的日子，有可自誇的，那我就沒有白跑，也沒有徒勞。即使我應在你們信德的祭祀和供獻上奠我的血，我也喜歡，且與你們眾位一同喜歡；同樣，你們也該喜歡，也該與我一同喜歡。（二 1-18）

保祿欲派弟茂德答謝斐理伯人

　　我在主耶穌內希望不久打發弟茂德到你們那裡去，好叫我知道你們的事而放心。實在，我沒有一個像他那樣誠心關照你們的人，因為其他的人都謀求自己的事，而不謀求基督耶穌的事。至於他，你們知道他所受過的考驗，他對我如同兒子對待父親一樣，與我一同從事了福音的工作。所以，我希望，幾時我一看出我的事怎樣了結，就立即打發他去；並且在主內我自信，我自己也快去。（二 19-24）

保祿派厄帕洛狄托回去

　　再者，我以為必須把我的弟兄、同事和戰友，即你們派來為供給我的急需的使者，厄帕洛狄托給你們打發回去，因為他常想念你們眾人，又因你們聽說他病了，他更為心焦。實在，他曾病得幾乎要死；但天主可憐了他，不但他，而且也可憐了我，免得我愁上加愁。那麼，我儘速打發他回去，好叫你們看見他感到喜樂，而我也減少憂苦。所以你們應該在主內滿心喜

歡接待他；像這樣的人，你們應當尊敬，因為他為了基督的工作，曾冒性命的危險，接近了死亡，為彌補你們未能事奉我的虧缺。（二 25-30）

第三章

謹防異端

此外，我的弟兄們！你們應喜樂於主；給你們寫一樣的事，為我並不煩難，為你們卻是安全。

你們要提防狗，要提防邪惡的工人，要提防自行割切的人。其實，真受割損的人是我們，因為我們是以天主的聖神實行敬禮，在耶穌基督內自豪，而不信賴外表的人，雖然我對外表也有可信賴的。如果有人以為自己能將信賴放在外表上，那我更可以：我生後第八天受了割損，出於以色列民族，屬於本雅明支派，是由希伯來人所生的希伯來人；就法律說，我是法利賽人；就熱忱說，我曾迫害過教會；就法律的正義說，是無瑕可指的。

凡以前對我有利益的事，我如今為了基督，都看作是損失。不但如此，而且我將一切都看作損失，因為我只以認識我主基督耶穌為至寶；為了祂，我自願損失一切，拿一切當廢物，為賺得基督，為結合於祂，並非藉我因守法律獲得的正義，而是藉由於信仰基督獲得的正義，即出於天主而本於信德的正義。我只願認識基督和祂復活的德能，參與祂的苦難相似祂的死，我希望也得到由死者中的復活。（三 1-11）

理想與努力

　　這並不是說：我已經達到這目標，或已成為成全的人；我只顧向前跑，看看是否我也能夠奪得，因為基督耶穌已奪得了我。弟兄們！我並不以為我已經奪得，我只顧一件事：即忘盡我背後的，只向在我前面的奔馳，為達到目標，為爭取天主在基督耶穌內召我向上爭奪的獎品。所以，我們凡是成熟的人，都應懷有這種心情；即使你們另有別種心情，天主也要將這種心情啟示給你們。但是，不拘我們已達到什麼程度，仍應照樣進行。（三 12-16）

以身作則

　　弟兄們！你們要一同效法我，也要注意那些按我們的表樣生活行動的人，因為有許多人，我曾多次對你們說過，如今再含淚對你們說：他們行事為人，是基督十字架的敵人；他們的結局是喪亡，他們的天主是肚腹，以羞辱為光榮，只恩念地上的事。至於我們，我們的家鄉原是在天上，我們等待主耶穌基督我們的救主從那裡降來，祂必要按祂能使一切屈服於自己的大能，改變我們卑賤的身體，相似祂光榮的身體。（三 17-21）

第四章

個別的勸告

　　為此，我所親愛的和所懷念的弟兄，我的喜樂和我的冠

冕，我可愛的諸位！你們應這樣屹立在主內。

我奉勸厄敖狄雅和欣提赫，要在主內有同樣的心情。至於你，我忠誠的同伴，我也求你援助她們，因為她們曾伴隨我為福音而奮鬥，與克肋孟以及我的其他的同事一樣，他們的名字已寫在生命冊上了。你們在主內應當常常喜樂，我再說：你們應當喜樂！你們的寬仁應當叫眾人知道：主快來了。你們什麼也不要掛慮，只在一切事上，以懇求和祈禱，懷著感謝之心，向天主呈上你們的請求；這樣，天主那超乎各種意想的平安，必要在基督耶穌內固守你們的心思念慮。

此外弟兄們！凡是真實的，凡是高尚的，凡是正義的，凡是純潔的，凡是可愛的，凡是榮譽的，不管是美德，不管是稱譽：這一切你們都該思念：凡你們在我身上所學得的，所領受的，所聽見的，所看到的：這一切你們都該實行：這樣，賜平安的天主必與你們同在。（四 1-9）

知恩知足

再者，我在主內非常喜歡，因為你們對我的關心又再次表現出來，你們始終是關心我，只不過缺少表現的機會。我說這話，並不是由於貧乏，因為我已學會了，在所處的環境中常常知足。我也知道受窮，也知道享受；在各樣事上和各種境遇中，或飽飫，或飢餓，或富裕，或貧乏，我都得了祕訣。我賴加強我力量的那位，能應付一切。但是，你們也實在做的好，因為你們分擔了我的困苦。

你們斐理伯人也知道：當我在傳福音之初，離開馬其頓時，沒有一個教會在支收的事項上供應過我，惟獨只有你們；就連我在得撒洛尼時，你們不只一次，而且兩次曾給我送來我

的急需。我並不是貪求餽贈，我所貪求的，是歸入你們賬內的豐厚的利息。如今我已收到了一切，已富足了；我由厄帕洛狄托收到了你們所送來的芬芳的馨香，天主所悅納中意的祭品，我已滿夠了。我的天主必要以自己的財富，在基督耶穌內，豐富滿足你們的一切需要。願光榮歸於天主，我們的父，至於世世。阿們。（四 10-20）

問候與祝福

　　你們要在基督耶穌內問候各位聖徒；同我在一起的弟兄都問候你們。眾位聖徒，特別是凱撒家中的聖徒，都問候你們。願主耶穌基督的恩寵與你們的心神同在。阿們。（四 21-23）

〈羅馬書〉

第一章

致候辭

　　基督耶穌的僕人保祿，蒙召作宗徒，被選拔為傳天主的福
音——這福音是天主先前藉自己的先知在聖經上所預許的，是
論及他的兒子，我們的主耶穌基督，他按肉身是生於達味的後
裔，按至聖的神性，由於他從死者中復活，被立為具有大能的
天主之子，藉著祂，我們領受了宗徒職務的恩寵，為使萬民服
從信德，以光榮他的聖名，其中也有你們這些蒙召屬於耶穌基
督的人——我保祿致書與一切住在羅馬，為天主所鍾愛，並蒙
召為聖徒的人：願恩寵與平安由我們的父天主，和我們的主耶
穌基督賜予你們。（一 1-7）

切願去羅馬的目的

　　首先我應藉耶穌基督，為你們眾人感謝我的天主，因為你
們的信德為全世界所共知。有天主為我作證，即我在宣傳祂聖
子的福音上，全心所事奉的天主，可證明我是怎樣不斷在祈禱
中，時常紀念著你們，懇求天主，如果是祂的聖意，賜我終能
有一個好機會，到你們那裡去。因為我切願見你們，把一些屬
於神性的恩賜分給你們，為使你們得以堅固，也就是說：我在
你們中間，藉著你們與我彼此所共有的信德，共得安慰。

弟兄們！我願告訴你們：我已多次決定要往你們那裡去，為在你們中，如在其他外邦人中一樣，得到一些效果；然而直到現在，總是被阻延。不但對希臘人，也對化外人，不但對有智慧的人，也對愚笨的人，我都是一個欠債者。所以，只要由得我，我也切願向你們在羅馬的人宣講福音。（一 8-15）

人因信成義方可得救

義人因信德而生活

我絕不以福音為恥，因為福音正是天主的德能，為使一切有信仰的人獲得救恩，先使猶太人，後使希臘人。因為福音啟示了天主所施行的正義，這正義是源於信德，而又歸於信德，正如經上所載：「義人因信德而生活。」（一 16-17）

外邦人的罪惡是天主的懲罰

原來天主的忿怒，從天上發顯在人們的各種不敬與不義上，是他們以不義抑制了真理，因為認識天主為他們是很明顯的事，原來天主已將自己顯示給他們了。其實，自從天主創世以來，祂那看不見的美善，即祂永遠的大能和祂為神的本性，都可憑祂所造的萬物，辨認洞察出來，以致人無可推諉。他們雖然認識了天主，卻沒有以祂為天主而予以光榮或感謝，而他們所思所想的，反成了荒謬絕倫的；他們冥頑不靈的心陷入了黑暗；他們自負為智者，反而成為愚蠢，將不可朽壞的天主的光榮，改歸於可朽壞的人、飛禽、走獸和爬蟲形狀的偶像。因此，天主任憑他們隨從心中的情慾，陷於不潔，以致彼此玷辱

自己的身體。

　　因為他們將虛妄變作天主的真理，去崇拜事奉受造物，以代替造物主——祂是永遠可讚美的，阿們！——因此，天主任憑他們陷於可恥的情慾中，以致他們的女人，把順性之用變為逆性之用；男人也是如此，放棄了與女人的順性之用，彼此慾火中燒，男人與男人行了醜事，就在各人身上受到了他們顛倒是非所應得的報應。他們既不肯認真地認識天主，天主也就任憑他們陷於邪惡的心思，去行不正當的事，充滿了各種不義、毒惡、貪婪、兇殘，滿懷嫉妒、謀殺、鬥爭、欺詐、乖戾；任憑他們作讒謗的、詆毀的、恨天主的、侮辱人的、高傲的、自誇的、挑剔惡事的、忤逆父母的、冥頑的、背約的、無情的、不慈的人。他們雖然明知天主正義的規例是：凡做這樣事的人，應受死刑；但他們不僅自己做這些事，而且還贊同做這些事的人。（一 18-32）

第二章

猶太人也是天主義怒的對象

　　所以，人啊！你不論是誰，你判斷人，必無可推諉，因為你判斷別人，就是定你自己的罪，因為你這判斷人的，正做著同樣的事。我們知道：對於做這樣事的人，天主必照真情判斷。人啊！你判斷做這樣事的人，你自己卻做同樣的事，你以為你能逃脫天主的審判嗎？難道你不知道：天主的慈愛是願引你悔改，而你竟輕視祂豐富的慈愛、寬容與忍耐嗎？

　　你固執而不願悔改，只是為自己積蓄，在天主忿怒和顯示祂正義審判的那一天，向你所發的忿怒。到那一天，「祂要照

每人的行為予以報應：」凡恆心行善，尋求真榮、尊貴和不朽的人，賜以永生；凡固執於惡，不順從真理，反順從不義的人，報以忿怒和憤恨。患難和困苦必加於一切作惡的人，先是猶太人，後是希臘人；光榮、尊貴以及平安，必加於一切行善的人，先是猶太人，後是希臘人，因為天主絕不顧情面。（二1-11）

異民和選民都要受天主公正的審判

凡在法律之外犯了罪的人，也必要在法律之外喪亡；凡在法律之內犯了罪的人，也必要按照法律受審判，因為在天主前，並不是聽法律的算為義人，而是實行法律的才稱為義人。幾時，沒有法律的外邦人，順著本性去行法律上的事，他們雖然沒有法律，但自己對自己就是法律。如此證明法律的精華已刻在他們的心上，他們的良心也為此作證，因為他們的思想有時在控告，有時在辯護；這事必要彰顯在天主審判人隱祕行為的那天；依照我的福音，這審判是要藉耶穌基督而執行的。（二12-16）

猶太人犯法比異民罪過更重

你既號稱「猶太人」，又依仗法律，且拿天主來自誇；你既然認識祂的旨意，又從法律中受了教訓，能辨別是非，又深信自己是瞎子的響導，是黑暗中人的光明，是愚昧者的教師，是小孩子的師傅，有法律作知識和真理的標準；那麼，你這教導別人的，就不教導你自己嗎？為什麼你宣講不可偷盜，自己卻去偷？說不可行姦淫，自己卻去行姦淫？憎惡偶像，自己卻

去劫掠廟宇？以法律自誇，自己卻因違反法律而使天主受侮辱？正如經上所記載的：「天主的名在異民中因你們而受了褻瀆。」（二 17-24）

論真正的割損

如果你遵行法律，割損才有益；但如果你違反法律，你雖受割損，仍等於未受割損。反之，如果未受割損的人遵守了法律的規條，他雖未受割損，豈不算是受了割損嗎？並且，那生來未受割損而全守法律的人，必要裁判你這具有法典，並受了割損而違犯法律的人。外表上作猶太人的，並不是真猶太人；在外表上，肉身上的割損，也不是真割損；惟在內心作猶太人的，才是真猶太人。心中的割損，是出於神，並不是出於文字；這樣的人受讚揚，不是來自人，而是來自天主。（二 25-29）

第三章

選民的特恩與罪過

那麼，猶太人有什麼優點呢？割損又有什麼好處呢？從各方面來說，很多：首先，天主的神諭是交託給了他們，他們中縱使有些人不信，又有什麼關係呢？難道他們的不信，能使天主的忠信失效嗎？斷乎不能！天主總是誠實的！眾人虛詐不實，正如經上所載：「在你的言語上，你必顯出正義；在你受審判時，你必獲得勝利。」

但如果有人說：我們的不義可彰顯天主的正義。那我們可

說什麼呢？難道能說天主發怒懲罰是不義嗎？——這是我按俗見說的——絕對不是！如果天主不義，祂將怎樣審判世界呢？如果天主的誠實可因我的虛詐越發彰顯出來，為使祂獲得榮耀；那麼，為什麼我還要被判為罪人呢？為什麼我們不去作惡，為得到善果呢？——有人說我們說過這樣的話，為誹謗我們——這樣的人被懲罰是理當的。（三 1-8）

選民和異民在天主前都是罪人

那麼，我們猶太人比外邦人更好嗎？絕不是的！因為我們早先已說過：不論是猶太人，或是希臘人，都在罪惡權勢之下，正如經上所載：「沒有義人，連一個也沒有；沒有一個明智人，沒有尋覓天主的人；人人都離棄了正道，一同敗壞了；沒有一人行善，實在沒有一個；他們的咽喉是敞開的墳墓，他們的舌頭說出虛詐的言語，他們的雙唇下含有蛇毒；他們滿口是咒言與毒語；他們的腳急於傾流人血；在他們的行徑上只有蹂躪與困苦；和平的道路，他們不認識；在他們的眼中，沒有敬畏天主之情。」我們知道：凡法律所說的，都是對那些屬於法律的人說的，為杜塞眾人的口，並使全世界都在天主前承認己罪，因為沒有一個人能因遵守法律，而在他前成義；因為法律只能使人認識罪過。（三 9-20）

人成義是賴耶穌救贖的功勞

但是如今，天主的正義，在法律之外已顯示出來；法律和先知也為此作證；就是天主的正義，因為對耶穌基督的信德，毫無區別地，賜給了凡信仰的人，因為所有的人都犯了罪，都

失掉了天主的光榮，所以眾人都因天主白白施給的恩寵，在耶穌基督內蒙救贖，成為義人。

這耶穌即是天主公開立定，使祂以自己的血，為信仰祂的人作贖罪祭的；如此，天主顯示了自己的正義，因為以前祂因寬容，放過了人的罪，為的是在今時顯示自己的正義，叫人知道他是正義的，是使信仰耶穌的人成義的天主。

既是這樣，那裡還有可自誇之處？絕對沒有！因了什麼制度而沒有自誇之處呢？是因法律上的功行嗎？不是的！是因信德的制度，因為我們認為人的成義，是藉信德，而不在於遵行法律。

難道天主只是猶太人的天主嗎？不也是外邦人的天主嗎？是的，也是外邦人的天主！因為天主只有一個，祂使受割損的由於信德而成義，也使未受割損的憑信德而成義。那麼我們就因信德而廢了法律嗎？絕對不是！我們反使法律堅固。（三21-31）

第四章

亞巴郎因信德成義

那麼，我們對於按照血統作我們祖宗的亞巴郎，可以說什麼呢？如果亞巴郎是由於行為，成為義人，他就可以自誇了；但不是在天主前，因為經上說：「亞巴郎信了天主，天主就以此算為他的正義。」給工作的人工資，不算是恩惠，而是還債；但為那沒有工作，而信仰那使不虔敬的人復義之主的，這人的信德為他便算是正義，這才是恩惠。正如達味也稱那沒有功行，而蒙天主恩賜算為正義的人，是有福的一樣：「罪惡蒙

赦免，過犯得遮掩的人，是有福的；上主不歸咎於他的人，是有福的。」（四 1-8）

割損只是因信德而獲得成義的標誌

那麼，這種福分是僅加於受割損的人呢？還是也加於未受割損的人呢？我們說過：「亞巴郎的信德為他算為正義。」那麼，由什麼時候算起呢？是在他受割損以後呢？還是在他未受割損的時候呢？不是在他受割損以後，而是在他未受割損的時候。他後來領受了割損的標記，只是作為他未受割損時，因信德獲得正義的印證。如此，亞巴郎作了一切未受割損而相信的人的父親，使他們也同樣因信德而算為正義；同時也作受割損者的父親，就是那些不僅受割損，而且也追隨我們的祖宗亞巴郎，在未受割損時所走的信德之路的人。（四 9-12）

天主的恩許不是藉法律而是藉信德得以堅固

因為許給亞巴郎和他的後裔的恩許，使他作世界的承繼者，並不是藉著法律，而是藉著因信德而獲得的正義，因為假使屬於法律的人才是承繼者，那麼信德便是空虛的，恩許就失了效力，因為法律只能激起天主的義怒：那裡沒有法律，那裡就沒有違犯。

為此，一切都是由於信德，為的是一切都本著恩寵，使恩許為亞巴郎所有的一切後裔堅定不移，不僅為那屬於法律的後裔，而且也為那有亞巴郎信德的後裔，因為他是我們眾人的父親，正如經上所載：「我已立你為萬民之父」；亞巴郎是在他所信的天主面前，就是在叫死者復活，叫那不存在的成為存在

的那位面前，作我們眾人的父親。

他在絕望中仍懷著希望而相信了，因此便成了萬民之父，正如向他所預許的：「你的後裔也要這樣多。」他雖然快一百歲，明知自己的身體已經衰老，撒辣的胎也已絕孕；但他的信心卻沒有衰弱，對於天主的恩許總沒有因不信而猶疑，反而信心堅固，歸光榮於天主，且滿心相信天主所應許的，必予完成。天主就以此算為他的正義。（四 13-22）

因著信德我們獲得成義

「算為他的正義」這句話，不是單為他個人寫的，而且也是為了我們這些將來得算為正義的人，即我們這些相信天主使我們的主耶穌，由死者中復活的人寫的；這耶穌曾為了我們的過犯被交付，又為使我們成義而復活。（四 23-25）

第五章

成義的效果

我們既因信德成義，便是藉我們的主耶穌基督，與天主和好了。藉著耶穌我們得因信德進入了現今所站立的這恩寵中，並因希望分享天主的光榮而歡躍。不但如此，我們連在磨難中也歡躍，因為我們知道：磨難生忍耐，忍耐生老練，老練生望德，望德不叫人蒙羞，因為天主的愛，藉著所賜予我們的聖神，已傾注在我們心中了。

當我們還在軟弱的時候，基督就在指定的時期為不虔敬的人死了。為義人死，是罕有的事，為善人或許有敢死的；但

是，基督在我們還是罪人的時候，就為我們死了，這證明了天主怎樣愛我們。現在，我們既因祂的血而成義，我們更要藉著祂脫免天主的義怒，因為，假如我們還在為仇敵的時候，因著祂聖子的死得與天主和好了；那麼，在和好之後，我們一定更要因著祂的生命得救了。不但如此，我們現今既藉著我們的主耶穌基督獲得了和好，也必藉著祂而歡躍於天主。（五 1-11）

亞當為基督的預像

故此，就如罪惡藉著一人進入了世界，死亡藉著罪惡也進入了世界；這樣死亡就殃及了眾人，因為眾人都犯了罪，成義也是如此——沒有法律之前，罪惡已經在世界上；但因沒有法律，罪惡本不應算為罪惡。但從亞當起，直到梅瑟，死亡卻作了王，連那些沒有像亞當一樣違法犯罪的人，也屬它權下：這亞當原是那未來亞當的預像。（五 12-14）

基督的恩賜遠超過亞當的遺禍

但恩寵絕不是過犯所能比的，因為如果因一人的過犯大眾都死了；那麼，天主的恩寵和那因耶穌基督一人的恩寵所施與的恩惠，更要豐富地洋溢到大眾身上。這恩惠的效果，也不是那因一人犯罪的結果所能比的，因為審判固然是由於一人的過犯而來，被判定罪；但恩賜卻使人在犯了許多過犯之後，獲得成義。如果因一人的過犯，死亡就因那一人作了王；那麼，那些豐富地蒙受了恩寵和正義恩惠的人，更要藉著耶穌基督一人在生命中為王了。

這樣看來：就如因一人的過犯，眾人都被定了罪；同樣，

也因一人的正義行為，眾人也都獲得了正義和生命。正如因一人的悖逆，大眾都成了罪人；同樣，因一人的服從，大眾都成了義人。法律本是後加的，是為增多過犯；但是罪惡在那裡越多，恩寵在那裡也越格外豐富，以致罪惡怎樣藉死亡為王，恩寵也怎樣藉正義而為王，使人藉著我們的主耶穌基督獲得永生。（五 15-21）

第六章

基督徒已死於罪惡

那麼，我們可說什麼呢？我們要常留在罪惡中，好叫恩寵洋溢嗎？斷乎不可！我們這些死於罪惡的人，如何還能在罪惡中生活呢？難道你們不知道：我們受過洗歸於基督耶穌的人，就是受洗歸於祂的死亡嗎？我們藉著洗禮已歸於死亡與祂同葬了，為的是基督怎樣藉著父的光榮，從死者中復活了，我們也怎樣在新生活中度生。如果我們藉著同祂相似的死亡，已與祂結合，也要藉著同祂相似的復活與祂結合，因為我們知道，我們的舊人已與祂同釘在十字架上了，使那屬罪惡的自我消逝，好叫我們不再作罪惡的奴隸，因為已死的人，便脫離了罪惡。

所以，如果我們與基督同死，我們相信也要祂同生，因為我們知道：基督既從死者中復活，就不再死；死亡不再統治祂了，因為祂死，是死於罪惡，僅僅一次；祂活，是活於天主。你們也要這樣看自己是死於罪惡，在基督耶穌內活於天主的人。所以不要讓罪惡在你們必死的身體上為王，致令你們順從它的情慾，也不要把你們的肢體交予罪惡，作不義的武器；但該將你們自己獻於天主，有如從死者中復活的人，將你們的肢

體獻於天主,當作正義的武器:罪惡不應再統治你們,因為你們已不再法律權下,而是在恩寵權下。(六 1-14)

應當戒避罪惡而堅持正義

那麼,我們因為不在法律權下,而在恩寵權下,就可以犯罪嗎?絕對不可!難道你們不知道:你們將自己獻給誰當奴隸,而服從他,就成了你們所服從者的奴隸,或作罪惡的奴隸,以致死亡;或作順命的奴隸,以得正義嗎?感謝天主,雖然你們曾作過罪惡的奴隸,現今你們卻從心裡聽從那傳給你們的教理規範,脫離罪惡,獲得了自由,作了正義的奴隸。

為了你們本性的軟弱,我且按常情來說:你們從前怎樣將你們的肢體當作奴隸,獻於不潔和不法,行不法的事;如今也要怎樣將你們的肢體當作奴隸,獻於正義,行聖善的事。

當你們作罪惡的奴隸時,不受正義的束縛;但那時你們得了什麼效果?只是叫你們現在以那些事為可恥,因為其結局就是死亡;可是現在,你們脫離了罪惡,獲得了自由,作了天主的奴隸,你們所得的效果是使你們成聖,結局就是永生。因為罪惡的薪俸是死亡,但是天主的恩賜是在我們的主基督耶穌內的永生。(六 15-23)

第七章

基督徒已脫離梅瑟法律

弟兄們!我現在是對明白法律的人說話:難道你們不知道:法律統治人,只是在人活著的時候嗎?就如有丈夫的女

人，當丈夫還活著的時候，是受法律束縛的；如果丈夫死了，她就不再因丈夫而受法律的束縛。所以，當丈夫活著的時候，她若依附別的男人，便稱為淫婦；但如果丈夫死了，按法律她是自由的；她若依附別的男人，便不是淫婦。

所以，我的弟兄們！你們藉著基督的身體已死於法律了，為使你們屬於另一位，就是屬於由死者中復活的那一位，為叫我們給天主結果實，因為我們還在肉性權下的時候，那藉法律而傾向於罪惡的情慾，在我們的肢體內活動，結出死亡的果實。但是現在，我們已死於束縛我們的勢力，脫離了法律，如此，我們不應再拘泥於舊的條文，而應以新的心神事奉天主。（七 1-6）

法律與罪過的關係

那麼，我們能說法律本身有罪嗎？絕對不能！然而藉著法律，我才知道罪是什麼。如果不是法律說：「不可貪戀！」我就不知道什麼是貪情。罪惡遂乘機藉著誡命，在我內發動各種貪情；原來若沒有法律，罪惡便是死的。

從前我沒有法律時，我是活人；但誡命一來，罪惡便活了起來，我反而死了。那本來應叫我生活的誡命，反叫我死了，因為罪惡藉著誡命乘機誘惑了我，也藉著誡命殺害了我。

所以法律本是聖的，誡命也是聖的，是正義和美善的。那麼，是善事使我死了嗎？絕對不是！而是罪惡。罪惡為顯示罪惡的本性，藉著善事為我產生了死亡，以致罪惡藉著誡命成了極端的凶惡。（七 7-13）

犯罪的真根苗是私慾

我們知道：法律是屬神的，但我是屬血肉的，已被賣給罪惡作奴隸。因為我不明白我做的是什麼：我所願意的，我偏不做；我所憎恨的，我反而去做。我若去做我所不願意的，這便是承認法律是善的。實際上做那事的已不是我，而是在我內的罪惡。我也知道，善不在我內，即不在我的肉性內，因為我有心行善，但實際上卻不能行善。因此，我所願意的善，我不去行；而我所不願意的惡，我卻去做。但我所不願意的，我若去做，那麼已不是我做那事，而是在我內的罪惡。

所以我發見這條規律：就是我願意為善的時候，總有邪惡依附著我。因為照我的內心，我是喜悅天主的法律；可是，我發覺在我的肢體內，另有一條法律，與我理智所贊同的法律交戰，並把我擄去，叫我隸屬於那在我肢體內的罪惡的法律。我這個人真不幸呀！誰能救我脫離這該死的肉身呢？

感謝天主，藉著我們的主耶穌基督。這樣看來，我這人是以理智去服從天主的法律，而以肉性去服從罪惡的法律。（七14-25）

第八章

基督徒在聖神內得勝罪惡和肉性

今後為那些在基督耶穌內的人，已無罪可定，因為在基督耶穌內賜予生命之神的法律，已使我獲得自由，脫離了罪惡與死亡的法律。法律因了肉性的軟弱所不能行的，天主卻行了：祂派遣了自己的兒子，帶著罪惡肉身的形狀，當作贖罪祭，在

這肉身上定了罪惡的罪案，為使法律所要求的正義，成全在我們今後不隨從肉性，而隨從聖神生活的人身上。因為隨從肉性的人，切望肉性的事；隨從聖神的人，切望聖神的事；隨肉性的切望，導入死亡；隨聖神的切望，導入生命與平安。因為隨肉性的切望，是與天主為敵，絕不服從，也絕不能服從天主的法律；反隨從肉性的人，絕不能得天主的歡心。

　　至於你們，你們已不屬於肉性，而是屬於聖神，只要天主的聖神住在你們內。誰若沒有基督的聖神，誰就不屬於基督。如果基督在你們內，身體固然因罪惡而死亡，但神魂卻賴正義而生活。再者，如果那使耶穌從死者中復活者的聖神住在你們內，那麼，那使基督從死者中復活的，也必要藉那住在你們內的聖神，使你們有死的身體復活。（八 1-11）

天主義子的福分

　　弟兄們！這樣看來，我們並不欠肉性的債，以致該隨從肉性生活。如果你們隨從肉性生活，必要死亡；然而，如果你們依賴聖神，去致死肉性的妄動，必能生活。因為凡受天主聖神引導的，都是天主的子女。

　　其實你們所領受的聖神，並非使你們作奴隸，以致仍舊恐懼；而是使你們作義子。因此，我們呼號：「阿爸，父呀！」聖神親自和我們的心神一同作證：我們是天主的子女。我們既是子女，便是承繼者，是天主的承繼者，是基督的同承繼者；只要我們與基督一同受苦，也必要與祂一同受光榮。（八 12-17）

現在的苦楚比不上將來的榮耀

我實在以為現時的苦楚，與將來在我們身上要顯示的光榮，是不能較量的。凡受造之物都熱切地等待天主子女的顯揚，因為受造之物被屈伏在敗壞的狀態之下，並不是出於自願，而是出於使它屈伏的那位的決意；但受造之物仍懷有希望，脫離敗壞的控制，得享天主子女的光榮自由。

因為我們知道，直到如今，一切受造之物都一同歎息，同受產痛；不但是萬物，就是連我們這已蒙受聖神初果的，也在自己心中歎息，等待著義子期望的實現，即我們肉身的救贖。因為我們得救，還是在於希望。所希望的若已看見，就不是希望了；哪有人還希望所見的事物呢？

但我們若希望那未看見的，必須堅忍等待。同時，聖神也扶助我們的軟弱，因為我們不知道我們如何祈求才對，而聖神卻親自以無可言喻的歎息，代我們轉求。那洞悉心靈的天主知道聖神的意願是什麼，因為祂是按照天主的旨意代聖徒轉求。而且我們也知道：天主使一切協助那些愛祂的人，就是那些按祂的旨意蒙召的人，獲得益處，因為祂所預選的人，也預定他們與自己兒子的肖像相同，好使他在眾多弟兄中作長子。天主不但召叫了祂所預定的人，而且也使祂所召叫的人成義，並使成義的人分享祂的光榮。（八 18-30）

基督徒的凱歌

面對這一切，我們可說什麼呢？若是天主偕同我們，誰能反對我們呢？祂既然沒有憐惜自己的兒子，反而為我們眾人把祂交出了，豈不也把一切與祂一同賜給我們嗎？誰能控告天主

所揀選的人呢？是使人成義的天主嗎？誰能定他們的罪？是那已死或更好說已復活，現今在天主右邊，代我們轉求的基督耶穌嗎？那麼，誰能使我們與基督的愛隔絕？是困苦嗎？是窘迫嗎？是迫害嗎？是飢餓嗎？是赤貧嗎？是危險嗎？是刀劍嗎？正如經上所載：「為了你，我們整日被置於死地，人將我們視作待宰的群羊。」然而，靠著那愛我們的主，我們在這一切事上，大獲全勝，因為我深信：無論是死亡，是生活，是天使，是掌權者，是現存的或將來的事物，是有權能者，是崇高或深遠的勢力，或其他任何受造之物，都不能使我們與天主的愛相隔絕，即是與我們的主基督耶穌之內的愛相隔絕。（八 31-39）

〈弟鐸書〉

第二章

信友應有的個別教訓

　　至於你，你所講的，該合乎健全的道理；教訓老人應節
制、端莊。慎重，在信德、愛德和忍耐上，要正確健全。也要
教訓老婦在舉止上要聖善，不毀謗人，不沉湎於酒，但教人行
善，好能教導青年婦女愛丈夫、愛子女、慎重、貞潔、勤理家
務、善良、服從自己的丈夫，免得使人詆毀天主的聖道。你也
要教訓青年人在一切事上要慎重。你該顯示自己為行善的模
範，在教導上應表示純正莊重，要講健全無可指摘的話，使反
對的人感到慚愧，說不出我們什麼不好來。教訓奴隸在一切事
上要服從自己的主人，常叫他們喜悅，不要抗辯，不要竊取，
惟要事事表示自己實在忠信，好使我們的救主天主的聖道，在
一切事上獲得光榮。（二 1-10）

信友應如何在世上生活

　　的確，天主救眾人的恩寵已經出現，教導我們棄絕不虔敬
的生活，和世俗的貪慾，有節制，公正地、虔敬地在今世生
活，期待所希望的幸福，和我們偉大的天主及救主耶穌基督光
榮的顯現。祂為我們捨棄了自己，是為救贖我們脫離一切罪
惡，洗淨我們，使我們能成為祂的選民，叫我們熱心行善。你

要宣講這些事，以全權規勸和指摘，不要讓任何人輕視你。
（二 11-15）

第三章

信友應服從政權

　　你要提醒人服從執政的官長，聽從命令，準備行各種善事。不要辱罵，不要爭吵，但要謙讓，對眾人表示極其溫和，因為我們從前也是昏愚的，悖逆的，迷途的，受各種貪慾和逸樂所奴役，在邪惡和嫉妒中度日，自己是可憎惡的，又彼此仇恨。但當我們的救主天主的良善，和祂對人的慈愛出現時，祂救了我們，並不是由於我們本著義德所立的功勞，而是出於祂的憐憫，藉著聖神所施行的重生和更新的洗禮，救了我們。這聖神是天主藉我們的救主耶穌基督，豐富地傾注在我們身上的，好使我們因祂的恩寵成義，本著希望成為永生的繼承人。
（三 1-7）

〈希伯來書〉

第八章

基督為真會幕的司祭

我們所論述的要點即是：我們有這樣一位大司祭，祂已坐在天上「尊威」的寶座右邊，在聖所，即真會幕裡作臣僕；這會幕是上主而不是人手所支搭的。凡大司祭都是為奉獻供物和犧牲而立的，因此這一位也必須有所奉獻。假使祂在地上，祂就不必當司祭，因為已有了按法律奉獻供物的司祭。這些人所行的敬禮，只是天上事物的模型與影子，就如梅瑟要製造會幕時，曾獲得神示說：「要留心——上主說——應一一按照在山上指示你的式樣去作。」（八 1-6）

基督為更好盟約的中保

現今耶穌已得了一個更卓絕的職份，因為祂作了一個更好的，並建立在更好的恩許之上的盟約的中保，如果那第一個盟約是沒有缺點的，那麼，為第二個就沒有餘地了。其實天主卻指摘以民說：「看，時日將到——上主說——我必要與以色列家和猶大家訂立新約，不像我昔日握住他們的手，領他們出離埃及時，與他們的祖先所訂立的盟約一樣，因為他們沒有恆心守我的盟約，我也就不照管他們了——上主說。這是我在那些時日後，與以色列家訂立的盟約——上主說——我要將我的法

律放在他們的明悟中，寫在他們的心頭上；我要做他們的天主，他們要做我的人民。那時，誰也不再教訓自己的同鄉，誰也不再教訓自己的弟兄說：「你要認識上主！因為不論大小，人人都必須認識我。因為我要寬恕他們的過犯，不再記憶他們的罪惡。」一說「新的」，就把先前的，宣布為舊的了；但凡是舊的和老的，都已臨近了滅亡。（八 6-13）

第九章

基督帶自己的血進入天上的聖殿

第一個盟約固然也有行敬禮的規程，和屬於世界的聖殿，因為有支搭好了的帳幕，前邊的帳幕稱為聖所，裡面設有燈台、桌子和供餅；在第二層帳幔後邊，還有一個帳幕，稱為至聖所，裡面設有金香壇和周圍包金的約櫃，櫃內有盛「瑪納」的金罐，和亞郎開花的棍杖及約版。櫃上有天主榮耀的「革魯賓」，遮著贖罪蓋：關於這一切，現今不必一一細講。這一切既如此安置了，司祭們就常進前邊的帳幕去行敬禮；至於後邊的帳幕，惟獨大司祭一年一次進去，常帶上血，去為自己和為人民的過犯奉獻。聖神藉此指明：幾時前邊的帳幕還存在，到天上聖殿的道路就還沒有打開。以上所述是現今時期的預表，表示所奉獻的供物和犧牲，不能使行敬禮的人，在良心上得到成全，因為這一切都是屬於外表禮節的規程，只著重食品、飲料和各樣的洗禮，立定為等待改良的時期。

可是基督一到，就作了未來鴻恩的大司祭，祂經過了那更大、更齊全的，不是人手所造，不屬於受造世界的帳幕，不是帶著公山羊和牛犢的血，而是帶著自己的血，一次而為永遠進

入了天上的聖殿，獲得了永遠的救贖。假如公山羊和牛犢的血，以及母牛的灰燼，灑在那些受玷污的人身上，可淨化他們得到肉身的潔淨，何況基督的血呢？祂藉著永生的神，已把自己毫無瑕疵的奉獻於天主，祂的血豈不更能潔淨我們的良心，除去死亡的行為，好去事奉生活的天主？（九 1-14）

基督以自己的血訂立了新約

為此，祂作了新約的中保以祂的死亡補贖了在先前的盟約之下所有的罪過，好叫那些蒙召的人，獲得所應許的永遠的產業。凡是遺囑，必須提供立遺囑者的死亡，因為有了死亡，遺囑才能生效，幾時立遺囑者還活著，總不得生效。因此，連先前的盟約也得用血開創。

當日梅瑟向全民眾按法律宣讀了一切誡命之後，就用朱紅線和牛膝草，蘸上牛犢和公山羊的血和水，灑在約書和全民眾身上，說：「這是天主向你們所命定的盟約的血。」連帳幕和為敬禮用的一切器皿，祂也照樣灑上了血；並且按照法律，幾乎一切都是用血潔淨的，若沒有流血，就沒有赦免。

那麼，既然連那些天上事物的模型還必須這樣潔淨，而那天上的本物，自然更需要用比這些更高貴的犧牲，因為基督並非進入了一座人手所造，為實體模型的聖殿，而是進入了上天本境，今後出現在天主面前，為我們轉求。祂無須再三奉獻自己，好像大司祭每年應帶著不是自己的血進入聖殿一樣，否則，從創世以來，祂就必須多次受苦受難了；可是現今，在今世的末期，只出現了一次，以自己作犧牲，除滅了罪過。就如規定人只死一次，這以後就是審判；同樣，基督也只一次奉獻了自己，為除免大眾的罪過；將來祂要再次顯現，與罪過無

關，而是要向那些期待祂的人施行救恩。（九 15-27）

第十章

舊約的祭獻不能赦罪

法律既然只有未來美物的影子，沒有那些事物的真相，所以總不能因著每年常獻的同樣犧牲，使那些願意親近天主的人得到成全；因為，如果那些行敬禮的人，一次而為永遠潔淨了，良心不再覺得有罪了，祭獻豈不就要停止嗎？可是，正因這祭獻才使人每年想起罪過來，因為公牛和公山羊的血斷不能除免罪過。為此基督一進入世界便說：「犧牲與素祭，已非你所要，卻給我預備了一個身體；全燔祭和贖罪祭，已非你所喜，於是我說：看，我已來到！關於我，書卷上已有記載：天主！我來為承行你的旨意。」

前邊說：「祭物和素祭，全燔祭和贖罪祭，已非你所要，已非你所喜」；這一切都是按照法律所奉獻的；後邊他說：「看，我已來到，為承行你的旨意」；由此可見，祂廢除了那先前的，為要成立那以後的。我們就是因這旨意，藉耶穌基督的身體，一次而為永遠的祭獻，得到了聖化。（十 1-10）

僅基督的祭獻能赦人罪

況且，每一位司祭，都是天天待立著執行敬禮，並屢次奉獻總不能除去罪惡的同樣犧牲；但是基督只奉獻了一次贖罪的犧牲，以後便永遠坐在天主右邊，從今以後，只等待將祂的仇人變作祂腳下的踏板。因為祂只藉一次奉獻，就永遠使被聖化

的人得以成全。聖神也給我們作證，因為祂說過，「這是我在那些時日後，與他們訂立的盟約——上主說——我要將我的法律放在他們的心中，寫在他們的明悟中」這話以後，又說：「他們的罪過和他們的邪惡，我總不再追念。」若這些罪已經赦了，也用不著贖罪的祭獻了。（十 11-18）

應堅持信德

信望愛為教友生活的根基

所以，弟兄們！我們既然懷著大膽的信心，靠著耶穌的寶血得以進入聖殿，即進入由祂給我們開創的一條又新又活，通過帳幔，即祂肉身的道路；而且我們既然又有一位掌管天主家庭的偉大司祭，我們就應在洗淨心靈，脫離邪僻的良心，和用淨水洗滌身體以後，懷著真誠的心，以完備的信德去接近天主；也應該堅持所明認的望德，毫不動搖。因為應許的那位是忠信的；也應該彼此關懷，激發愛德，勉勵行善，絕不離棄我們的集會，就像一些人所習慣行的；反而應彼此勸勉；你們見那日子越近，就越該如此。（十 19-25）

背信的罪難得赦免

因為如果我們認識真理之後，還故意犯背信的罪，就再沒有另一個贖罪祭了。只有一種等待審判的怕情，和勢將吞滅叛逆者的烈火。誰若廢棄梅瑟法律，只要有兩三個證人，他就該死，必不得憐恤；那麼，你們想一想：那踐踏了天主子，那自己藉以成聖的盟約的血當作了俗物，而又輕慢了賜恩寵的聖神

的人，應當受怎樣更厲害的懲罰啊！因為我們知道誰曾說過：
「復仇在乎我，我必要報復」；又說：「上主必要審判自己的
百姓。」落在永生的天主手中，真是可怕！（十 26-31）

應賴信德生活

　　請你們回想回想先前的時日，那時你們才蒙光照，就忍受
了苦難的嚴厲打擊：一方面，你們當眾受嗤笑、凌辱和磨難，
另一方面，你們與這樣受苦的人作了同伴。的確，你們同情了
監禁的人，又欣然忍受了你們的財物被搶掠，因為你們知道：
你們已獲有更高貴且常存的產業，所以千萬不要喪失那使你們
可得大賞報的勇敢信心。原來你們所需要的就是堅忍，為使你
們承行天主的旨意，而獲得那所應許的。「因為還有很短的一
會兒，要來的那一位，就要來到，絕不遲緩。我的義人靠信德
而生活，假使他退縮，他必不會中悅我心。」我們並不是那般
退縮以致喪亡的人，而是有信德得以保全靈魂的人。（十 32-
39）

〈雅各伯書〉

第一章

致候辭

　　天主及主耶穌基督的僕人雅各伯，祝散居的十二支派安好。（一 1）

忍受患難

　　我的弟兄們，幾時你們落在各種試探裡，要認為是大喜樂，因為你們應知道：你們的信德受過考驗，才能生出堅忍。但這堅忍又必須有完美的實行，好使你們既成全而又完備，毫無缺欠。你們中誰若缺乏智慧，就該向那慷慨施恩於眾人，而從不責斥的天主祈求，天主必賜給他。

　　不過，祈求時要有信心，絕不可懷疑，因為懷疑的人，就像海裡的波濤，被風吹動，翻騰不已。這樣的人，不要妄想從主那裡得到什麼。三心兩意的人，在他一切的行徑上，易變無定。貧賤的弟兄，要因高升而誇耀；富有的，卻要因自卑而誇耀，因為它要過去，如同草上的花一樣：太陽一出來，帶著熱風，將草曬枯，它的花便凋謝了，它的美麗也消失了；富有的人在自己的行為上，也要這樣衰落。忍受試探的人是有福的，因為他既經得起考驗，必能得到主向愛他的人，所預許的生命之冠。（一 2-12）

誘惑來自私慾

人受誘惑，不可說：「我為天主所誘惑」，因為天主不會為惡事所誘惑，他也不誘惑人。每個人受誘惑，都是為自己的私慾所勾引，所餌誘；然後，私慾懷孕，便產生罪惡；罪惡完成之後，遂生出死亡來。（一 13-15）

天主是諸恩之源

我親愛的弟兄們，你們切不要錯誤！一切美好的贈與，一切完善的恩賜，都是從上，從光明之父降下來的，在他內沒有變化或轉動的陰影。他自願用真理之言生了我們，為使我們成為他所造之物中的初果。（一 16-18）

要聽信並實行天主的聖言

我親愛的弟兄們，你們要知道：每人都該敏於聽教，遲於發言，遲於動怒，因為人的忿怒，並不成全天主的正義。因此，你們要脫去一切不潔和種種惡習，而以柔順之心，接受那種在你們心裡，而能救你們靈魂的聖言。不過，你們應按這聖言來實行，不要只聽，自己欺騙自己；因為，誰若只聽聖言而不去實行，他就像一個人，對著鏡子照自己生來的面貌，照完以後，就離去，遂即忘卻了自己是什麼樣子。至於那細察賜予自由的完美法律，而又保持不變，不隨聽隨忘，卻實際力行的，這人因他的作為必是有福的。（一 19-25）

真虔誠的所在

誰若自以為虔誠，卻不箝制自己的唇舌，反而欺騙自己的心，這人的虔誠便是虛假的。在天主父前，純正無瑕的虔誠，就是看顧患難中的孤兒和寡婦，保持自己不受世俗的玷污。（一 26-27）

第二章

不要以貌取人

我的弟兄們，你們既信仰我們已受光榮的主耶穌基督，就不該按外貌待人。如果有一個人，戴著金戒指，穿著華美的衣服，進入你們的會堂，同時一個衣服骯髒的窮人也進來，你們就專看那穿華美衣服的人，且對他說：「請坐在這邊好位上！」而對那窮人說：「你站在那裡！」或說「坐在我的腳凳下邊！」這豈不是你們自己立定區別，而按偏邪的心思判斷人嗎？

我親愛的弟兄們，請聽！天主不是選了世俗視為貧窮的人，使他們富於信德，並繼承他向愛他的人所預許的國嗎？可是你們，竟侮辱窮人！豈不是富貴人仗勢欺壓你們，親自拉你們上法庭嗎？豈不是他們辱罵你們被稱的美名嗎？

的確，如果你們按照經書所說「你應當愛你的近人如你自己」的話，滿了最高的法律，你們便做得對了；但若你們按外貌待人，那就是犯罪，就被法律指證為犯法者，因為誰若遵守全部法律，但只觸犯了一條，就算是全犯了，因為那說了「不可行姦淫」的，也說了「不可殺人」。縱然你不行姦淫，你卻

殺人，你仍成了犯法的人。你們要怎樣按照自由的法律受審判，你們就怎樣說話行事罷！因為對不行憐憫的人，審判時也沒有憐憫；憐憫必得勝審判。（二 1-13）

沒有行為的信德是死的

我的弟兄們，若有人說自己有信德，卻沒有行為，有什麼益處？難道這信德能救他嗎？假設有弟兄或姊妹赤身露體，且缺少日用糧，即使你們中有人給他們說：「你們平安去罷！穿得暖暖的，吃得飽飽的！」卻不給他們身體所必需的，有什麼益處呢？

信德也是這樣：若沒有行為，自身便是死的。也許有人說：你有信德，我卻有行為；把你沒有行為的信德指給我看，我便會藉我的行為，叫你看我的信德。你信只有一個天主嗎！你信得對，連魔鬼也信，且怕得打顫。盧浮的人啊！你願意知道信德沒有行為是無用的嗎？我們的祖宗亞巴郎，把他的兒子依撒格獻在祭壇上，不是由於行為而成為義人的嗎？你看，他的信德是和他的行為合作，並且這信德由於行為才得以成全，這就應驗了經上所說的：「亞巴郎相信了天主，因而這事為他便算是正義」，得被稱為「天主的朋友」。

你們看，人成義是由於行為，不僅是由於信德。接待使者，從別的路上將他們放走的辣哈布妓女，不也是同樣因行為而成義的嗎？正如身體沒有靈魂是死的，同樣信德沒有行為也是死的。（二 14-26）

〈伯多祿前書〉

第一章

致候辭

耶穌基督的宗徒伯多祿致書給散居在本都、迦拉達、卡帕多細雅、亞細亞和彼提尼雅作旅客的選民：你們被召選，是照天主的預定；受聖神祝聖，是為服事耶穌基督，和分沾他寶血洗淨之恩。願恩寵和平安豐富地賜予你們！（一 1-2）

序言：得沾恩的福分

願我們的主耶穌基督的天主和父受讚美！他因自己的大仁慈，藉耶穌基督由死者中的復活，重生了我們，為獲得那充滿生命的希望，為獲得那為你們已存留在天上的不壞、無瑕、不朽的產業，因為你們原是為天主的能力所保護，為使你們藉著信德，而獲得那已準備好，在最後時期出現的救恩。

為此，你們要歡躍，雖然如今你們暫時還該在各種試探中受苦，這是為使你們的信德，得以精煉，比經過火煉而仍易消失的黃金，更有價值，好在耶穌基督顯現時，堪受稱讚、光榮和尊敬。你們雖然沒有見過他，卻愛慕他；雖然你們如今仍看不見他，還是相信他；並且以不可言傳，和充滿光榮的喜樂而歡躍，因為你們已把握住信仰的效果：靈魂的救恩。

關於這救恩，那些預言了你們要得恩寵的先知們，也曾經

尋求過，考究過，就是考究那在他們內的基督的聖神，預言那要臨於基督的苦難，和以後的光榮時，指的是什麼時期，或怎樣的光景。這一切給他們啟示出來，並不是為他們自己，而是為給你們服務；這一切，如今藉著給你們宣傳福音的人，依賴由天上派遣來的聖神，傳報給你們；對於這一切奧蹟，連眾天使也都切望窺探。（一 3-12）

應度聖潔的生活

為此，你們要束上腰，謹守心神；要清醒，要全心希望在耶穌基督顯現時，給你們帶來的恩寵；要做順命的子女，不要符合你們昔日在無知中生活的慾望，但要像那召叫你們的聖者一樣，在一切生活上是聖的，因為經上記載：「你們應是聖的，因為我是聖的。」

你們既稱呼那不看情面，而只按每人的作為行審判者為父，就該懷著敬畏，度過你們這旅居的時期。該知道：你們不是用能朽壞的金銀等物，由你們祖傳的虛妄生活中被贖出來的，而是用寶血，即無玷無瑕的羔羊基督的寶血。

他固然是在創世以前就被預定了的，但在最末的時期為了你們才出現，為使你們因著他，而相信那使他由死者中復活，並賜給他光榮的天主：這樣你們的信德和望德，都同歸於天主。（一 13-21）

赤誠相愛

你們既因服從真理，而潔淨了你們的心靈，獲得了真實無偽的弟兄之愛，就該以赤誠的心，熱切相愛，因為你們原是賴

天主生活而永存的聖言，不是由於能壞的，而是由於不能壞的
種子，得以重生。因為「凡有血肉的都似草，他的一切美麗都
似草上的花：草枯萎了，花也就凋謝了；但上主的話卻永遠常
存。」這話就是傳報給你們的福音。（一 22-25）

第二章

應以基督為基石

所以你們應放棄各種邪惡、各種欺詐、虛偽、嫉妒和各種
誹謗，應如初生的嬰兒貪求屬靈性的純奶，為使你們靠著它生
長，以致得救；何況你們已嘗到了「主是何等的甘飴」。

你們接近了他，即接近了那為人所摒棄，但為天主所精
選，所尊重的活石，你們也就成了活石，建成一座屬神的殿
宇，成為一班聖潔的司祭，以奉獻因耶穌基督而中悅天主的屬
神的祭品。這就是經上所記載的：「看，我要在熙雍安放一塊
精選的，寶貴的基石，凡信賴他的，絕不會蒙羞。」

所以為你們信賴的人，是一種榮幸；但為不信賴的人，是
「匠人棄而不用的石頭，反而成了屋角的基石」；並且是「一
塊絆腳石，和一塊使人跌倒的磐石」。他們由於不相信天主的
話，而絆倒了，這也是為他們預定了的。

至於你們，你們卻是特選的種族，王家的司祭，聖潔的國
民，屬於主的民族，為叫你們宣揚那由黑暗中召叫你們，進入
他奇妙之光者的榮耀。你們從前不是天主的人民，如今卻是天
主的人民；從前沒有蒙受愛憐，如今卻蒙受了愛憐。（二
1-10）

應服從政權

親愛的！我勸你們作僑民和作旅客的，應戒絕與靈魂作戰的肉慾；在外教人中要常保持良好的品行，好使那些誹謗你們為作惡者的人，因見到你們的善行，而在主眷顧的日子，歸光榮於天主。你們要為主的緣故，服從人立的一切制度：或是服從帝王為最高的元首，或是服從帝王派遣來懲罰作惡者，獎賞行善者的總督，因為這原是天主的旨意：要你們行善，使那些愚蒙無知的人，閉口無言。你們要做自由的人，卻不可做以自由為掩飾邪惡的人，但該做天主的僕人；要尊敬眾人，友愛弟兄，敬畏天主，尊敬君王。（二 11-17）

僕人對主人應有的態度

你們做家僕的，要以完全敬畏的心服從主人，不但對良善和溫柔的，就是對殘暴的，也該如此。誰若明知是天主的旨意，而忍受不義的痛苦：這才是中悅天主的事。

若你們因犯罪被打而受苦，那還有什麼光榮？但若因行善而受苦，而堅心忍耐：這才是中悅天主的事。你們原是為此而蒙召的，因為基督也為你們受了苦，給你們留下了榜樣，叫你們追隨他的足跡。

「他沒有犯過罪，他口中也從未出過謊言」；他受辱罵，卻不還罵；他受虐待，卻不報復，只將自己交給那照正義行審判的天主；他在自己的身上，親自承擔了我們的罪過，上了木架，為叫我們死於罪惡，而活於正義；「你們是因他的創傷而獲得了痊癒」。你們從前有如迷途的亡羊，如今卻被領回，皈依你們的靈牧和監督。（二 18-25）

第四章

應度聖潔的生活

基督既然在肉身上受了苦難，你們就應該具備同樣的見識，深信凡在肉身上受苦的，便與罪惡斷絕了關係；今後不再順從人性的情慾，而只隨從天主的意願，在肉身內度其餘的時日。

過去的時候，你們實行外教人的慾望，生活在放蕩、情慾、酗酒、宴樂、狂飲和違法的偶像崇拜中，這已經夠了！由於你們不再同他們狂奔於淫蕩的洪流中，他們便引以為怪，遂誹謗你們；但他們要向那已準備審判生死者的主交賬。也正是為此，給死者宣講了這福音：他們雖然肉身方面如同人一樣受了懲罰，可是神魂方面卻同天主一起生活。

萬事的結局已臨近了，所以你們應該慎重，應該醒寤祈禱。最重要的是：你們應該彼此熱切相愛，因為愛德遮蓋許多罪過；要彼此款待，而不出怨言。

各人應依照自己所領受的神恩，彼此服事，善做天主各種恩寵的管理員。誰若講道，就該按天主的話講；誰若服事，就該本著天主所賜的德能服事，好叫天主在一切事上，因耶穌基督而受到光榮：願光榮和權能歸於他，至於無窮之世。阿們。（四 1-11）

應樂於受苦

親愛的，你們不要因為在你們中，有試探你們的烈火而驚異，好像遭遇了一件新奇的事；反而要喜歡，因為分受了基督

的苦難，這樣好使你們在他光榮顯現的時候，也能歡喜踴躍。如果你們為了基督的名字，受人辱罵，便是有福的，因為光榮的神，即天主的神，就安息在你們身上。

惟願你們中誰也不要因做兇手，或強盜，或壞人，或做煽亂的人而受苦。但若因為是基督徒而受苦，就不該以此為恥，反要為這名稱光榮天主，因為時候已經到了，審判必從天主的家開始；如果先從我們開始，那些不信從天主福音者的結局，又將怎樣呢？

「如果義人還難以得救，那麼惡人和罪人，要有什麼結果呢？」故此，凡照天主旨意受苦的人，也要把自己的靈魂託付給忠信的造物主，專務行善。（四 12-19）

〈伯多祿後書〉

第一章

致候辭

耶穌基督的僕人和宗徒西滿伯多祿，致書給那些因我們的天主和救主耶穌基督的正義，與我們分享同樣寶貴信德的人。願恩寵與平安，因認識天主和我們的主耶穌，豐富地賜予你們。（一 1-2）

對聖召的義務

因為我們認識了那藉自己的光榮和德能，召叫我們的基督，基督天主性的大能，就將各種關乎生命和虔敬的恩惠，賞給了我們，並藉著自己的光榮和德能，將最大和寶貴的恩許賞給了我們，為使你們藉著這些恩許，在逃脫世界上所有敗壞的貪慾之後，能成為有分於天主性體的人。

正為了這個原故，你們要全力奮勉，在你們的信仰上還要加毅力，在毅力上加知識，在知識上加節制，在節制上加忍耐，在忍耐上加虔敬，在虔敬上加兄弟的友愛，在兄弟的友愛上加愛德。實在，這些德行如果存在你們內，且不斷增添，你們絕不致於在認識我們的主耶穌基督上，成為不工作，不結果實的人，因為那沒有這些德行的，便是瞎子，是近視眼，忘卻了他從前的罪惡已被清除。

為此，弟兄們，你們更要盡心竭力，使你們的蒙召和被選，賴善行而堅定不移；倘若你們這樣作，絕不會跌倒。的確，這樣你們便更有把握，進入我們的主和救主耶穌基督永遠的國。（一 3-11）

知死期已近

　　為此，縱然你們已知道這些事，已堅定在所懷有的真理之上，我還是要常提醒你們。我以為只要我還在這帳幕內，就有義務以勸言來鼓勵你們。我知道我的帳幕快要拆卸了，一如我們的主耶穌基督指示給我的。我要盡心竭力使你們在我去世以後，也時常記念這些事。（一 12-15）

基督再來的確證

　　我們將我們的主耶穌基督的大能和來臨，宣告給你們，並不是依據虛構的荒誕故事，而是因為我們親眼見過他的威榮。

　　他實在由天主接受了尊敬和光榮，因那時曾有這樣的聲音，從顯赫的光榮中發出來，向他說：「這是我的愛子，我所喜悅的。」這來自天上的聲音，是我們同他在那座聖山上的時候，親自聽見的。因此，我們認定先知的話更為確實，對這話你們當十分留神，就如留神在暗中發光的燈，直到天亮，晨星在你們的心中升起的時候。

　　最主要的，你們應知道經上的一切預言，絕不應隨私人的解釋，因為預言從來不是由人的意願而發的，而是由天主所派遣的聖人，在聖神推動之下說出來的。（一 16-21）

第二章

假教師必要出現

　　從前連在選民中，也有過假先知；同樣，將來在你們中，也要出現假教師，他們要倡導使人喪亡的異端，連救贖他們的主，也都敢否認：這是自取迅速的喪亡。有許多人將要隨從他們的放蕩，甚至真理之道，也要因他們而受到誹謗。他們因貪吝成性，要以花言巧語在你們身上營利；可是他們的案件自古以來，就未安閒，他們的喪亡也絕不稍息。（二 1-3）

天主懲罰惡人的例證

　　天主既然沒有寬免犯罪的天使，把他們投入了地獄，囚在幽暗的深坑，拘留到審判之時；既然沒有寬免古時的世界，曾引來洪水淹滅了惡人的世界，只保存了宣講正義的諾厄一家八口；又降罰了索多瑪和哈摩辣城，使之化為灰燼，至於毀滅，以作後世作惡者的鑑戒，只救出了那因不法之徒的放蕩生活而悲傷的義人羅特——因為這義人住在他們中，他正直的靈魂，天天因所見所聞的不法行為，感到苦惱——那麼，上主自然也知道拯救虔誠的人，脫離磨難，而存留不義的人，等候審判的日子受處罰，尤其是存留那些隨從肉慾，而生活在污穢情慾中的人，以及那些輕視「主權者」的人。（二 4-10）

假教師的素描

　　他們都是些膽大驕傲的人，竟不怕褻瀆「眾尊榮者」，就是連力量德能大於他們的天使，也不敢在上主面前，以侮辱的言詞對他們下判決。

　　然而這些人實在如無理性的牲畜，生來就是為受捉拿，受宰殺，凡他們不明白的事就要褻瀆；他們必要如牲畜一樣喪亡，受他們不義的報應。他們只以一日的享受為快樂，實是些污穢骯髒的人；當他們同你們宴樂時，縱情於淫樂；他們滿眼邪色，犯罪不饜，勾引意志薄弱的人；他們的心習慣了貪吝，真是些應受咒罵的人。

　　他們離棄正道，走入了歧途，隨從了貝敖爾的兒子巴郎的道路，他曾貪愛過不義的酬報，可是也受了他作惡的責罰：一個不會說話的牲口，竟用人的聲音說了話，制止了這先知的妄為。

　　他們像無水的泉源，又像為狂風所飄颺的雲霧：為他們所存留的，是黑暗的幽冥。

　　因為他們好講虛偽的大話，用肉慾的放蕩為餌，勾引那些剛才擺脫錯謬生活的人；應許他們自由，自己卻是敗壞的奴隸，因為人被誰制勝，就是誰的奴隸。（二 11-19）

背信者的不幸

　　如果他們因認識主和救世者耶穌基督，而擺脫世俗的污穢以後，再為這些事所纏繞而打敗，他們末後的處境，就必比以前的更為惡劣，因為不認識正義之道，比認識後而又背棄那傳授給他們的聖誡命，為他們倒好得多。在他們身上正應驗了這

句恰當的俗語：「狗嘔吐的，牠又回來再吃」；又「母豬洗淨了，又到污泥裡打滾。」（二 20-22）

第三章

應堅持信仰

親愛的諸位！這已是我給你們寫的第二封信，在這兩封信中，我都用提醒的話，來鼓勵你們應有赤誠的心，叫你們想起聖先知們以前說過的話，以及你們的宗徒們傳授的主和救世者的誡命。

首先你們該知道：在末日要出現一些愛嘲笑戲弄，按照自己的私慾生活的人，他們說：「哪裡有他所應許的來臨？因為自從我們的父老長眠以來，一切照舊存在，全如創造之初一樣。」（三 1-4）

主的日子必要來臨

他們故意忘記了：在太古之時，因天主的話，就有了天，也有了由水中出現，並在水中而存在的地；又因天主的話和水，當時的世界為水所淹沒而消滅了；甚至連現有的天地，還是因天主的話得以保存，直存到審判及惡人喪亡的日子，被火焚燒。

親愛的諸位，惟有這一件事你們不可忘記：就是在天主前一日如千年，千年如一日。主絕不遲延他的應許，有如某些人所想像的；其實是他對你們含忍，不願任何人喪亡，只願眾人回心轉意。可是，主的日子必要如盜賊一樣來到；在那一日，

天要轟然過去，所有的原質都要因烈火而熔化，大地及其中所有的工程，也都要被焚毀。（三 5-10）

應以善生等候主的來臨

這一切既然都要這樣消失，那麼，你們應該怎樣以聖潔和虔敬的態度生活，以等候並催促天主日子的來臨！在這日子上，天要為火所焚毀，所有的原質也要因烈火而溶化；可是，我們卻按照他的應許，等候正義常住在其中的新天新地。

為此，親愛的諸位，你們既然等候這一切，就應該勉力，使他見到你們沒有玷污，沒有瑕疵，安然無懼；並應以我們主的容忍當作得救的機會；這也是我們可愛的弟兄保祿，本著賜予他的智慧，曾給你們寫過的；也正如他在談論這些事時，在一切書信內所寫過的。在這些書信內，有些難懂的地方，不學無術和站立不穩的人，便加以曲解，一如曲解其他經典一樣，而自趨喪亡。（三 11-16）

最後勸勉與祝福

所以，親愛的諸位，你們既預先知道了這些事，就應該提防，免得為不法之徒的錯謬所誘惑，而由自己的堅固立場跌下來。你們卻要在恩寵及認識我們的主，和救世者耶穌基督上漸漸增長。願光榮歸於他，從如今直到永遠之日，阿們。（三 17-18）

〈猶達書〉

致候辭

耶穌基督的僕人，雅各伯的兄弟猶達，致書給在天主父內蒙愛，為耶穌基督而保存的蒙召者。願仁慈、平安、愛情豐富地賜予你們。（1-2）

寫信的動機

親愛的，我早已切望給你們寫信，討論我們共享的就恩；但現在不得不給你們寫信，勸勉你們應奮鬥，維護從前一次而永遠傳與聖徒的信仰。因為有些早已被注定要受這審判的人，潛入你們中間；他們是邪惡的人，竟把我們天主的恩寵，變為放縱情慾的機會，並否認我們獨一的主宰和主耶穌基督。（3-4）

引史事為戒

雖然你們一次而永遠知道這一切，但我仍願提醒你們：主固然由埃及地救出了百姓，隨後卻把那些不信的人消滅了；至於那些沒有保持自己尊位，而離棄自己居所的天使，主也用永遠的鎖鏈，把他們拘留在幽暗中，以等候那偉大日子的審判；同樣，索多瑪和哈摩辣及其附近的城市，因為也和他們一樣恣意行淫，隨從逆性的肉慾，至今受著永火的刑罰，作為鑑戒。（5-7）

異端人的素描

可是這些作夢的人照樣玷污肉身，拒絕主權者，褻瀆眾尊榮者。當總領天使彌額爾，為了梅瑟的屍體和魔鬼激烈爭辯時，尚且不敢以侮辱的言詞下判決，而只說：「願主叱責你！」這些人卻不然，凡他們所不明白的事就褻瀆，而他們按本性所體驗的事，卻像無理性的畜牲一樣，就在這些事上敗壞自己。這些人是有禍的！因為他們走了加音的路，為圖利而自陷於巴郎的錯誤，並因科辣黑一樣的叛逆，而自取滅亡。

這些人是你們愛宴上的污點，他們同人宴樂，毫無廉恥，只顧自肥；他們像無水的浮雲，隨風飄盪；又像晚秋不結果實，死了又死，該連根拔出來的樹木；像海裡的怒濤，四下飛濺他們無恥的白沫；又像出軌的行星；為他們所存留的，乃是直到永遠的黑暗的幽冥。

針對這些人，亞當後第七代聖祖哈諾客也曾預言說：「看，主帶著他千萬的聖者降來，要審判眾人，指證一切惡人所行的一切惡事，和邪僻的人所說的一切褻瀆他的言語。」

這些人好出怨言，不滿命運；按照自己的私慾行事，他們的口好說大話，為了利益而奉承他人。（8-16）

勸信友提防放蕩的人

但是你們，親愛的，你們要記得我們的主耶穌基督的宗徒所預言過的話，他們曾向你們說過：「到末期，必有一些好嘲弄人的人，按照他們個人邪惡的私慾行事。」這就是那些好分黨分派，屬於血肉，沒有聖神的人。（17-19）

信友應如何持身待人

可是，你們，親愛的，你們要把自己建築在你們至聖的信德上，在聖神內祈禱；這樣保存你們自己常在天主的愛內，期望賴我們的主耶穌基督的仁慈，入於永生。

對那些懷疑不信的人，你們要說服；對另一些人，你們要拯救，把他們從火裡拉出來；但對另一些人，你們固然要憐憫，可是應存戒懼的心，甚至連他們肉身所玷污了的內衣，也要憎惡。（20-23）

結語致候辭

願那能保護你們不失足，並能叫你們無瑕地，在歡躍中立在他光榮面前的，惟一的天主，我們的救主，藉我們的主耶穌基督，獲享光榮、尊威、主權和能力，於萬世之前，現在，至於無窮之世。阿們。（24-25）

早期教父

　　所謂「教父」（Father of the Church），最早指的是宗徒和繼承宗徒職位的主教，負責教律教義的保管；後來則指符合年代古老，理論正統，行為聖善，並受聖教會認可與推崇等四個條件的公教作家。教父的重要性在於他們繼宗徒時代之後，繼續基督信仰的傳遞，並在聖神領導下，確立了教會的重要信理和基本體制，也發展了基督徒的神學；所謂教父神學，和隱修生活傳統，向下影響了整個中世紀的神學與隱修生活傳統。所以教父時期可謂基督宗教的奠基時期。

　　教父時期上自宗徒時代，下在西方可至義濟道（Isidore of Seville+636），東方可至達瑪森（John Damascene+749），當中人物不下數千，作品更是浩瀚，難以深究，甚至有一門神學科目稱為「教父學」。按學者甘蘭（F. Cayre）意見，將之大分為三個階段：（一）最初三世紀是教父學的發軔階段。（二）西元三〇〇年到四三〇年奧古斯丁逝世為止，是教父學的偉大階段。（三）奧古斯丁之後，是教父學的結局階段。這當中，奧古斯丁有著承先啟後的地位，上繼教父思想之大成，下啟中世紀的西方神學之長河。在此將介紹奧古斯丁之前的早期教父，奧古斯丁於後有專章介紹。

　　經參酌甘蘭（F. Cayre）對這些時期的分法，將選讀作品分為四類：（一）宗徒教父作品；（二）二世紀護教者作品；（三）亞歷山大學派作品；（四）繽紛輝煌的東方教父作品。以下分別介紹。

（一）宗徒教父作品

宗徒時代的教父，指的是第一世紀末到第二世紀前半的教父，他們距離宗徒時代還不遙遠，他們都是直接根據宗徒的遺訓，甚至親身受過宗徒們的教育，或是聽過他們講授。所以他們的作品，在思想、言語、體裁各方面，都近似宗徒的風格，也常在教會中具有權威。宗徒教父的價值在於上繼宗徒傳授的基督遺訓，下啟教會聖傳的源流。我們選讀當中的兩篇。

1. 羅馬的聖克萊孟（St. Clement of Rome）：《致格林多人第一書》的〈大祈禱文〉

羅馬的聖克萊孟是第四任教宗，這封書信確認是出於他本人，可能完成於西元九十六年。若是如此，這將是除新約聖經之外，最早的基督徒文件。書信源於格林多教會發生的爭執與動亂，聖克萊孟以羅馬主教的權威介入教導與調停。文末有一個〈大祈禱文〉（59-61章），十分優美。首先讚美並感謝天主，以聖愛的神妙看顧，創造了世界，又繼續救贖與聖化它；接著為統治者與治理者祈禱。基督徒雖然受到政治力的迫害，即所謂教難，卻未停止為那些不公義判決他們的當權者祈禱，希望他們能「本著和平溫柔的政策，和誠敬的心情，運用祢賞賜的權柄。」

2. 安提約基雅的聖依納爵（St. Ignatius of Antioch）：《致羅馬人書》

聖依納爵是安提約基雅的第三任主教，後來被綁赴羅馬，投擲於鬥獸場的兇猛野獸群中，為主殉道。在解送羅馬的路程中，沿途寫信給不同的教會，鼓勵與勸勉各教會固守宗徒的傳

統；現存確定出於他本人的有七封書信，我們選取《致羅馬人書》來欣賞。聖人一心嚮往天主，渴望效法基督，甚至願意被野獸吞食，他懇求羅馬教友不要為他求情，免得妨礙他的殉道。他的文字充滿信德的熱火，和對基督的愛情。我們在這些熊熊愛火的文字中，可以體會到他對基督的熱愛。

（二）二世紀護教者作品

宗徒教父時代之後的二世紀，對教會而言是個戰鬥的時期。一方面教會時常受到教難的迫害，另一方面在思想上也要與當時希臘的哲學思潮相競爭，並要面對猶太教的挑戰質疑。這時代的基督徒，特別是教父，一方面維護並說明基督宗教的思想，並向外教人介紹和釋疑，另一方面也要區分基督徒與猶太教徒的不同，解釋兩者的關係，這是護教者稱號的由來。在這樣的過程中，護教者漸漸地釐清基督徒和猶太教——所謂古經（舊約）——的關係，當中的連貫與不同；也漸漸地開始確立一些信仰的表達，即所謂「基督徒的神學」的出現。

3.《致狄奧尼書》（*Diogentus*）：第一到第十章

這封小書信可算是古代教父的傑作，不過作者與收信者的名字都沒有傳下來，時代可能是二世紀左右。全書有十二章，但十一和十二章應不是原著，所以我們選用前十章。前四章邀請收信人狄奧尼思考基督宗教的天主，並解釋基督宗教的天主和外邦希臘的諸神或猶太教的信仰理解有所不同；第五到第七章很珍貴地為我們介紹了當時基督徒的生活情況；第七章到第九章解釋基督的來臨為何比較晚，第十章是結論。

4. 聖儒斯定（St. Justin）：《與脫利風對話錄》（*Dialogue with Trypho*），第一到八章

　　聖儒斯定出身於巴勒斯坦的外教家庭，為了尋求真理，曾在希臘哲學傳統的各學派中鑽研。經過漫長的、追尋真理的過程，最終找到了基督信仰。這樣的過程流露在他的《與脫利風對話錄》當中。他領洗後，熱烈地宣傳基督徒的思想，捍衛這個「新哲學」；並建立一所學校，講授要理，這就是後來亞歷山大里亞教理學校的前身。後來他在西元一五二年和一六一年兩次上書羅馬皇帝，忠勇地為教友辯護，這就是他的兩篇護教書。這三本書是儒斯定的代表作品，我們選讀《與脫利風對話錄》的前八章，在那裡他敘述了自己歸於基督信仰的始末。

5. 聖宜仁（St. Irenaeus of Lyons）：《駁異端書》（*Against the Heresies*）

　　聖宜仁信仰堅強，德行出眾，青年時期曾聽過若望宗徒弟子玻利加伯（Polycarp）的教導，後被選為里昂主教，在當時教會很有影響力，曾調和東西方教會的衝突。面對當時諾斯底派（gnosticism，真知派）異端，一方面駁斥其錯誤，保衛真正的信仰；同時也設法清楚解釋信仰的教理，獲得「公教神學之祖」的美名。最著名的著作是有五卷的《駁異端書》，和較小的一部《宗徒宣講的證明》（*Demonstration*）。我們選讀《駁異端書》當中的三段經文。相對於諾斯底派傾向除教會教導的信仰道理外，還有更艱深的、神祕的，屬於知識份子菁英的教義，聖宜仁指出信仰的道理是普遍而公開的，並無所謂的密傳而是各地教會一致承認，源自基督耶穌的啟示，而由宗徒一脈傳承下來（卷一第十章）。他更指出整個信仰的內在連貫性：所謂「信仰的準則」（rule of faith）或「真理的法則」，

應據以研究信仰才不致迷途，並須謙虛地承認自己所能理解的是有限的（卷二第二十五章三節到二十八章三節）。這準則由宗徒傳統傳遞下來。而整個宗徒傳統是由聖神所引導的，聖神與教會永不分離（卷三第二十四章一節）。

（三）亞歷山大學派作品

在二世紀末、三世紀初的時候，亞歷山大里亞成了當時的思想中心，特別是藉著那裡的教理學校，而其領導的代表人物就是克萊孟和其弟子奧力振。他們除了有堅定的信仰外，更願意探究哲學與基督信仰、理智與信仰的關係，而使得基督信仰的神學有了真正的發展，以理性研究和說明信仰成為可能。

6. 亞歷山大的克萊孟（Clement of Alexandria）：《勸勉希臘人》第五章、六章、九章

可能出生於雅典，熟悉希臘哲學思想。他和儒斯定一樣出身外教家庭，後來皈依基督，成為基督信仰的教師。他的作品最有名的是所謂的三部曲：《勸勉希臘人》，對象是剛開始尋找真理途徑的人；《教育家》，對象是已經受洗而成為基督徒的人；《雜集》（或稱綴錦），是克萊孟慣常的教導。

我們選讀的是《勸勉希臘人》，共有十二章。首章序言之後，第二到四章針對當時希臘的宗教思想指出其不合理之處；第五到六章提出希臘哲學家對此的反省、錯誤與可取之處，如肯定柏拉圖對神的描述；第七章以希臘詩歌佐證；第八章引證聖經；第九章是神對人的態度；第十章勸勉放棄外教習慣；如同小孩放棄幼稚一樣；第十一章介紹天主的拯救計畫，第十二章是以勸勉結束。閱讀其作品，可感受到他是個老師，循循善

誘地勸導。

7. 奧力振（Origen of Alexandria）：《原則論》（*On Principle*），
　卷一第一章「論天主」

　　奧力振出身於虔誠的教友家庭，意志堅強，渴望殉道，外
號「鋼人」，是最初三世紀最多產的作家。他被視為第一位基
督徒聖經學者，曾作《六行古經評論》（*Hexapla*）以求經文
原意，並註疏經文，提倡「三重意義詮釋法」；對他而言，神
學基本上是理解和詮釋聖經。神學方面最著名的是《原則
論》，共分四卷；我們選讀最初卷一的第一章「論天主」。與
克萊孟比較，可以發現奧力振更為思辨，理性更為發揮。

（四）繽紛輝煌的東方教父作品

　　經過前面幾個階段的努力，西元三〇〇年起，我們來到了
教父的偉大世紀；由於在四三〇年奧古斯丁逝世之前，這些教
父絕大多集中在東方，通稱為東方教父。當中的高峰就是在小
亞細亞的卡帕多細亞三教父：聖巴西略（St. Basil of Caesarea）、
聖納齊盎的國瑞（St. Gregory of Nazianzus）、聖尼沙的國瑞
（St. Gregory of Nyssa）。他們一方面繼承亞歷山大學派的思
想反省，一方面延續聖亞達納削（St. Athanasius）的堅定信仰
與隱修生活。不過除了他們，當時東方教會人才輩出，百花齊
放，許多學派並駕齊驅，我們特別選介安提約基雅學派的代表
聖金口若望（St. John Chrysostom），和屬於閃族的敘利亞教
父聖厄弗冷（St. Ephrem）。

8. 聖巴西略（St. Basil of Caesarea），《聖神論》（*On the Holy Spirit*）第六章片段和〈隱修長規章〉（*Longer Rules*）序

卡帕多細亞三教父的作品豐富，影響教會深遠，無法多加介紹。只選取三人中為首的巴西略的兩個作品，分別代表其神學思想和隱修生活。

聖巴西略的《聖神論》，是第一本講論聖神的專書。當時有些異端——如亞略異端反對聖子是天主，另一些異端反對聖神是天主；聖巴西略為維護聖子和聖神都是天主，所以加以辯駁。我們選了較簡短的一段——第六章，藉此欣賞他的辯論風格。

另外，聖巴西略也被東方稱為隱修生活的創立者，所寫長短隱修規章，至今仍是東方教會隱修傳統的基礎。選讀其〈長規章序〉，或可窺見隱修生活的目的和意義。

9. 聖金口若望（St. John Chrysostom），《雕像講道詞》第七篇

安提約基雅是羅馬帝國僅次於羅馬和君士坦丁堡的第三大城，也是基督徒眾多的教區。安提約基雅學派與亞歷山大學派分庭抗禮，其代表性人物就是若望，因其講道口才出眾，令聽者動容，被譽為「金口」。他的口才，除了來自修辭學的訓練，更來自他數年隱修時對聖經的深度默想，所以講解聖經也形成他講道的特色，其中最富盛名的就是西元三八七年的講道。那一年，民眾因抗議徵稅，搗毀皇帝雕像，引發被皇帝報復的恐懼，全城惶惶不可終日。聖金口若望發表了一系列的《向安提約基雅人民的講道詞》，又名《雕像講道詞》（*Homilies on the Statues*）。一方面他面對情況，斥責擾亂者，繼而呼籲信眾提起心神信靠天主；一方面指出倫理的積弊，引人痛悔和皈依。經過前五篇講道為聽眾打氣之後，在我

們選讀的第七篇，若望開始對聖經創世紀加以詮釋，鼓勵聽眾改過向善。

10. 敘利亞的聖厄弗冷（St. Ephrem），《論基督降生》十一 6-8 節

　　基督信仰源於耶路撒冷，除了向西傳向希臘與羅馬，影響了後來的歐洲基督宗教文明；同時也向東傳向東敘利亞、波斯和印度。事實上，在伊斯蘭教勢力強大之前，許多地方是基督徒的教區，這些古老的教區直到今日有的還存在。當中用閃族語言的敘利亞教會發散著特別的光芒而不同於希臘文化。其代表性人物就是聖厄弗冷。他結合其神學於詩歌，以詩歌深化其神學反省，並被應用於禮儀、祈禱當中，被教會傳統譽為「聖神的豎琴」。我們選讀他的幾節讚美詩來欣賞。

羅馬的聖克萊孟：
《致格林多人第一書》的〈大祈禱文〉

第五十九章

教宗懇切的禱詞

　　如果有人不聽從天主藉我們這封信所發表的規勸，他們自己需要知道是他們自己犯罪陷於嚴重不可輕視的危險去了。

　　他們既自願犯罪，將來應自己擔負罪責，我們一方面，除聲明不負責任以外，只有急切呼求萬物的創造者垂顧他愛子耶穌基督的功勞，保護全世優選者數目的安全勿使喪失一人。造物者曾因基督的功勞，召叫了我們脫離黑暗，投赴光明，並助我們破除了愚昧，曉識了天主聖名權能的榮光。

　　天主！我求祢賞賜我們仰視祢創造萬物的全能，開啟我們的心目，認識祢是唯一的天主，祢的位置至高無上，祢的聖德高於眾聖。祢抑壓高傲者的驕縱，粉碎萬國的陰謀，舉揚卑下者，抑壓高上者，富足貧窮者，貧窮富足者。使生者死，使死者生，只有祢是眾神靈的恩主，又是血肉之屬的天主。祢能洞察深淵的幽冥，祢能明鑒人間的行動，祢是遇險者的援助，祢是失望者的救星，祢是神靈的造生者和監護者。祢在地面上繁殖人類，又從萬民中選擇了祢親愛的信眾，賞賜他們信奉祢的愛子耶穌基督，做祢優選的人民，祢因耶穌的功勞，教育我們，成全我們的聖德，並賞我們享受光榮。

　　求祢援助我們，保護我們，救拔蒙難者，同情卑賤者，扶

起跌倒者。為窮苦者，發顯出祢慈祥的面孔；治療疾病者，引導祢的人民棄邪歸主。飽飼飢餓者，釋放被擄者，強大軟弱者，寬慰心窄者，並賞賜萬國萬邦承認祢是獨一無二的天主，認識耶穌基督是祢的真子，並認識我們是祢的子女，又是祢神棧和牧場的羊群。（五十九 1-4）

第六十章

祈求寬赦，真理、正義、和平

祢給祢創造的萬物賦給了神力，使它們各有各的動作，並因此發顯了宇宙的本體有恆久不變的秩序和組織。祢建立了輿地，祢是萬世萬代常常忠信的。祢的判斷是正義的，祢的能力和光榮是偉大奇妙的。在造化的工程上祢是有神智的，在保養萬物的工作上，祢是智慮周密的。在有形可見的事物上，祢是仁善的。對於仰賴祢的神人萬物，祢是慈善和藹的。祢的仁慈和同情的心腸寬赦我們違義犯法的罪惡，並寬赦我們的過失和懈怠。

祢不考察祢男女信僕的罪惡，但用真理的沐浴，洗淨我們的罪污，指導我們本著心中的聖善，走上正直的前途，並在祢和我們領導者的鑒臨之下，從事於善良悅人的行動。

主！我們還求祢顯示祢的慈容，垂視我們，賞我們得到和平中的美善。求祢用祢有能力的手掌保護我們，並用祢高強的臂挽救我們脫免一切罪惡，並脫免我們無正義的理由所遭受的仇恨。

求祢賞賜我們和地面上居住的一總人得到和睦與和平，猶如祢昔日賞賜了我們的先祖：因為他們本著信德和真理向祢發

出了虔敬的呼求，求祢賞賜我們服從祢全能光榮的名號，並服
從我們地上的領導者和統率者。（六十 1-4）

第六十一章

為政治界祈禱

　　主！祢用祢光榮偉大莫可名言的權能，將治國的權柄交給
了我們地上的領導者和統率者，為使我們認識祢賞給了他們的
尊貴與光榮，並使我們服從他們，只要他們在一切事上不違反
祢的旨意。求祢賞賜他們健康、和平、和睦及恆毅，為使他們
運用祢賞給的統治權，不引人陷於罪惡。

　　主！祢是天地的主宰，祢是萬世萬代的統治者，祢賞賜了
人類的子孫享有掌管地上萬物的光榮尊貴與權能。求祢引導他
們的智謀追尋祢面前善良可嘉的真福；本著和平溫柔的政策，
和誠敬的心情，運用祢賞賜的權柄，為能得到祢的慈恩。

　　只是祢有能力在我們人間完成這些及勝於這些的善良的工
作。我們願藉著耶穌基督，我們至高的司祭者，及我們靈魂的
保護者，宣揚祢，並因著祂，尊貴光榮歸於祢，從現今以至萬
代萬世。阿門。（六十一 1-3）

安提約基雅的聖依納爵：《致羅馬人書》

信首的署名和祝辭

羅馬教團統率愛德的團結

依納爵，別號懷主，因天主子耶穌基督的名號向羅馬的教團致敬。

羅馬教團因著至高天主父和祂唯一聖子的光榮偉大，領受了仁慈的恩寵；因著天主造生掌管萬物的意志，根據著和耶穌基督信德、愛德的團結，領受了愛德的恩賜和光明的照耀；統轄著羅馬地區，佔據著崇高的位置，宜承天主寵愛，宜受光榮，宜受真福和讚揚，宜得滿足一切心願，並有無瑕疵的聖潔；銜戴著天主父的名號，遵行著基督的法律，統率愛德的團結；在身體和神靈有關的一切事上完全貼合吾主的誡命。教友大眾充滿了天主的寵愛，和天主團結不分，不染任何異端的色彩。我本著和我們的天主耶穌基督的合一，向這樣團結起來的一總信友，祝聖善無瑕的喜樂。

第一章

願往致命，請勿阻擋

天主垂允了我的祈禱，賞賜我見到了你們天主寵愛的容顏；天主的恩賜超過了我的希望，我為了和耶穌基督的合一，身披著鎖鍊的刑具，滿心希望得個機會問候你們，巴不得天主

的意志賞賜我達到我的目的。只要天主的聖寵助佑我得到我所
希望承受的幸福，不受任何阻擋，我現在開始受的苦難是有適
當的目的的，我現在只怕你們的愛德能為我發生不利。你們一
方面容易願意什麼就做什麼；但是我這一方面，假設受到了你
們阻擋，就不易達到天主懷中去了。（一 1-2）

第二章

致命作天主的聖言

我不願意你們討取人的歡心，但應依照你們平素的意志，
只求取悅於天主。為使我迅速達到天主懷中，同時為使你們用
你們的靜默無言，批准一件美好無比的善舉，現在的這個機會
是最好不過的。你們默不作聲，不阻擋我，我去致了命，就成
了天主的聖言（表達天主的心意）；反之，你們如果為了愛惜
我肉軀的生命（阻擋我去致命），我就只是一個不含意義的響
聲了。因此，我請求你們容許我灑盡我的血當作祭酒祭獻天
主，我所期待於你們的恩惠沒有比這個更珍貴的。祭台已經設
備停妥了，你們要本著愛德的團結，和我共同組成一個歌詠
團，和耶穌基督連合成一體，歌頌天主父，感謝祂賞賜了敘利
亞的監護，奉詔命從東方來到西方，如同太陽，落到西方，脫
離人間世界的懷抱，降入天界，轉到天主那方面的新天地裡，
冉冉的向高空升起，這是一個大快人心的歷程！（二 1-2）

第三章

致命者是基督的真徒

你們常教誨人總不許嫉妒或毀謗，我希望你們自己對待我也要實行這個訓誡。你們只應祈求天主賞我內外強勇，使我不但徒事口說，而且意志純誠，使我不但有基督信友的美名，而且有基督信友的實際，有基督信友的實際才堪當基督信友的美名。當我滅跡於人世以後，我就成為基督的真實信友了。形跡可見的浮華不是真實的華美，吾主耶穌基督隱藏在大父懷內的生活，擁有斯世不可比擬的光華；基督的教義，受著世人的嫉恨，勸化了許多人，不是用了言辭的華美或巧妙，而是用了實力的強大。（三1-3）

第四章

基督的真徒：基督的麵餅

我給一總的教團寫信，聲明我甘心情願為天主犧牲性命，希望你們不要阻擋我。你們不要向我表示不合需要的恩情，請你們讓我去給猛獸吞嚼，好使我因此達到天主的懷抱中。我是天主的麥粒，要用猛獸的牙床當作石磨將我磨成麵粉，做成基督聖潔的麵餅。我不但不要阻擋，而且還要唆使猛獸做我的墳墓；將我的身體完全吞下，片髮不留，免得我去世後，還給人添些麻煩。當我的身體完全消滅，蹤影不見於人間的時候，我便成為耶穌基督的真實的門徒了。請你們替我向基督祈禱，求

他賞賜我藉這些猛獸作工具，將我製作成獻給天主的祭品。我不敢如同伯多祿保祿一樣給你們發出規誡，他們是宗徒，我是一個被處死刑的囚犯；他們是自由的人，我還是一個無自由的勞動者；但是我前去受難致命，成為耶穌基督的人，為取得自由，並要和他結成一體，復活起來，作一個自由的人，我現在身披著鎖鍊的刑具，實習克制一切貪慾的功課。（四 1-3）

第五章

自願被猛獸吞食

從敘利亞到羅馬，一路上水陸不分，晝夜不停，我常和猛獸搏鬥；我被細鎖在十隻豹子中間，就是說在一隊兵中間。我待他們越良善，他們待我越毒虐。他們的苛刻毒虐開明了我心智的光亮，並使我在聖道的學習上有了進步，但是還沒有達到義德完善的程度。我的喜樂是早能和給我備妥了的那些猛獸相會，並希望牠們迅速撲食我，我自己要引誘牠們快快吃掉我。不要如同過去牠們遇著了一些人，似乎害怕，不敢前去嗅摸。我願意受牠們吃掉，牠們如果不願意吞我，我自己要勉強牠們來吞我。我知道什麼為我有益，請你們同意我的願望。我現在開始作耶穌的門徒，要投赴到耶穌的懷中去。凡是有形及無形的神人萬物，都不要因嫉妒而阻礙我。火刑、十字架、猛獸，碎我骨，裂我屍，搗碎我全體，兇魔的非刑拷打，這一切我都不怕，只要使我趕快達到耶穌基督的懷中去。（五 1-3）

第六章

世界可賤，致命可貴

宇宙的疆域，斯世的皇朝，為我都棄如敝屣，我寧願捨掉性命和耶穌基督連合一體，不願稱帝稱王統轄遼闊的帝國。我追求為救我們而死的耶穌，我想望為我們復活的救主，我分娩的痛苦已經迫近眉睫了。弟兄們：我求你們同意我的願望，不要阻擋我得到新生命，不要允許我失掉真生命。我願意歸屬於天主，你們不要將我斷送給塵世，也不要以物質的事物欺騙我。求你們放我去，欣賞聖潔的光明，升入那聖潔的領域，到了那裡，我要得到人的真性體。求你們放我去效法我的天主，受他的苦難。誰心裡懷抱著他，誰就應體會我心中的願望，洞見我心願的焦急，並給我抱同情。（六 1-3）

第七章

渴願致命

這個世界的魁首，一意要碎裂我的身軀，挫敗我歸向天主的心志；你們前去參觀的時候，不要幫助他，但應站在我這一邊，就是說站在天主這一邊，你們不可口中誦禱耶穌基督，心中卻貪戀塵世。你們心裡不要懷著嫉妒的情意。當我到了致命的時候，假設我向你們發出與前文不同的勸告，你們不要聽信我，但應相信我現在給你們寫的這封信。我現在生命尚在，希望捨身致命。我把我的愛慾釘在十字架上了，我的胸膛裡已經

消滅了貪愛物質的慾火。生活的水在我心中滾流泣訴，從我內部向我招呼：「快投奔到天主父的懷中去！」我不想取用容易朽腐的飲食，也不貪戀此生的慾樂，我只願取用天主的食糧：那就是達味後裔耶穌基督的聖體，我願取用祂的聖血作我的飲料。祂的聖血乃是不會朽腐的愛德。（七 1-3）

第八章

絕心於世俗的生活

我不願繼續過這人間的生活了，你們的同意能使我的願望實現。我求你們同意吧，好使你們也得同樣的報酬。我寫這封短信，請求你們同意我的願望。耶穌基督將來要明證我的話，句句是真實的。耶穌的口是天主傳達真理的口，不會欺騙。請你們為我祈禱，助我達到目的。我給你們寫這封信不是根據了人情的私意，而是根據了天主的心意，如果允許我得到受難致命的恩惠，那就是你們同意的功德。如果阻擋我或使我受到了拒絕，因而得不到那個恩惠，那就證明你們待我沒有恩情。（八 1-3）

第九章

請為敘利亞祈禱

現在敘利亞的聖教沒有監護，只有以天主作他們的神牧，並由耶穌基督親身做他們的監護，照顧他們。此外，就只有請你們本著你們的愛德為他們祈禱。我自愧不敢當稱為敘利亞

人，我是他們當中最微末的一個。並且我又是一個未熟兒，我只希望仰賴著天主的仁慈，投奔到祂的懷中。除此以外，就各方面觀察，我都是不足稱道的。我的心靈和沿路收留我的眾教團的教友向你們問好。他們收留了我，款待我如同是款待耶穌基督本身，沒有拿我看作陌路人。有一些教團，雖然不是位置在我經過的路線上，但也特意遠路趕上前來，過了一城又一城的護送我前進。（九 1-3）

第十章

祝以真福：忍耐到底

我從斯明納城，藉厄弗所教友們的手，給你們寫這封信。他們值得受我祝以真福，我的至友葛勞克和別的許多人也在這裡一齊陪伴我。關於那許多為光榮天主，從敘利亞往羅馬去比我先到的教友們，我相信你們都已相見了，請你們報告給他們我離開他們已經不遠了。他們應受你們真誠的愛護，希望你們在一切事上安慰他們。我寫這封信的日子是九月朔日前第九天，祝你們振作起耶穌基督的忍耐，貫徹到底！（十 1-3）

《致狄奧尼書》

第一章

　　最卓越的狄奧尼先生，我見到你非常熱心想知道基督徒們的宗教，很清楚和鄭重地提出若干問題，例如他們所相信的天主是誰，他們怎樣去崇拜祂，以致拋棄塵世，蔑視死亡，不承認希臘人所想像的諸神祇為神，也不保守猶太人的迷信；又如他們所主張彼此相愛的愛心是什麼，而這新民族或新規範何以特在這個時代（卻不在以前）得見實行。說我來說，極表歡迎你這種熱誠，我願求告上主賜給我們彼此講談和傾聽的能力，並允許我向你講得讓你可藉聆聽而儘量獲益，也允許你聽得好，叫我不致後悔這一講談。

第二章

　　那麼，請先將佔據你內心的一切成見加以清除，並將那欺惑你的習俗加以摒棄，而變為一個從頭做起的新人，好像正如你自己也承認的，你將要聆聽一件新的故事。請不但用你的眼，也用你的心智去觀看，你所稱為並認為神祇的，它們所偶然保有的實體或形象，究竟是什麼。這個，豈不是一種即為石頭，像我們行路時所踐踏的嗎？而另一種豈不是青銅，比那被做成為我們日常使用的器皿沒有什麼好處嗎？又另一種豈不是已朽腐的木頭麼，或需要人管守，以防被竊的銀質，或被銹所蝕了的鐵，或毫不比人最通常使用的陶器更精美的泥塑物麼。

一切這些豈不都是必歸滅絕的物質嗎？它們不是由鐵器和火煉成的嗎？木雕工人不可以做出一個來嗎？而別的由鐵工銀匠陶人所造出的麼？在它們未藉其技藝而被造成為現有的形象之前，它們豈不仍可能被造出另一不同的形象嗎？已作成的日用器皿，若憑同樣技工，豈不可以用同一質料造成神像嗎？再者，你們現在所祭拜的對象，豈不可能被人改作成器血？它們豈不是都又啞又聾嗎？它們豈不也是瞎子嗎？難道它們有靈魂嗎？它們有感覺嗎？它們能運動嗎？它們豈非皆屬朽物？它們豈非皆必腐壞？這些東西你們稱其為神明嗎？這些是為你們所事奉的嗎？這些是不是你們崇拜的東西，而最後將變成和它們一樣嗎？你們憎恨基督徒的理由是不是因為他們不認那些東西為神麼？你們自以為你們是在頌讚它們，但你們豈不是實更侮辱它們嗎？你們對金器銀器，日間管住它，夜間鎖藏起來，免被偷去，卻對木石毫不置理，這豈不是毋寧在愚弄它們嗎？你們覺得是尊敬它們的禮儀，假如它們果然有認知能力的話則無寧是在處罰它們；而如它們沒有認知的能力，你們用鮮血和焚脂去拜祭它們，實無異棄絕它們。請你們當中任何一位承受這些對待，讓他忍受這樣的祭獻試試看。我恐絕無一人情願受這種懲罰，因為他有知覺和理性呀。然而石頭可以承受，因它毫無知覺。那麼，你們不是拒絕它的知覺嗎？我可以把更多的理由稱說基督徒們為何對這類神祇拒絕事奉，但如有人覺得這些論辯不足服人，我想，也不用多說了。

第三章

其次，我想你特別關懷欲知基督徒們何以不同猶太教徒的崇拜。誠然，猶太人摒棄了上述的偶像宗教，可以儼然自命為

一神崇拜，奉祂為主，但是，他們對祂用那跟上述偶像崇拜者一式一樣的方法，乃是完全錯誤。正如希臘人在供奉聾啞不靈的偶像這事上乃表明其愚昧無知一樣，猶太人認為天主需要那些祭物，則亦徒然表示愚蠢而非虔敬了。因為天主既然造了天地和其中的萬物（出二十 1；詠一四六 6；宗十四 15），並賜給我們世眾一切所需，祂本身絕不會更欠缺或需求祂所供給世人，而世人以為正在供獻的這些東西。總之，那些供獻祭物的人，以為藉了鮮血和焚脂並整個燔祭來對祂竭誠祭獻，並在這些尊崇中是表示對祂的虔敬，其實在我看來，這完全與敬拜泥塑木雕的偶像毫無分別。因為，後者是奉獻給那些不能享受尊崇的木石，前者是在奉獻給那毫不感需要的神。

第四章

加以，我想像你不用從我聆知猶太人關於食物的計算，對安息日的迷信，在割禮上的自誇，禁食的虛偽，新月節的筵宴，這些都是滑稽而毫不值一辯的。試想，對天主所造以備人用的事物，其中某些則接受之，像是造得合宜，另一些則拒絕之，像是無用和贅餘，這豈能是有絲毫合法的呢？責難天主不許在安息日作一善行，這豈不是荒謬的不虔敬嗎？自誇折磨肉體為被揀選的證據，由此而特為天主所寵愛，這是何等的滑稽啊？猶太人對於星辰和月的注重，奉守某幾月和某些日子，將上主所安排的季節變換，強作區別，硬定某某日來擺筵宴，某某日則表示悲傷：試問，誰將認此為虔敬的憑據？毋寧表明越加愚蠢是了！所以我想你們已充分知道基督徒們對猶太人的一般蒙昧，自欺自驕之摒絕，乃是正當的。不過，你不可以為能從常人學知基督宗教的奧祕。

第五章

　　因為基督徒與別人的區別，既不在於地域，亦不在語言，且亦並非在習例上。基督徒們並不住在他們特有的地方或城市裏，他們並非另操特異的方言，也非履行特種的生活。他們的這種教訓，未曾為知識份子所發見，或為世俗忙人所想到，他們也並非像某些學派那樣，擁護任何一種人世的教條。他們卻仍生活在希臘文明和蠻野的城邑，各人按照他所得的職業，在衣服飲食上與在日常生活都隨從當地的習俗，不過同時對他們自己所屬的國家表出其公然奇異的性格。他們雖住在他們自己的祖國，但好像是國中的寄寓者，他們作為公民，參與一切事務，但又像外人樣，忍受一切痛苦。他們以海外為家，每一國家都變成他們的外國。他們亦如一切通常人樣，過婚姻生活，生男育女，他們絕不棄嬰或蹧蹋其所出。他們自由招待客人，但保持自己的清潔。他們「在血氣中行事卻不按照血氣」過活。（格後十 3）他們在地上度其光陰，卻作了天上的國民。（斐三 20）他們服從所制定的法律，但在他們自己的生活上超過世俗的法律。他們愛一切世人，然而受一切世人的逼迫。他們是默默無聞的，他們是飽受責難的。他們每被處死刑，但他們獲得生命。他們「貧困，卻使許多人富足；像是一無所有，卻無所不有。」（格後六 9-10）他們飽受凌辱，但即在恥辱中得到榮耀，他們蒙受惡言惡語，但他們被稱為義。他們「被人咒罵，卻對人祝福」（格前四 12）他們被侮辱，卻得尊榮。當他們行善的時候，他們就被冤屈為作惡之人，當他們受打擊時，他們卻高興得像受取生命。他們被猶太人鬥爭，視同外敵，又被希臘人所逼迫，而那班憎惡他們的人不能舉出其仇視的理由。

第六章

　　簡括說來，基督徒們在人世，一如靈魂宿於肉體之中。靈魂播遍肉身的一切肢體，基督徒們亦遍處全世的城邑。靈魂雖宿於肉體中，卻不屬肉體所有，基督徒雖寓居於世界中，卻不屬於塵世。（若十七 11；十四 16）靈魂是不可見的，卻是守在一個可見的肉體之中；基督徒雖在世界中是可見的，但他們的宗教是不可見的。肉體憎厭靈魂，與之搏鬥，雖然它曾受惡，只不過攔阻了肉體的快樂，世界亦憎厭基督徒，因為基督徒反對世俗享樂。靈魂愛那恨它的肉身與其肢體，基督徒愛那恨他們的一班人。（瑪五 44，路六 27）靈魂雖被關鎖在肉體之中，但它本身支持著肉體；基督徒們亦被圍困於塵世內，如坐在牢中，但他們支持著世界。靈魂雖宿在一個必死的羅網之中而保持不死，基督徒寓居在可朽壞的事物當中，等候著在天的不朽。靈魂於肉身飲食受惡遇，但日益健全，基督徒們日復一日遭受打擊，但日益增加。上主指定他們在這樣偉大的一個崗位上，他們不應推辭這個職守。

第七章

　　因為，如我所說過的，基督徒們所領得的，並不是一件地上的發現，他們也並不把這樣的痛苦辛勞花在保守某種必死的造作上，也不委身於管理某種人生的奧祕。但是真的，全能而創造萬有的無形上主，在人類當中建立了自天的真理與神聖奇妙的道，並立之於人心之中，祂之為此，並非如我們所想像的，派遣某個執事或天使，或統治者，或指揮地上事物之一員，或受委執行在天事務之一使者，來到人間，卻是派遣那創

造宇宙的巨匠本身，祂會藉他而造出諸天，藉他四圍封住洋海，他的奧祕為一切元素所忠實守護，太陽從他得了白晝規程的標準，月亮依他的命令，到夜間發出瑩輝，星辰遵從他而隨月以行，萬物無不憑他排定，位次秩然，諸天及天上事務，大地及地上百物，海洋及其中水產，火咯，大氣咯，幽淵咯，高處的東西，低處的東西，兩者之間的東西，都由祂派他到達它們。不錯，可是祂派他來，是否如人所想像的，握有大權和令人震怖呢？不是的，非常柔順溫和，像王之派來王子，祂按他來作為君王，祂派他來作為上主，祂派他來作為「人」對眾人，祂派遣他時，是用勸說而不是強迫的，因為強迫不是天主的屬性。（匝九 9；若三 17）當祂派遣他時祂是呼喚，不是催迫；當祂派遣他時，他是眷愛，不是審判。因為祂將來要派他來作審判官，而誰能當得起呢？（瑪三 2）……（原文此處闕文）……他們是被投於野獸，好使他們否定主，但他們無可被征服嗎？你豈不知他們越加受罰的越多人，別人就越加繁殖嗎？這些事情似乎不是人的作為；這些事情乃是天主的奇蹟；這些事情是祂留下來的證據。

第八章

但在耶穌未下世之前，人有什麼關於天主（神）是什麼的知識呢？雖道你接受那些自命為哲學家們所作之虛幻愚昧的學說嗎？他們有的說，天主是火（他們把「神」的名稱給那他們將來所必到的地方），有的說是水，有的說是另一個神所創造的元素。但若這些論證之任何一種可被接受的話，則其他受造物的每一件事物，都可能稱之為神了。這些事不過是魔術師所販賣的和用於騙人的奇蹟而已；就世人來說，沒有一個人曾見

過天主或認知祂，只有祂自己將祂自己顯示是了。祂透過人的信心而顯示了祂自己，人惟藉信才得以看見天主。因為宇宙的創造主宰即造山萬有，把它們安排得有條有理的天主，對人既是仁惠的，亦是恆忍的。祂過去如此，現在以至將來也會如此，親切和良而不發脾氣，真的，只有祂是良善的。祂製成了一個偉大不可言語形容的設計，來單和祂的「兒子」交接。凡在祂奧妙地保有它，而善用祂的智謀的期間內，祂似乎對我們不睬不理也不管；然而當祂藉著祂的愛子把它顯示出來，並將從起初預備了的事表明了的時候，祂立即把一切事物通過給予我們，使我們也分享祂的福益，也看見和瞭解，而我們有誰會期待這些好事呢？

第九章

　　祂自己既然和祂的兒子計畫了一切，就讓我們一直到主降臨的那時憑己意被快樂和情感所動，被不合規律的衝動所支配的。（參羅三 21，一 26；鐸三 3）這絕對不是為了祂中意我們的犯罪，卻是因為祂恆忍我們，不是贊成那時的不義時代，卻是玉成現時的公義時代，在那時因自己的業行已經證明自己配不過生命的我們，在現時則可能靠天主的慈善而領得新生命，並且我們當年顯然不可能靠我們自身而進入天國，但現在靠天主的權能我們可以做得到如此。（若三 5）但是當我們的不義到了極度，當等待刑罰和死亡的報應已顯現了，到那時，天主所注定顯現祂慈善和權能之日也來到（啊，上主的仁慈和愛，何其卓絕！），祂就不恨我們，不棄絕我們，也不再記住我們的惡，卻表示恆忍，對我們寬容忍耐，祂自己憐憫地負起了我們的罪孽（鐸三 4-5），祂捨自己的兒子作我們的贖價，以聖

潔者贖污邪者，以無辜的贖罪人，以公正者贖不正者，以本來
是不朽者贖朽壞者，以不死者贖必死者。（羅八 32；弗一 7；
弟前二 6；伯前三 18）試問，除掉祂的公義之外，還有什麼東
西能夠覆蓋我們的罪過呢？又試問，除掉在天主子之外，還有
在哪個人裡我們的邪惡和不誠能做到改正呢？啊，甘美的變換
呀！啊，不可測度的創造呀！真想不到的福惠呀！大眾的邪惡
得被一個義人所障掩，而一人之義得令許多惡人改稱為義，奇
妙哉！那麼，祂既然已經使我們知道在過去的時代，我們的本
性決無可能企致生命，而現在表明救主是能拯救，甚至補救那
絕無可能補救的地方，祂的旨意就是為了這兩個理由要我們信
仰祂的良善，視祂為護士，為父親，為教師，為謀士，為醫
生，為心智，為光，為隆譽，為榮耀，為力量，為生命，而不
用愁衣或食。（瑪六 25-31）

第十章

你如亦願有這種信仰，就首先要獲得關於天父的完全知識
（這裡原文不清楚）。

因為上主普愛人類，為此之故而造成了世界，將地上萬物
交給人類管理，祂賜他們以理性及心靈，並惟獨對他們才加上
仰望祂的吩咐，祂按照祂自己的形象創造了他們（創一 26-
27），祂將祂的獨生子派送到他們這裡來（若十四 9），祂應
許他們在天的國度——而祂將拿它賜給凡愛祂的人。當你有看
著這種充足知識之時，你以為你會怎樣充滿喜樂呢？或者，你
會怎樣大大地愛慕那首先愛了你的天主呢？（若十四 19）。你
既愛祂，就會仿效祂良善的模範。你不驚疑一個人是否可能為
上主的模仿者，如果他意願，這是可能的。因為幸福並不成自

壓制鄰人，也不是仗有錢，或比弱者更強健，或有勢力足以凌貧；沒有人在這類行為上能成為上主的模仿者，那些事情都在祂威嚴之外。凡能負起別人的重擔（迦六 2）而願意幫助比自己軟弱，比自己遙為困苦的人，凡願意把自己從上主領取而掌有的，賙濟給所缺乏的，就那些人看來，他就成為一個天主，而這即是上主的模仿者了。那時，雖則你的身世性命居在地上，你會看見天主活在天上，你會開始講談天主的奧祕，你會愛慕敬佩那些為了不欲否定天主而被處罰的人，你會責難世界的欺詐和謬誤，而這時你要知道何謂天上的真生命，這時你要輕視這個世界的表面死亡，這時你必畏懼那種真正的死亡，它是專為必受判處永火之刑的，這永火必要將那些遞解來的人懲罰到底。當你知道那種永恆之火的時候，你會對那些為義而忍受一時之火的人表示敬佩，而會承認他們是蒙福的了。

聖儒斯定：《與脫利風對話錄》

第一章　緒言

　　某日早晨，當我散步於息司篤（按：在厄弗所）的時候，有某先生和他的二三同伴，遇見了我，向我致言：「嘿，哲學家！」稱呼了這以後，他立即轉身與我同走；他的幾個朋友也跟隨著他同來。我隨即對他回禮，並問道：「有什麼重要的事嗎？」

　　他答道：「我曾聞諸亞各斯（按：在希臘）城的蘇格拉底派格林多，我不應當對那些如此袍服盛裝的人（按：指哲士的長袍）加以蔑視或漠然置之，卻應表示親善，與他們交游，而在這樣結納之中，也許有裨益於那樣的人或我自己。如果或彼或此有一蒙惠，則誠福及雙方。由此之故，我凡逢見這樣裝束的任何人，我總喜與他接近，今我亦以同樣理由，甚願向你招呼；而這些伴我的人也期待著從你聆聽教益。」

　　「你是哪一位呀，最卓越的人啊？」我戲為如此作答。

　　於是他坦然以其名及其家見告。他說：「我叫做脫利風，是希伯來民族中一個受割禮的人，因本地有戰事，故逃兵役而出走至希臘，多半在格林多消磨歲月。」

　　我說：「那你從哲學家所得到的益處，怎可以如同從你固有的律法家和眾先知所得了的那麼多呢？」

　　他答說：「為什麼沒有呢？哲學家們不是聲聲口口在說神嗎？他們不是絡讀發出關於神之統一與安排的問題嗎？哲學的真正本分不是在研究神嗎？」

我說：「誠然，我們也這樣相信。可是最多數的哲士（按：指當時的斯多亞派）並沒有想及宇宙間是否一神或多神，以及其對我們各人有否垂顧，好像認為這種知識於我們的幸福無裨；不，那班哲士們甚至企圖說服我們：神只是照顧宇宙的物種和萬類，如不垂念你我各人，因為，若不然我們不需日夕向祂禱告。然而這種看法的結果是不難理解的；因為任意放縱言談，勢必致凡主張那些意見，即是隨便胡說，為所欲為，既不恐懼上主之罰，亦不盼望任何神惠。他們怎能如此呢？他們無非肯定萬事必將發為一樣，不改故常，你我各人亦必始終同樣，既無改進，亦不更壞。可是另有一些哲人（按：指柏拉圖派），假定了靈魂是不死的，與非物質的，相信他們即使犯了過惡，也不會受懲罰，因為那屬非物質的是無感覺的，而靈魂既終不死，自無需仰給於神。」

他微笑地說：「那麼，請教足下關於這些事情的高見，關於神，你抱什麼觀念，你的哲學如何？」

第二章　聖儒斯定敘述他的哲學研究

我說：「好，我將以我所認為者奉告；哲學實際是最偉大的產業，而在天主面前是最有榮譽的，惟有它才把我們引領到祂那裡，並使我們與祂同在；因而那些注重哲學的人是真正聖潔的人。可是哲學究竟是什麼，它為何被遣降至人間，卻為多數人未曾察及，否則他們就不分為柏拉圖派，斯多亞派，逍遙派，虛無主義者，因為這門學問究竟只是一個。我願告訴你們，何以哲學成了多頭。那些最初處理哲學，隨而受敬重為聞達的人，曾為後起之徒蹈襲故轍，不更探究真理，只是讚詡前人的堅忍和自我勵鍊，以及學說的新奇；各人皆以為自己所學

自他老師的，必是真實的。加以，那群後起者又將這類東西遞傳給他們的承繼人；而這個系統就被稱為那擁有教義之父的名號。

我早先亦曾欲結納這些學派中之一人，委身於某斯多亞主義者；跟他花了相當的時間，其時我既不曾習得關於天主的任何知識（因他自己也不知道，並說這樣的教育並無必要），就捨了他而置身於另一人之前，他稱為逍遙派之徒，他自以為聰明伶俐。這位先生接待了我幾天之後，便要我講定學費，好叫我們的交誼不致無利可圖。為此之故，我也把他放棄了，深知他絕非為哲學家。

但當我心靈熱切願聽特殊而值得選擇的哲學時，我又來到一位很有名的畢達哥拉斯主義者，他自我陶醉於其智慧。我跟他見過一面之後，願受業於他之門。他說：「那就怎樣呢？你是否熟習音樂、天文、幾何呢？你怎能期望認知任何足以導至幸福生活的方術呢，要是你尚不曾知那些科學呢？只是它們才能使靈魂離棄可感的物體，而就心智的對象，以致它能沉思那在本質上至美與至善的事哩。」他說這些學問的部門，告訴我它們都是必須的，而當我坦白承認對此毫無所知時，他就拒絕我作他弟子了。

我當然不滿意於那樣大失所望的，因為我估計那人必有某種知識。但我想到我不得不長期稽留在那些學科的研習上，我又覺捨不得在這樣無可奈何的情形之下，我忽動念去會見柏拉圖派，因他們的名聲很大。於是我儘可能花了時間在一個最近定居在本城的人的身上。他是一位聖哲之士，在柏拉圖學派中擁有高級位置。我學業有進，日作最大努力的自新。我一旦認知那無形的事物，便內心翱翔於理念之沉思，因而得於短期間內，自以為已成了智慧者。實則說的愚騃到了這樣情形，我滿

以為可以仰瞻神了，因為這是柏拉圖哲學的目的。」

第三章　聖儒斯定述其歸正的情形

「當我這樣自省之時，我願望有一段時期充滿極大恬靜，閉絕凡人之路，於是趨至一個離海洋不遠的某地。一日，當我快將到達該處的時候，我預期這將成為我隻身獨在的了，想不到有一老者，看他樣子絕非可鄙，其貌溫柔而可敬，距我僅數步之遙。我轉身向他，停步凝視，盯眼在他身上。

他發聲道：『你認識我嗎？』

我以否定相答。

他對我說：『那麼，你為什麼這樣凝視我呢？』

我說：『我頗驚訝，你偏巧與我同在一處，因我不曾想到此處可見任何別人。』

他便對我說：『我是在牽罣我家的某些人。他們離我出走，所以我來尋找他們，看看他們是否在這裡。可是你為什麼在這地方呢？』

我說：『我喜歡這樣靜僻的路，可以不吸引我的注意力，才能專心與自己對談；這樣的處所是對思想最適宜的。』

他說：『那麼，你是一位思想家吧？非有愛於功行或真理？你豈不亦有志於為實際的人物，過於作一空想家嗎？』

我說：『一個人若不表彰理性是支配萬有，因而企達它而掌握它，藉以唾棄別人的錯誤及其追求這一事，怎能成就更大的事業嗎？但如不由哲學和正確理性，則任何人也難持有慎思。所以每一個人必須運用哲學思考，珍視它為最偉大而最有光榮的；至於別些學問，不過屬於次要或二三流而已，只不過，要是它們得附屬於哲學，當然也具相當價值，值得接受；

但若脫離哲學，而不依附於它，則對凡研究它們的人成為粗鄙無狀之物了。』

他插言問：『那麼，哲學可以造成幸福嗎？』

我說：『當然可以，而且只有哲學才能辦到。』

他說：『那麼，哲學究是什麼？而它所產生的幸福是什麼？要是沒有什麼妨得於你的話，請告訴我。』

我說：『哲學是關於真正存在的知識，是對真理的清晰認知；真理就是這樣學問和智慧的酬報。』

他說：『然則，你稱神是什麼？』

『神是那永遠保持同一本性，具有同一狀態，而為萬物之根源——神便是如此。』

我這樣回答了他，他欣終聆聽，而又問我：『所謂知識這一專辭不是關於各種不同的事麼？因為在所有種類的技藝上，凡熱知其中之一者，每被稱為在其中有知識之人，不論在軍事學上，或政治學上，或醫療術上。但在神事和人事卻不如是。請問，世間有無一種知識，足以理解人事和神事，徹底熟稔神性與其正義呢？』

我答：『當然有的。』

他問：『那麼，探究人與神，也同研習音樂、算術、天文，或其他這種學科一樣嗎？』

我答：『絕乎不是。』

他說：『那麼，你上面回答我的問題並不是正確的。因為某些知識是由我們藉著學習或某種使用而學得來的，另一些知識則由我們藉著見識而得。假如今有一人告你，印度有一種野獸，與一切其他野獸不同，卻是怎樣怎樣地百般歧異，你在未見過牠以前，便無從知道；抑且，除非你從那看見過該野獸的人有所聽取，你也不能對牠作任何描狀。』

我說：『那當然不。』

他說：『那麼，哲學家們又怎能正確判斷關乎神的真相呢？要是他們對祂毫無所知，始終沒有見過祂，或聽過祂的話？』

我說：『但是，老先生啊，神是固然不能僅憑肉眼看到，一如看到其他活靈活現的東西那樣，卻只能顯示於人心，如柏拉圖所說的；我信柏拉圖的話。』」

第四章　生魂本身不能看見天主

「他說：『我們心裡果有這麼偉大的能力嗎？人豈不是藉感官認識存在物呢？若是人的心智不受聖靈的啟迪，它竟會看見天主嗎？』

我答道：『柏拉圖的確稱說，心眼真能如此，它所以被賜給我們，乃是為了使我們只要我們的心是純潔的話，便可以看到那個真實本體，萬有之原，無色無形，亦無大小，真的，由肉眼去看，空無一物；柏拉圖再說下去，祂是超乎一切本質的，不可稱道，不可說明，卻惟光榮而良善的，能突然來至那些由於親近祂而熱望看見祂，才有這麼善良生魂的人。』

他應聲道：『我們與神之間有何親切關係呢？我們的生魂是不是神聖而不死的，是不是那種堂堂心官的一部分呢？它是不是能如那樣的生魂一樣看見神，而成為幸福快樂嗎？』

我說：『那當然。』

他問：『那麼，所有一切生命物類的生魂都能領會神嗎？或者，人類的生魂是屬於一種，而馬驢等類的生魂有屬於另一種呢？』

我說：『不，所有生魂都相類似。』

他說：『那麼，馬和驢也過去或將來有看見神的可能嗎？』

我說：『不，即使在人類中，也有多數不會看見神，只有那正直生活，為公義及其他諸德所淨化的一部分人才可以。』

他說：『然則一個人之能看見神，並不是由於姻親關係，亦非由於其有理性，卻是為了他具節制和公義之德。』

我說：『正是，也是為了他具有認知天主之能。』

他問：『那麼，山羊或綿羊有傷害及何物呢？』

我答：『都沒有，一點也不。』

他說：『照你這話，所以這些動物也會看見神。』

『不，因為牠們那樣的身體是對牠們有阻礙的。』

他又插入說：『假如這類動物也能言語，它們準能以較大的理性來譏笑我們的身體了。但現在連我們不談這個題目，由你去隨意自己說吧。不過，願請告我：生魂是在寓存身體的期間內見到神呢？或是離開了身體之後才見神呢？』

我繼續說：『生魂只要是在人的格式裡，仍能夠藉著理性而認識神；不過，特別是，當它脫離身體而自由自在之時，它做到可以看見它所完全愛的神。』

他問：『當生魂再回至人裡面的時候，它記得看見神嗎？』

我說：『我以為不。』

『那麼，那些看見過神的人有什麼好處呢？那見過的甲某，比那不曾見過的乙某有什麼勝過呢，除非甲某記得他確有見過的事實？』

我答：『我不能答覆這問題。』

他說：『那些被斷定為不配看見神的人，又有什麼苦患呢？』

『他們是被囚於某類野獸的身體中，而這就是他們所受的報罰哩。』

『那麼，他們是否知道他們即由此故，犯了某種罪孽而坐於這樣的牢獄中呢？』

『我想不會如此。』

『那麼，這些也似乎不能從他們的受罰收穫任何益處。我甚至不稱之為受罰，除非他們確意識到受罰。』

『的確不。』

『所以生魂既不見識神，也不輪迴進入另一身體，因為，否則他們就會知道因此而被處罰，他們會怕以後犯罪，即使犯最細微的罪。但是，他們之可能認知天主是存在的，而且公義和虔敬是可寶貴的，這一點我跟你同意。』他說。

我答：『你說得對。』」

第五章　生魂在其本質上不是不死的

「他又說：『那麼，那班哲學家對那些事實無所知；因為他們甚至生魂是什麼也不明白。』

『是的，好像不明白。』

『生魂也不應被稱為不死的；因為，如果它屬不死的，它顯然非產生的。』

『依照某些號稱柏拉圖學派的人，生魂是非產生的，也是不死的。』

『你說世界也屬非產生的嗎？』

『某些人這樣主張。但我不與他們同意。』

『你是對的；因為我們有什麼理由來假定一具這樣固體的，有抵抗力的，複合的，可變化的，腐蝕的，日日新陳代謝的身體，沒有從某個原因而產生的嗎？倘若世界是產生的，生

魂也必定屬產生的。也許它們在某一時間不會存在，為了它們曾由於人類和別些生物所造出；即使你要說它們的產出，全然是另外一件事；而非與其各自身體一起的話，仍然是被產出。』

『這似乎很正確。』

『那麼，它們不屬不死的。』

『不，既然我們認為世界也是產生的。』

『但是我不欲說一切生魂皆歸死亡；因為那對惡人來說真是一片幸運了。他們怎樣呢？虔心人的生魂留存在一較好處所，邪惡者的生魂是在一較壞的地方，等候審判的日子。這樣，那些配得見神的人絕不致死；但其餘的人，就儘神要他們存在而受罰的時間罹遭刑罰。』

『那麼，你所說的，是否跟柏拉圖在提慕斯裡所暗示的世界觀相符呢？他說，世界既是受生，當然不免朽腐，但它由於神的旨意，將不溶解，也不遭遇滅亡的命運。你是否覺得生魂也能說是如此，乃至一般萬物也是同樣呢？因為那些後於神而存在的東西，不論是已經或將來的它們皆具腐朽的性質，因而可能消失和停絕生存；因為惟有神是非產生的，不腐蝕的，正由於此祂才是神，但是除祂以外的一切其他，全是受造的，可朽的。由此之故，生魂要死去，也要受懲罰。假如它們非屬產生的，它們就不致蹈罪，也不充滿愚情，既非怯懦，又不兇殘；它們更不自願轉化為豬，為蛇，為狗；而且，若是它們非產生的，自不當強迫它們。因為一個非產生的，與另一個是類乎的，相等的，甚至同一的；而在能力上，在名譽上，前者毫無所羨於後者，因而，宇宙間並沒有很多事物是屬非產生的。因為，假如其間有所區別，你無論怎樣去尋找，也查究不出區別的原因；但是，你若任由心智遊蕩於無限，你就終歸厭倦，而要委身於一位「非產生的」之巔，而稱這方是萬有的「本

源」。我說那些智慧者柏拉圖和畢達哥拉斯難道都看不出這些事嗎？他們為我輩修成了一道哲學的堅牆和堡壘。』」

第六章　這些事情是柏拉圖和其他哲學家所不曾知道的

「他說：『是否柏拉圖或畢達哥拉斯，又或任何別人，曾抱這種意見，我都不管。因為真理就是如此；你會從下列論點而認知它。生魂當然若不是生命本身，便是具有生命。倘若它是生命，它就造生它以外的別的有生之物；正如運動也會發動它以外的某物。生魂是活著的，這，無人加以否定。但它若是活著，它卻不是生命本身，而只為生命之參與者。而凡參與任何事物的東西，必與該事物有別。那麼生魂之所以分享生命，是由於神要叫它活著。這樣，若是神不要它活著，它便不會再分享生命。因為生存並不是它的屬性，在這點上它是與神有別。正如一個人之非永得生存；生魂不是永遠與身體結合，但是這種結合必有分裂的一天，其時生魂便脫離身體，而人即不復生存；同樣生魂必有時停止生存，而在那時生命之精從它離去，不再有所謂生魂了，它卻回至它所自來之處。』」

第七章　惟有從眾先知求取真理的知識

「我說：『那麼，既然甚至在那些人當中無真理可收穫，我們要跟什麼教師呢？或者，我們可能從何處得到助益呢？』

『遠在今時以前，曾有一些比尊為哲學家輩更古老的人存在，他們藉著聖神講話，預言將要發生而今果皆應驗的事情。他們稱為先知。惟有他們才明白真理，而宣告之於眾人，他們對任何人也不敬畏，不受虛榮心的影響，單講說那些他們在受

聖神感動時所見過和聽聞過的事。他們的作品今尚留存，凡以信心閱讀過它們的人，在事物終始的知識上，與在哲學家應當知道的那些事情上，得到很多助益。眾先知在其論說上不需使用證明，因為他們所見證的真理超乎一切證明之上，足值相信；但是那些已經發生了和正在發生的事，使你不得不拜服他們所說了的話；的確，由於他們所行使的奇蹟，他們該受崇信，他們既榮耀了造物主，天主和萬有之父，也宣布了祂所派遣來的祂兒子基督。這些事，那充塞虛誕不潔之靈的假先知們，既不曾做，亦不能做，只是敢於演出一些怪誕的行誼，以達驚人駭世的目的，而榮謬誤之魔鬼。但願，最重要的是：光明之門向你敞開；因為這些事情沒有人認識而理解的，除非天主和祂的基督把智慧的心賜給他。』」

第八章　聖儒斯定的藉其對話而燃起對基督的愛心

「當他說了這些和許多別的話（對這，我現在沒有時間詳述）之後，便走開了，但叫我注意這些事情，我迄今未再與他見面。然而有一道火燄即時燃起在我心靈中；一種對眾先知和基督之友的愛，不禁充滿了我的心；同時我在內心反覆他的話語，我覺得惟有這種哲學才是安全而有裨益。由此之故，我成為一個哲學家；再者，我深願眾位都下一個像我這樣的決心，切勿棄置救主的那些嘉言。因為它們具有一種無上的威力，足以驚嚇那些脫離正直之路的人，也可以使那些敬重它們的人獲得最甘美的平安。如果你們稍一關心自己，如果你們熱望得救，如果你們相信天主，你們可能—為了你們既對此事並非漠然—做到跟天主的基督相親暱，於領洗之後，樂度幸福生涯。」（以下略）

聖宜仁：《駁異端書》

卷一　第十章

　　教會雖散布天下，甚至到天邊地極，但她從宗徒和宗徒的門徒們領受了一個信仰，相信唯一的神，全能的父，天地和海，其中萬物的創造主；又相信唯一的天主子基督耶穌，祂為拯救我們而成為肉身；並相信聖神，祂藉眾先知宣布我們的主耶穌基督的時代來臨，為童貞女所生，受難，從死裡復活，升天，將來要在父的榮耀中從天再來，將萬有歸於祂自己，使世人的肉體復活，好照著無形天父的旨意「致使上天、地上和地下的一切，一聽到耶穌的名字，無不屈膝叩拜。」（斐二 10）使一切世人親口承認祂為主、為神、為救主、為王，並且祂要憑公義審判一切世人，使一切因犯罪悖逆的天使與邪惡之靈，一切不虔不義、褻瀆神不守神律法的人，都被摒棄於永火之中；至於那些從起初或從悔改信主後謹守誡命，住在祂愛裡的人，祂要恩賜給他們不朽的冠冕和永遠的榮耀。

　　教會雖散布天下，卻熱心遵守這教理與信仰，如處一室之中，同心相信，恰如只有一個意念，合意傳道教訓人，又如恰只有一個口。雖然世界上的語言各異，教會的傳統，卻只有一個意義。建立在日耳曼的教會不會相信或傳遞任何不同的信仰，建立在西班牙，在克勒特各族，在東方，在利比亞，以及世界中心地區的各教會，全都不會。正如天主所造的太陽在普世只有一個，同樣那將凡要認識真理的人照耀的真理之光，也只是一個。即令教會中最傑出的領袖也不能說什麼來違反這教

理。在另一方面，最軟弱的兄弟，也不能把它說少些。因為信仰只有一個。

有些人比別人的瞭解力更大，這並不是在於他善於刪改教義，或在創造並保存宇宙之神以外另捏造一個神，另一個基督，另一個獨生子（像諾斯底派一樣），而是在於他善於講明那些不易明白的比喻，指出他們對信心如何有益。他們能講明天主如何安排世人的救恩，如何長久容忍天使的反叛和世人的悖逆。他們也能講明，同一位天主所造之物，為何有些是暫時的，又有些是屬天永恆的。他們也瞭解，無形的天主，如何用不同的方法，向不同的人顯現。他們也能教訓人，天主給世人的約，為何不只一個，並指出每個約的特性；又說明天主為何將眾人都圈在不順服之中。他們又存感謝的心說明天主的道為何成為肉身，受苦，並講明天主子為何等到晚近才降臨，那乃是說，開端為何在來世才表現出來。他們也能講明經上所載關於世界末日，以及將來的事。他們也能講明天主為何將那些在救恩指望以外的外邦人，也包括在聖教會的聖徒共融之內，使他們一同做天主的子女。他們在講論中也能講明以下章節的意義：「幾時這可朽壞的，穿上了不可朽壞的；這可死的，穿上了不可死的」（格前十五 54）；「從前在什麼地方對他們說，你們已不是我的人民，將來在那裡必對他們說，你是我的人民。我要愛憐那不蒙愛憐者。」（歐一 9，二 25）；「因為被棄者的子女比有夫者的子女還多」（依五四 1）可是他們絕不用他們的聰明去捏造一個作為天母的「恩次密失」，以為這個漂泊的愛安超乎創造主之上；也不捏造一個充實、超乎恩次密失之上，也不提出三十個愛安和其他數不清的愛安，像這些不明真道的諾斯底派師傅們所行的一般。因為那散布普天之下的教會，只有一個共同的信仰。（十 1-3）

　　受造之物眾多而不同。分開來看，它們乃是彼此相反而不
和諧的。但從它們與全體創造的關係來看，它們乃是互相調諧
的。正如琴音由許多不同的音節而產生一個和諧的調子。愛好
真理的人，必不致被不同的音節弄混了，認為一個音節有一個
產生者，另一個音節又有另一個產生者，或以為產生低音者是
一人，產生中音者又為一人，產生高音者另為一人；他倒要想
到全調的智慧與和諧，而把它看為是一體。因為凡聽到樂曲的
應當讚美音樂家，欣賞傾聽其中的抑揚頓挫。他當以音樂表徵
別的事，並援用我們的規律去考求各事之因果關係。他絕不要
離開忘記它是由一個藝術家來的，而同樣在本問題上也不失掉
對創造萬有之神的信仰。

　　若有人對這些疑難不能都解決，他要反省，人是比天主無
限地低劣。因為人啊！你並不是非受造者，你也並非像天主的
道一樣，常常與天主同在。你乃是因為天主非常的恩惠，既然
受造就是從天主的道漸漸學會天主的各種安排。

　　你當知道自己的知識有限。休想你能超過天主。因為祂是
不能超過的。……因為你的創造主是無終無限的。即令你測度
了全世界，像人走過一個工房，而測度了在天主裡面的長闊高
深（弗三 18），你也找不到一位比創造主更高的父。（二十五
3-4）

卷二　二十七章

　　但虔敬健全喜愛真理的人，必將天主讓人知道的事悉心研

究。他必因每日用功研究而在這些事上進步，使他所研究的容易一些。那些擺在我們眼前和經上明言的事，都屬於這一類。而經上的比喻，都須用無隱晦的說法來講解。人這樣講解經文，才不致陷入危險，而比喻本身才會到處同樣講解，使整個真理不被動搖，而有條理地長存著。任意將超乎我們見識以外深奧之事，連接到比喻的講解上，乃是愚妄無知的。這樣一來，真理就沒有準則了，而講解經文的人有多少，就有多少彼此衝突的真理了。

一個人遵循這種方法，就必老是追求，卻總找不到真理，因為他把那解答的原則拋棄了。當新郎來到的時候，人若燈中無油，亮光昏暗，就不免乞援於那些在黑暗中胡亂講解比喻的人。而他既離棄那用簡單明白的宣道來白白接納他的主，就要摒棄於祂的婚禮之外。

既然全部聖經，無論是先知書或福音書，都公然沒有隱晦地宣布——眾人雖不都相信，卻都同樣瞭解——說，神只有一位，再無別的神，並且祂創造了有形的及無形的，屬天的及屬地的，水中的及地底下的萬物；又因為我們所居住所看見的世界，並也證明只有一位創造者和管理者（參羅一20）。那所以人將眼睛蒙著，反對這般明白的啟示，乃是愚不可及，看不見宣道之光輝。（二十七1-2）

卷二　二十八章

我們既然有了真理的準則和明顯論到天主的見證，就不當拒絕這對天主健全可靠的知識；到要用這些知識來解答我們的問題，研究天主奧妙和安排，並越加愛那過去、現在多多恩待我們的天主。

但若我們對經上的難題不能都解答，也不當另尋一位神，因為那種作法是非常不虔敬的。這類的事都當交給那造我們的天主，須知聖經是由祂的聖言（道）和聖神所啟示的，本是完全的。若我們在屬天屬靈的事有這種困難，原不足奇，因為許多擺在我們眼前的事，我們也無法明白。例如對尼羅河的汎漲、候鳥的棲息所、海潮的起伏、風、雪、雷、雨、閃電的形成、月的盈虧，以及各種金屬、砂石、及流質的不同，我們有什麼解釋呢？

　　若自然中尚且有些向我們隱藏的現象，那麼聖經中包含許多對我們太深奧而必須交給神的事，我們就沒有抱怨的理由，神總是人的師傅，而人總是學生。因為保祿宗徒說過，萬有都歸於朽壞，「現今存在的有信、望、愛」（格前十三 13）。因為對我們的主總是有信，使我們確知唯有祂是天主；對天主總是有愛，因為祂是我們獨一的天父；並且總是有盼望，不時更多領受天主的恩典，並更多知道祂是善良的，祂豐富的恩典是無限的，祂的國是無窮的，祂的統治是無疆的。

　　如果我們能如此將疑難交給上主，我們就能保守我們的信心，而不叫我們的心靈遭遇危險。而且我們要發現上主所給我們的經文，都是一致相符的，那用比喻說的，與那用明白的話說的，必是一致相符，而那用明白的話說的，必將比喻解釋。這樣，聖經中各種不同的話語，必在我們的心靈中成為一種和諧的樂調。例如有人問，天主在創世以前，祂在做什麼？我們就要回答說，答案是在天主手中。經上告訴我們，這世界是天主完美的創造，開始於時間之中。但有世界之先，天主做了什麼，聖經並沒有啟示。（二十八 1-3）

卷三 二十四章

我們已經證明，教會的訓導是到處恆常不變的，是由一切先知、宗徒、與門徒所見證。那是從始至終，並經歷上主整個的安排及拯救人堅固不移的計畫，即我們的信仰，都是如此的。這信仰是從教會所承受，又是為我們所持守，也是為上主的神所更新的，正如鮮花開放，鮮美滿映花盆。上主將這恩賜交給教會，正如將呼吸賜予人一樣，叫凡接收這恩賜的肢體，都可以得到生命。在這恩賜中，有那使人與基督相交的聖神，這聖神是我們不朽的憑證，信仰的確據，也是奔向上主祭台前的階梯。因為經上說，天主在教會內設立宗徒、先知、和教師（格前十二 28），而且聖神藉以運行的其他媒介，凡脫離教會的，都是與他們無分無關。因為教會在哪裡，天主聖神就在哪裡；天主聖神在哪裡，哪裡就有教會和各種恩寵。因為聖神就是真理。所以凡是與聖神無分的，就得不到母親的乳養，也得不到基督身上所流出來的清水。倒是自鑿泥池，飲其中污濁的水，遠離教會的信仰，唯恐他們被挽救回來，又拒絕聖神，唯恐他們受到真理的教導。（二十四 1）

亞歷山大的克萊孟：《勸勉希臘人》

第五章

　　如果你們願意的話，現在就讓我們簡略地談一下在諸神的問題上哲學家所堅持的觀點。或許我們會發現，哲學本身也在徒勞無益地從物質當中形成其神的概念，或許我們可以在此過程中表明，哲學在崇拜某種神力的同時，在夢境中看到過真理。有些哲學家把元素當作世界萬物的本源。米利都的泰勒斯（Thales of Miletus）把水選為讚美的對象，該城的阿那克西米尼（Anaximenes）選擇了氣，阿波羅尼亞的狄奧根尼（Diogenes of Apolloina）繼承了他的思想。埃利亞的巴門尼德（Parmenides of Elea）引入了火和土，把它們當作神，不過麥塔蓬圖姆的特希帕索斯（Hippasus of Metapontum）和厄弗所的赫拉克利特認為，在這兩樣之中，只有一樣，也就是火才是神。至於阿克拉加斯的恩培多克勒（Empedocles of Acragas）他選擇了多元性，除了四種元素以外，他還把「愛」和「恨」當作神。

　　這些人愚蠢地誇耀其智慧，卻崇拜物質，所以他們實際上也是無神論者。不錯，他們沒有崇拜木頭和石頭，但是他們從土中造出了神，土地正是石頭和木頭的母親。他們沒有崇尚波塞冬，但是他們崇尚水本身。世界上除了名字起源於「喝」的那種液體物質以外，還有什麼是波塞冬呢？毫無疑問，這與好戰的阿瑞斯的名字起源於廢除和毀滅是一個道理；我認為，主要是由於這一點，許多種族就把劍往地上簡單地一插，然後就向它供獻祭品，就像對待阿瑞斯一樣。據歐多克索

（Eudoxus）在其《地理學》（*Geography*）一書第二卷中說，斯庫提亞人的習慣就是這樣的。據希凱西烏斯（Hicesius）在其《神祕儀式》（*Mysteries*）一書說，斯庫提亞人的一族掃羅馬提亞人（Sauromatians）則崇拜一把匕首。赫拉克利特的追隨者把火推崇為萬物之源，也是這個道理；因為這個火正是其他人所稱的赫淮斯托斯。波斯的馬吉人（Magi）和亞洲的許多居民崇拜火；馬其頓人也是這樣，這是狄奧根尼在他的《波斯史》一書第一卷中記載的。我還要舉出掃羅馬提亞人的例子嗎？尼姆福多魯（Nymphodorus）在其《異邦習俗》（*Barbarian Customs*）一書中報導他們是崇拜火的；也沒有必要舉波斯人、米地亞人和馬吉人的例子了。狄農（Dinon）說，馬吉人在野地裡獻祭，因為他們認為火和水是神性的唯一標誌。我也不會掩飾他們的無知；儘管他們確信自己是在擺脫偶像崇拜的錯誤，然而他們卻陷入了另一種錯誤。他們不像希臘人那樣把木頭和石當作神性的標誌，也不像埃及人那樣把鸇和獴當作神性的標誌；但他們像哲學家一樣，把火和水當作神性的標誌。然而，沒過多久，他們也開始崇拜與人同形的神像，這是柏羅蘇斯（Berosus）在其《迦勒底歷史》（*Chaldaean History*）一書的第三卷中所說的；因為大流士之子、俄庫斯（Ochus）之父阿塔克塞西斯（Artaxerxes）引進了這種習慣。阿塔克塞西斯最先在巴比倫（Babylon）、所薩（Susa）厄克巴塔那（Ecbatana）建立了阿佛洛狄忒・阿那伊提斯（Aphrodite Anaitis）的神像，並把這種崇拜強加給波斯人、大夏人（Bactrian），強加給大馬士革人（Damascus）、薩爾底斯人（Sardis）。因此，得讓哲學家承認，波斯人、掃羅馬提亞人和馬吉人是他們的老師，他們是從前者學到了崇拜「本源」的無神論學說。他們不知道萬物之大源、萬物之製造

者以及「本源」之創造者、無始之雅威，卻對宗徒所謂「無能無用的元素」（參迦四9）頂禮膜拜，這些元素原是造出來服務人類的。

其他哲學家越過了元素，努力尋求一種更高級更優秀的本源。有些哲學家頌揚「無限者」如米利都的阿那克西曼德（Anaximander of Miletus）、克拉佐門奈的阿那克薩戈拉（Anaxagoras of Clazomenae）、雅典的阿基勞斯（Archelaus of Ahthens）就是這樣。後面兩位哲學家都把心靈置於無限之上；另一方面，米利都的留基伯（Leucippus of Miletus）和喀俄斯的梅特羅多普（Meteodorusof Chios）似乎也主張有兩個本源，一個是「充實」，另一個是「虛空」。阿布德拉（Abdera）的德謨克利特除了這兩個本源之外，還加上了一個「影像」。還不止這些哩！克羅敦的阿爾克邁翁（Alcmaeon of Croton）認為星星是有生命的，因此是神。我不會害怕指出其他人的厚顏無恥。凱爾西頓的色諾克拉底（Xenocrates of Chalcedon）聲稱，行星是七位神靈，而恆星是第八位的神靈。我也不會放過斯多亞學派（Stoics），這個學派認為，神性布滿了一切物質，甚至滲透於最低級的物質形式；這些人簡直是使哲學蒙受恥辱。在這一點上，誰也不能阻止我提到逍遙學派（Peripatetics）。在這一學派之父因為不瞭解萬物之父，於是就認為「最高的」東西是宇宙的靈魂；也就是說，他認為宇宙的靈魂是神，這樣就搬起石頭砸了自己的腳。因為他起先宣稱天道只能到達月球；接著又認為宇宙就是神，這等於肯定不分有神性的東西為神，而這與他起先的觀點是相矛盾的。亞里士多德的學生，精明的厄瑞蘇斯人塞奧弗拉斯特（Theophrastus of Eresus）曾經懷疑神就是天空，也曾經懷疑過神就是精神。只有伊壁鳩魯（Epicurus），我願意從記憶中抹去他，因為他

大逆不道地認為神從來不關心世界。彭托斯的赫拉克雷德
（Heracleidesof Pontus）的觀點是什麼呢？他的觀點與德謨克
利特的「影像論」又有什麼不同之處呢？

第六章

　　許許多多相同的說法蜂湧進我的腦海，就像一場惡夢一
樣，接連不斷地映現著群魔亂舞畫面，又像一位饒舌老婦一
樣，絮絮叨叨地敘述著虛幻不實的故事。確實，我們從不允許
成年人聽這樣的故事。即使孩子傷心地哭個不停，我們也從不
用這種荒誕故事哄他們，因為我們怕在孩子當中助長這種無神
論。那些宣揚無神論的人自以為聰明得很，其實就像嬰兒一樣
對真理一無所知。既然人們相信你們，為什麼你們還要在真理
的招牌下對他們說，他們受「流動」、「運動」和「不規則旋
轉」的統治呢？為什麼你們要把風、氣、火、土、木頭、石頭
以及世界本身想像為神，用偶像來污染生活呢？那些人已經被
這種夸夸其談的占星術——我不會叫它天文學的——弄得暈頭
轉向、徘徊不定了，為什麼你們還要用詩章的語言反覆對他們
說什麼徘徊之星的神性呢？我思慕風的主宰，火的主宰，世
界的創造者，給太陽以光明者。我探求雅威本身，而不是他的
作品。我會從你們中間找出一位來做我探求天主的合夥人呢？
因為我們並沒有對你們完全絕望。「柏拉圖」，如果你們願意
的話。那麼，柏拉圖，我們怎樣才能找到天主呢？「發現宇宙
的父親和創造者是一項艱鉅的任務，並且，即使你找到了他，
你也無法向大家說明他。」為什麼呢？以天主的名義，請你告
訴說為什麼。「因為他是根本不能描述的。」說得好，柏拉
圖，你已經觸到真理了。可是不要放棄。要與我一起尋找善。

因為有一種神聖的流出物會慢慢地灌輸進每一個人的心田，尤其是進入那些畢生思索的人們的心田；使得他們即使心裡不願意，也不得不同意神是唯一的，他既不能被產生，也不能被消滅，他永遠居住在天穹的最高處，居住在他自己的望樓裡。

「人必須將什麼樣的本性歸於神呢？他看見一切，卻從不被看見。」歐里庇得斯這樣說。

我覺得米蘭德（Menander）說下面的話肯定是不對的：「噢，太陽，您是最大的神，我們必須尊崇您。因為有了您，我們才看見了其他的神。」

因為即使太陽也不能向我們指示真正的神。只有健全的道或理性才是靈魂的太陽，只有他才能向我們指示真正的神；只有依靠他，只有當他在心靈深處升起時，靈魂的眼睛才會放出光芒。德謨克利特的話並非沒有道理，他說：「只有少數理智的人伸出手去觸摸我們希臘人現在所說的氣和在傳說裡所說的宙斯；因為宙斯知道一切，予奪一切，他是萬物之王。」柏拉圖在模模糊糊地談到天主時，也有類似的想法，他說：「萬物都圍繞著萬物之王，因為如此，萬物才都是善的。」誰是萬物之王？萬物之王就是天主，他是有關萬事萬物之真理的尺。正如被衡量的事物是依靠衡量才被理解的一樣，真理也是靠天主的洞察才被衡量和理解的。真正的聖師梅瑟說過：「你囊中不可有一大一小，兩樣的砝碼。你家裡不可有一大一小，兩樣的升斗。當用對準公平的砝碼，公平的升斗。」他在這裡肯定天主是宇宙的砝碼、升斗和計數器。不公正的偶像在背囊深處，也就是我們所說的骯髒靈魂的深處，找到了藏身之所。然而唯一真正的天主衡量著世界萬物，祂是唯一公正的尺度，因為祂永遠堅定不移地保持著不偏不倚，祂用祂的公正，就像用一架天平一樣，維持著宇宙本性的平衡。「正如古語所說的那樣，

掌握了一切存在的開端、結尾和中間的天主，沿著一條不偏不斜的道路，依其本性旋轉著；但是正義永遠伴隨祂，為的是懲罰那些置神聖法律於不顧的人」。「柏拉圖，你是從什麼地方發現真理的呢？這一大篇就像神諭一樣宣揚敬畏天主的言論是從哪裡來的呢？」他回答：「異邦人比希臘人更聰明。」就算你不肯告訴我，我也知道你的老師是誰。埃及人教會了你幾何學，巴比倫人教會了你天文學，色雷斯人向你傳授了醫療咒語，亞述人（Assyrians）也教會了你許多；但是，說到你的法律（就其是正確的而言）和你對天主的信仰，你還是受益於希伯來人本身：

> 他們不崇拜虛偽的人工製品，
> 不管是金子、銀子做的還是銅鐵打的，
> 也不崇拜凡夫俗子所敬畏的、
> 用木頭和石頭雕刻的死人偶像；
> 而是每天早晨從睡夢裡醒來時
> 對著天空伸出高貴的手，
> 用純潔的水清洗他們的肉體；
> 他們只崇拜祂
> 祂是永遠保護他們的不朽的神。

啊，哲學，請你趕快讓他們來到我面前，不單是柏拉圖一個人，還有其他許多人，他們也憑自己的靈感掌握了真理，認為只有唯一真正的天主才是神。比方說，安提斯提尼（Antisthene）就看到了這一點，當然，他不是因為犬儒哲學，而是因為親近蘇格拉底才看到這一點；他說：「神不像任何別的事物，因此沒有人能夠通過相似物徹底瞭解祂。」雅典人色諾芬假如沒有被蘇格拉底所喝的鴆酒嚇倒的話，就一定

會像蘇格拉底一樣承擔起見證人的責任，明確地寫出真理；但不管怎麼說，他還是暗示了這種真理。他至少這樣說過：「推動萬物又使萬物靜止下來的顯然是某個偉大而全能的一；但是他的形式我們是無法看到的。即使看上去普照萬物的太陽似乎也不讓人們看到它；如果一個人厚著臉皮去看，那麼他的視力就會被太陽奪走。」請問，格律魯斯（Gryllus）的兒子的智慧從什麼地方來的？難道它不是清楚地來源於那位希伯來女先知嗎？她在下面的話裡作出了預言：

> 什麼樣的肉眼看得見不朽的天主，
> 那居住在天穹之上的神？
> 即使太陽的光線
> 也沒有一個凡人能抵擋。

佩達西斯的克萊安塞斯（Cleanthes of Pedasis）是位斯多亞學派的哲學家，他沒有像其他詩人那樣提出諸神的系譜，而是提出了一種真正的神學，他毫不隱瞞自己關於神的思想。

> 你們問我：天主像什麼？那就請聽吧！
> 神是井然有序的、神聖的、純潔的、公正的，
> 自治的、有效的、美麗的、正義的，
> 嚴肅的、誠實的、永遠恰如其分的，
> 無畏的、無憂的、有用的、消除痛苦的，
> 滿意的、優越的、堅定的、受愛戴的，
> 受人尊重的、始終一致的……——名聞遐邇的、名副
> 其實的、仔細的、善良的、強而有力的，
> 持久的、無可非議的、永生不朽的。

世人盲目地傾聽無益的意見

希圖從那裡碰上一點善。

　　我認為，在這些話裡，他明確地指出了天主的本性是什麼，普通的意見和習慣又怎樣使那些聽從它們而不去追尋天主的成為奴隸。我們也不必隱瞞畢達哥拉斯學派（Pythagoreans）的學說，它認為：「神是一，祂不像有些人所懷疑的是在宇宙秩序之外，而是存在於宇宙秩序之中，完整地體現於整個循環之中，祂管理著一切造化，把千秋萬代融為一體，祂支配著自身的力量，照亮了天空中祂所有的作品，祂是萬物之父，是整個循環、萬物之運動的心靈和生命本源」。由於神賜的靈感，這些金玉良言的作者們記下了它們，而我們選擇了它們。對於每一個哪怕稍微能對真理作一番探討的人來說，它們已足以成為走向完全認識天主的指南。

第九章

　　我可以向你們引述成千上萬的聖經經文，而這聖經的「一點一劃都不能廢去，都要成全」；因為它是上主之口，也就是聖神說出來的。它說：「我兒，不要輕視上主的懲戒，也不要厭惡祂的譴責」啊！這是對人類多麼卓越的愛！他說話的口氣既不像教師對待學生，也不像主人對待僕人，也不做神對待人，而是一位「慈父」勸告兒子。再者，梅瑟承認他在聞聽福音時「甚是恐懼與戰驚」；你們聽到聖道的聲音難道不恐懼嗎？你們難道不煩惱嗎？你們難道不是一面小心翼翼，另一方面又急切要聽；也就是說，你們難道不是既畏懼天主的憤怒，又熱愛祂的恩典，努力追求著希望，熱切盼望著獲救，以便能

逃脫末日的審判嗎？來吧，來吧，我的小寶貝！因此，正如聖經所說的，「除非你們再一次變成胎兒重新出生」，就必不能得到真正的父，「也必不能走進天上的王國」。怎麼能讓陌生人進入呢？我為何這樣想呢？一旦他被接受為天國的公民，得到了真正的父，那麼就必將住在「我父的家裡」，那麼就必將成為有資格繼承財產的人，那麼就必將與真正的兒子、天主之「愛子」一起享有我父的王國。因為這是「專子的教會」，由許多好孩子組成的。他們是「被允許進入天堂的專子」，他們與那裡的「千萬天使」共同參加莊嚴的集會。我們就是專子，是天主的孩子，是「首生兒子」的真正朋友，我們在人類中最先認識天主，最早從罪孽中被解救出來，最早與魔鬼分道揚鑣。

可事實是，天主越愛他們，有些人就離天主越遠。祂願我們成為祂的子孫而不是成為奴隸，但是有些人甚至根本就不在乎成為天主之子這件事。這是多麼的愚蠢啊！你們是天主的恥辱。祂答應給你們自由，你們卻逃避自由寧為奴！祂向你們伸出救助之手，你們卻沉入死亡的深淵。祂賜予你們永恆的生命，你們卻等待著他的懲罰；你們寧可要「給魔鬼和牠的使者預備的永火！」正因為如此，死後升天的宗徒說：「所以我說，且在主內苦勸你們，生活不要再像外邦人，順隨自己的虛妄思念而生活；他們的理智受了蒙蔽，因著他們的無知和固執，與天主的生命隔絕了。這樣的人既已麻木，便縱情恣欲，貪行各種不潔。」一旦這樣的證人站出來過譴責人們的愚蠢並召請天主的聽證，對於不信道的人們，除了宣判定罪以外，還能有什麼別的下場呢？然而主上主不厭其煩地勸告、威嚇．說服、喚醒、警告；是的，祂從不厭倦這樣做，祂把人們從睡夢中叫醒，祂促使那些迷途的人們自己從黑暗的深淵裡掙脫出

來。祂喊著：「你這沉睡的人，當醒過來，從死裡復活，基督就要光照你」，基督是復活的太陽，祂出生於「曉明之星升起之前」，祂以自己的光芒賜予了生命。

因此，任何人都不要輕視天主的聖道，以免對自己的木然無知等閒視之。因為聖經上說過，

今天你們要聽從他的聲音，

不要再心硬了，像在叛亂之時，

像在曠野中試探的那一天，

在那裡，你們的祖宗以考驗試探了我。

如果你們想知道這種「證實」是什麼，聖神會向你們說明：

雖然見了我的作為，共四十年之久，

所以我厭惡那一世代，

說：他們心中時常迷惑

他們不認識我的道路，

所以我在怒中起誓說

他們絕不得進入我的安息。

看看這種威脅吧！看看這種告誡吧！看看這種懲罰吧！那麼我們為什麼還要用恩典去換憤怒？我們為什麼不洗耳恭聽聖道的福音，在純潔的靈魂裡招待天主如同客人？天主的允諾包含著巨大的恩典，「只要我們今日聽祂的話」；這個「今日」日復一日的持續著，如同「今日」一詞一樣久遠。

那麼，讓我們永遠聽從聖道的福音。因為「今日」是永遠歲月的形象說法，白日則是光明的象徵，而人們的光明就是聖道，通過聖道我們觀照天主。自然，天主的恩典將包容天地，

包容那些信服和聽從聖道的人們；但是，那些不認識道路的人們，那些心中迷惑的人們，那些不曉得我主道路的人——洗者若翰命令我們作好準備並鋪平它們，上主是厭煩的，他還威脅他們。除此以外，古代希伯來人徘徊於曠野沙漠時目睹了實現這種威脅的示象。據說，他們就是由於不信仰聖道，才不能「進入安息」的。這種情形很久以後才發生改變，那時，他們追隨梅瑟的繼承人，並從親身經歷中認識到，只有像若蘇厄那樣信仰聖道才能獲救，除此以外，別無他路可走。

　　但是我主是愛護人類的，祂鼓勵所有的人去「完全地認識真理」；為此祂派來了「護衛者」（Comforter）。那麼，什麼是對真理的「完全認識」呢？這就是敬虔，照保祿說的：「虔敬在各方面都有益處，因為有今世與來生的應許。」（弟前四8）如果永恆的獲救待價而沽，人類兄弟，你會同意以多高的價格買下它呢？就算你能用升斗量出傳說中的金河帕克托魯斯的河水有多少，你也算不出獲救的價格。可是不要失望。只要你願意，你就完全有能力用你自己的財富，也就是愛和信仰，買下這種價值連城的獲救。愛和信仰是永恆生命的合理支付。這種代價也是天主所樂意接受的。因為「我們已寄望於永生的天主，他是全人類，尤其是信徒們的救主」（弟前四10）。其餘的人依戀這個世界，就像海草依戀水中岩石一樣，不朽的希望是渺茫的。他們就像古代的伊達卡（Ithaca）人一樣，不去追求真理和天空中的祖國，也不去追求真正的光明，卻去追求心中升起的迷霧。

　　當虔敬開始著手把人改造成盡可能與天主一致時，需要天主作合適的教師；因為唯有祂才有把人改造成與祂自己一樣的能力。宗徒認為，天主的教義才是真正神聖的，宗徒言道：「茂德，你自幼就通曉了聖經，這聖經能使你憑著那在基督耶

穌內的信德，獲得得救的智慧。」使我們神聖的經文本身就是神聖的，而由神聖的經文和符號組成的文章即編輯成書的聖經因此也就被這位宗徒稱作「受天主默感所寫的，為教訓、為督責、為矯正、為教導人學正義，都是有益的；使天主的人成全，適於行各種善工。」沒有一個人，在聽其他聖賢陳辭時，像在聽熱愛人類的我主親自陳辭時那樣深深地被打動，因為祂的唯一工作就是要使人得救，除此以外祂沒有別的工作。祂親自大聲喊叫，催促人們走向獲救：「天國已經臨近了。」當人們因敬畏而走到祂身邊時，祂改變他們的信仰。在這一點上，我主的宗徒成了福音的闡釋人，祂提醒馬其頓人注意：「主快來了；我們要仔細，以免主發現我們徒有其名。」

但是你們幾乎沒有敬畏之心，更準確地說，沒有信仰的忠誠，因而你們既不服從我主自身，也不服從保祿，儘管保祿為了基督而作了囚犯。「你們要嘗嘗主恩的滋味，便知道他是美善。」信仰將引導你們，經驗將教育你們，聖經將訓導你們。它說：「孩子們，你們前來聽我指教，我要教你們敬畏上主之道。」然後，彷彿是對那些已經信仰聖道的人說話，它又加了一句簡潔的話，「誰是愛好長久生活的人？誰是渴望長壽享福的人？」我們將回答它的問題：就是我們，我們是美善的崇拜者，我們熱心於善事。聽著，「你們遙遠的人」；聽著，「你們近旁的人」。上主的道絕不對任何人隱瞞；祂是普照天下的光明；祂照耀著所有的人。對於上主的道來說，沒有誰是喀美里亞人（Cimmerians）。讓我們去追求獲救、追求新生。讓我們眾多的人集合在一起，組成一體的愛，以便與唯一之存在（One Being）的統一相稱。同樣地，讓我們實踐善行以追求統一性，尋找善的一元。把多變成一的統一，使許多雜亂的聲音形成神聖的和諧，變成了一首交響樂；跟隨一位領袖和導師也

就是上主的道，不斷地前進，直至遠到真理自身，高呼「阿爸父啊」。這是天主從其孩子口裡欣然接受的真話。這裡天主收穫的第一批果實。

奧力振：《原則論》

卷一

一　論天主

　　我知道，有人會說，即使根據我們自己的《聖經》裡的話，神也是一形體。因為他們在梅瑟的著作中，找到梅瑟說的話，「因為上主祢的神乃是烈火」，又在《若望福音》中，找到若望說的話：「天主是神，朝拜祂的人，應當以心神以真理去朝拜祂。」按照他們的說法，火與神無非就是形體。那麼，我要向這些人詢問，他們是如何理解那宣告天主是光的話的。若望在他的書信中寫道「天主是光，在祂沒有一點黑暗。」的確，祂就是光，照亮那些能夠接受真理的人的整個理智，就像在《聖詠》第三十六篇所說的：「藉祢的光明才能把光明看見」，天主的光明，就是天主的一種權勢，此外還有什麼其他名字可以稱呼它呢？「藉天主的光明，才能把光明看見」，憑藉這種權勢，祂照亮人，人就明瞭萬物之真理，或者漸漸瞭解那被稱作真理的天主。這就是「藉祢的光明才能把光明看見」這句話的含義；換言之，在祢的道和智慧中，即在祢的子中，我們必得見祢父。但是，難道因為祂被稱為光，我們就應當認為祂與太陽之光有任何相似之處嗎？或者難道有什麼理由證明，人們可以從那有形的光中找到知識的源泉，從而達到對真理的理解？

　　若是他們承認我們關於光之本性和知識的論斷，這是理性

本身已經表明了的，並且承認我們用光比喻天主必不能在形體的意義上理解，那麼通過同樣的推理還可以領會「燃燒的烈火」的真實含義。天主是火，那麼祂會燃燒掉什麼呢？我們怎麼能夠想像祂燃燒掉的是諸如木頭、草禾，或者棍子之類的物體呢？若是以為天主燃燒的是這類物性材料的話，那麼這種說法如何能夠與天主的榮耀相稱呢？不過，我們不妨認為，天主確實是在燃燒，並且是在完全破壞。但是天主焚燒的是信徒們心中的邪念、惡行以及私慾，好叫他們的靈魂與神子共居，從而獲得天主的道和智慧，正如祂自己所說的，「我們要到他那裡去，並要在祂那裡作我們的住所」。祂在徹底燒掉了他們的邪念和情慾之後，便為他們建造一座聖殿，這聖殿也配祂自己居住。此外，我認為，那些根據「天主是神」的表述而認為祂就是一形體的人，必會遭到以下的反駁。《聖經》有一種慣例，把凡與這個粗糙而堅固的軀體相對的事物都稱為神，正如在「文字叫人死，神卻叫人活」裡所說的「文字」無疑是指形體性的事物，而「神」則指理性的或屬神的事物。而且，宗徒還說：「而且直到今天，幾時讀梅瑟時，還有帕子蓋在他們心上；他們幾時轉向主，帕子就會除掉；主就是那神，主的神在那裡，那裡就有自由。」只要人還不能轉向那屬神的理解，他們心上就始終蒙著帕子。《聖經》本身就蒙著這樣一塊帕子，這帕子的意思就是一種粗略的理解。這就是——當梅瑟向人們說話時，即當他向公眾大聲宣告律法時，一塊帕子放在他的面上——這句話的含義。但是我們若是轉向主，那裡即是天主的道之所在，又是聖神啟示神性知識的所在，那麼帕子便除掉，由於臉上無帕子，我們就能在《聖經》裡看到主的榮耀了。

雖然許多聖徒都分有聖神，但不能因此而把聖神理解為一個可以被分解為許多有形體的部分而被每一位聖徒分有的形

體；聖神乃是一種使人成聖的能力，凡配被祂的恩典潔淨的人，都分享一份這種成聖的能力。為了叫人更容易理解我們的話，讓我們拿截然不同的事物來作個比方。在科學或醫學活動中總是有許多人共同參與，難道我們就可以由此而認為，那些參與了醫學研究的人，就使自己成為了某個被置於他們面前的、被稱為醫學的物體的一份子嗎？並因此而分有了它嗎？或者我們豈不應當認為，那些以其敏捷而訓練有素的頭腦來理解技術和原則本身的人們，不可以被說成是醫療技術的參與者？當然拿醫學來與聖神作比較並不恰當，這些例子也被認為並非是完全對等的，我們引證它們只是為了說明，許多人可以共同佔有一個東西，但那東西並不必然就是一個有形的物體。事實上，聖神與醫學方法或醫學研究大相逕庭，聖神是一種理性存在，以一種特殊的方式存在，而醫學則根本不具有這種本性。

現在我們必須遵循福音書自身的語言，福音書宣稱「天主是神」。那麼我們應該如何理解這句話才能與我們上面所講的意思彼此符合呢？我們必須查問一下，救主是在什麼情形中說了這句話，是對何人說的，又是在考察何種對象時說的。我們發現，祂這句話無疑是對撒瑪黎雅婦人說的，因為那婦人與所有撒瑪黎雅人一樣，認為人們應該在革黎斤山上敬拜神，所以祂對她說「天主是神」。當時那撒瑪黎雅婦人知道他是個猶太人，就向他詢問，人們究竟是應該在耶路撒冷敬拜天主，還是應在這座山上敬拜天主。她的話是這樣說的，「我們的祖先一向在這座山上朝拜天主，你們卻說，應當朝拜的地方是在耶路撒冷。」這個撒瑪黎雅婦人認為，不同的地方有不同的威望，猶太人在耶路撒冷朝拜天主，而撒瑪黎雅人在革黎斤山上朝拜天主，人們對天主的朝拜並非完全適當或者完全充分的。針對撒瑪黎雅婦人的這個觀點，救主回答說，凡願意跟從主的，必

放棄一切特定區域的前提，祂又說：「時候將到，你們朝拜父，既不在耶路撒冷也不在這座山上。天主是神，所以朝拜祂的人應當以心神以真理朝拜祂。」請看看祂是如何把心神和真理有機地結合在一起的：祂稱天主是神，這樣祂就能夠把天主與肉體相區別；又稱天主為真理，用以說明天主不是影子和幻像。因為在耶路撒冷敬拜天主的人，既不是以真理，也不是用心神來朝拜，乃是懷疑祂只是天國之存在物的影子和幻象而已；在革黎斤山上朝拜祂的人也同樣如此。

我們既已盡我們所能駁斥了以上這些概念，它們會讓人以為我們是在某種程度上把天主思考為有形體的，接下來要說的是，根據嚴格的真理，天主是不可理解的，並且也是無法衡量的。因為關於天主，不管我們能夠獲得什麼樣的知識，我們都必須相信，祂比我們所能達到的對祂的任何認識都要偉大得多，優秀得多。就好比我們看到有這麼一個人，他僅能正視一星之光，或者微弱的燈火，他的視覺不能接受比我們所講的光更大的光了，但是他卻渴望去認識一個具有太陽那樣的明亮和光輝的存在物。那麼難道我們不是必須告訴他，太陽的光輝比他所看到的一切光都要偉大得多，是不可理喻，不可比擬的？同樣，我們的理解力，由於被血肉之軀束縛，又由於有了這樣的物質形體，所以變得更加愚蠢和遲鈍，儘管與我們的肉體本性相比，它要優秀得多，然而，它在觀察、理解無形之事的努力中，卻連星火微光都無法領悟。那麼在一切理智中，即，在一切無形的存在者中，有什麼能顯示天主這種不可思議和無與倫比的優越呢？而且祂的本性是任何人的理解力，即使是最純粹最明銳的理解力，都是無法領悟，無法理解的。

我們若是使用另一類比來使這個問題變得更加清晰，也不會顯得不合理。我們的肉眼不可能一直仰望光線本身的本質

——即，不能仰望太陽的實質，但是當我們看到太陽的光輝或者說光線，通過窗戶，通過某些間隙穿射而入的時候，我們就能想像，太陽本體的光源和對光的提供是何其偉大。同樣道理，與天主的真正實質和存在相比，天主旨意的工作和這個世界的籌劃就是天主本性所發出的光線。因此，儘管我們的理解力不能領悟天主本身的真像，但是我們從天主的作品之完美和祂的造物之標緻就可以瞭解這世界之父的偉大了。所以，我們既不能認為天主是一形體，也不能認為祂存在於形體中，祂乃是一種人所不能思考的理智本性，不參雜任何附加物。我們也不能認為祂裡面中有多少之分，因為祂的一切方面都是唯一的，並且可以說，就是一，是一切理智本性或者心靈產生的根源。因為心靈的活動或運作並不需要物理空間，不需要摸得著的大小，看得見的形相、顏色，也不需要任何其他偶性，這些偶性是屬於物體或物質的性質。因此，那單純而完全的理智本性在活動中或運作中既不拖延也不遲疑，以免天主性的單純性會受到約束，或者在一定程度上受到這些偶性的妨礙；以免作為萬物之源的事物變成合成的、有差異的，以免那唯一不受任何物質屬性限制的天主失去祂的唯一性，成為由許多事物組合而成的神。而且這個心靈既不需要空間來推行合乎自己本性的活動，它一定獨立於我們自己的心靈的視線之外。即使是人的心靈，若是居住在自己的領域裡，不接受來自任何方面的傷害，那麼，它在履行自己的職責中必永不會被困境所阻撓。同時，它也不會從特定環境中獲得任何附屬性質，或者因環境改變而加速運動。這裡，若有人反駁說，比如常常在航海中被海浪席捲的人，他們的心靈必定沒有那習慣於陸地生活的人的心靈來得精力充沛。關於這種情形，我們倒是認為，航海者的心靈之所以處於這種狀態，不是由於困境，而是由於與心靈相連

的肉體受到動蕩，感到不安。因為對人的肉體來說，人的軀體好像是凌亂而毫無秩序地做著它的心理活動，又似乎以比較遲鈍的感覺來做它的理智工作，可以肯定的是，即使這些人由於疾病的侵襲，他們的心靈不再像以前那樣正常地履行自己的職責，這也不得歸咎於地點，而應歸咎於身體的疾病，正是疾病使肉體變得不安而混亂，使得肉體不能在人所共處的本然狀態下為心靈提供慣常的服務。我們人類是由肉體和靈魂構成的動物，正是因為這一點，我們只能生活在地球上。但是作為萬物的起源的天主，不能被看作是一種合成的存在，免得叫人以為在太初以前就存在著組成萬物的基本元素，這些所組成的事物不管是什麼，必都是合成的。心靈也不需要物理空間來實施它的行為或活動，它不像眼睛，在注視較大的物體時瞳孔就放大，而要看見較小的物體時，瞳孔就縮小。事實上，心靈所要求的是一種理智上的體積，因為它的生長不是按照軀體的方式，乃是按照理智的方式。軀體隨著生命生長到二十或三十歲而發育成長，但心靈並不隨之擴展，它乃是通過學習和操練而變得敏銳，它的內在理解力因此得到發展。因此心靈可以在理智上做更大的努力，它不是藉身體的生長而提高，乃是通過學習和操練接受嚴格的訓練。但是這些訓練並不是在童年時期就能直接獲得的，也不是生而有之的，因為給心靈用來作為自我訓練的器官的四肢，此時還是軟弱無力的；它還無法承受自己運作時的重負，也還尚未顯示出能夠接受訓練的能力。

若是有人仍然認為精神本身或靈魂都是有形之物，那麼我希望他能告訴我，在如此重大、如此困難而又如此微妙的問題上，它是如何獲得理性和判斷的？它從何處獲得記憶力？如何達到對不可見之物的沉思？有形之物是如何擁有理解無形之物的能力？血肉之體是如何考察各種各樣的技藝程序，又是如何

沉思萬物之原理？它如何能夠感知並理解那顯然是無形的神聖真理？誠然，他可能會認為，正如耳朵和眼睛的物質性形相和樣式有助於聽覺和視覺，正如天主製造的每個器官，甚至它們的形相，對它們天生就被命定的目標具有一定適應性；同樣，靈魂或者心靈的形相也可以理解為天主按照祂的旨意創造出來的，為的是叫它感知和理解一個個事物，為了叫它以生命運動的形式開始它的活動。然而，我想沒有人能夠描述或者說明，心靈就它是心靈，並且作為一種理智存在來說，會是一種什麼顏色。至此，在心靈或靈魂問題上，我們已經證明並解釋了它要優越於整個血肉之軀。此外，我們還應該進一步作以下的補充說明。在每一種軀體性感官背後都存在著一種特定的感覺實體，器官才能施展自己的能力。比如說，顏色、形式、大小都是視覺的基礎；聲音是聽覺的基礎；氣味，不管是好還是壞，都是嗅覺的基礎；滋味是味覺的基礎；冷、熱，軟、硬，粗糙抑或光滑，則是觸覺的基礎。眾所周知，與以上所列舉的這些感官相比，心靈是最優秀的。人既在這些卑微的感覺器官背後設制了實質，以便發揮它們各自的功能，卻認為比任何感官都優秀的權能，即心靈背後，反倒沒有什麼實體的本質作為基礎，進而認為理智本性的權能只是一種偶性，或者是隨後附加在軀體上的性質，那麼這種觀點難道不顯得荒謬絕倫嗎？持這種觀點的人，無疑詆毀了存在於他們裡面的美好實質；不僅如此，他們這樣做，甚至是詆毀了天主本身。因為他們認為，藉血肉之體就可以理解天主，所以根據他們的觀點，天主就是一有形之體，可以藉有形之體的方式來體解祂，感受祂。他們不願意把心靈理解為與天主保持一定關係的心靈。事實上，心靈本身就是天主理智的一個形象。這樣的心靈，尤其是當它得了潔淨，並脫離了肉體，才可能對天主有一定認識。

但是對那些希望從《聖經》裡學習神聖事物的人，以及那些試圖證明天主本性如何超越軀體本性的人來說，這些論述似乎還不夠充分。那麼讓我們來看看宗徒是否講過類似的話。在論到基督時，保祿宗徒說：「祂是不可見的天主的肖像，是一切受造物的首生者，在萬有之先就有。」並非如有些人所想的那樣，對於天主的本性，一些人可以看見，另一些人卻不能看見，因為宗徒並沒有說「天主的肖像」對人來說是「不可見的」，也沒有說對惡者來說是「不可見的」，他乃是一貫地說「不可見的天主的肖像」。而且，在《若望福音》裡，若望也說：「從來沒有人見過天主」，由此明確地向一切能夠領會的人指出，不存在可看見的天主性。這並不是說，天主在本性上是一個可以看見的存在者，祂只是避開了或者瞞住了虛弱的受造物的視線，這乃是說，按照天主的本性，祂是不可見的。若是你想問我關於獨生子的看法如何，是否以為甚至連神的獨生子也不能看見祂的本性，那麼你不必擔心這個問題會顯得荒謬或者不敬，因為我們會給你一個符合邏輯的理由。看見是一回事，而認識則是另一回事：看見和被看見這是有形之物的特性，認識與被認識則是理智存在者的特性。因此，凡有形之物的特性，皆不能歸於父或子，但是凡屬於天主性的，則皆同屬於父和子。最後，按照福音書記載，即使基督自己也沒有說過，除了子沒有人看見父，除了父也沒有人看見子；它乃是說：「除了父外，沒有人認識子；除了子，沒有人認識父。」這已經清楚地表明，凡在有形之體中被稱作看見和被看見的，在父與子之間，就稱作認識和被認識；這認識和被認是憑藉的是知識的權能，而不是虛弱的視覺。因為無論是看見還是被看見，都不能適用於無形之體和不能看見的本性，所以福音書既沒有說父被子看見，也沒有說子被父看見，它乃是說兩者彼此

認識。

　　這裡，若是有人向我們提出下面這句經文：「心裡潔淨的人是有福的，因為他們要看見天主」，那麼，在我看來，正是這句話更加有力地說明了我們的觀點。根據我們上面的解釋，「在心裡看見天主」，這句話若不是理解為用心靈去瞭解並認識神，還能作如何理解呢？因為我們經常用感官的名稱來表達靈魂的活動，比如我們可以說，用心眼看，這話的意思就是藉理智來實行一種理智行為。當心靈領會一個命題的深層含義時，我們可以說它側耳傾聽；當心靈咀嚼吃下那來自天國的生命之糧時，我們也可以說它用牙咀嚼。同樣，我們還可以說它使用了其他器官的功能，而實際上我們只是把這些器官的物質性名稱轉用到靈魂的權能上，所以撒羅滿說：「你會找到神聖的感官。」他知道在我們身上有兩種器官：一種是必死的，可朽壞的，屬人的；另一種是永恆的，理智的，就是這裡稱為神聖的。因此，凡配的人，可以藉著這個神聖感官看見天主，這個感官不是眼睛，而是一顆潔淨的心，即心靈。你們必會發現，《聖經》全書，包括《舊約》和《新約》，頻頻使用的是「心（heart）」這個字，而不是心靈（mind），即理智的權能。至此，我們在人有限的理解範圍內談論了天主的本性問題，儘管用這種方式還遠遠達不到問題本身的高尚性。在下一章裡，我們要看看基督這個名字意味著什麼。（一 1-9）

聖巴西略：《聖神論》

第六章

我們的對手雖然試圖用巧妙的技術用語擊敗我們的論證，但是也不能在無知的答辯裡躲避。顯然，他們的反對，是因我們完成頌歌時把榮耀歸給父與獨生子，並且又歸給聖神。因為這事，他們稱我們為創新者、革命者、片語製造者，誰知道還有多少侮辱呢？但是到現在，我無法忍受他們的咒罵，事實上，如果不是因為他們的失喪使我流淚及常常難過，我幾乎要為他們的褻瀆而感謝，因為藉著他們，我因此而蒙福。主說：「人若因我辱罵你們……你們就有福了」（瑪五 11）。這些就是他們苦惱的原因：「他們說聖子不與聖父同等，而是在父之後，因此，接下來榮耀應該藉著祂（through him）歸於父，而不是父與祂（with him）有同等榮耀。『與祂』表達同等之意，但藉著祂表示次位（subordination）。」他們又進一步堅持，聖神不應該與父及子同位階，而是在父與子之下；不是如他們原先在相同的等級上，而是在父與子的下方（under），不列入祂們之中。他們用這種技術性的用語來曲解簡單而樸素的信仰。他們不允許任何人停留在不知道這些事的情況中，因此，經由他們的干涉，他們切斷任何的辯解，使人停留在錯誤的認識裡。

我們先問他們這個問題：他們用什麼方式說聖子在聖父之後？時間？地位？或尊榮？就時間而言，不會有人這麼沒有常識以致宣稱創造世代的造物主應該放在第二位；其實沒有間隔

能切斷父與子的本質的合一。甚至有人想用有限的人類思想要證明子比父年輕一些也是不可能的。首先，我們無法理解任何一方從祂們彼此的關係中分離的光景；其次，這個「稍後」的想法是用在某事在一段時間從某個「稍前」的東西中區分出來的。譬如，在諾亞時代發生的事先於在索多瑪時代的人發生的事。因為諾亞比索多瑪距離我們更遙遠，而索多瑪發生的歷史更靠近我們的時代。現在，除了不敬虔之外，難道他們真的笨到要測量祂那超越所有時間及世代，祂的存在距離現今無法估算的遙遠的生命？受到出生及敗壞事物的影響而用來形容先後之別，這豈不正像將父神用來比較並超越那在所有世代之前就存在的子神？

父的卓越崇高是無可理解的，我們的思考及智力是全然無力參透子的生成。為此，聖若望只能讚嘆地用兩個受限的字來描述此觀念：「太初有道（In the beginning was the Word）」（若一 1）。我們的思想無法超越「有」（was），我們的想像力也無法超越「太初」。不管你的思考往後推進多遠，你就是無法超過這個「有」（was）；不管你怎樣使勁地要看到聖子之外是什麼，你會發現根本不可能超過「太初」的限制，因此，真實的信仰教導我們：聖子與聖父同在。

如果他們認為子坐在父之下，一個較低的位置，而父坐在上面，迫使子坐在下面的位置，就讓他們這樣說吧，我們要保持沉默，這樣的立場之荒謬馬上就顯明了。他們的思考如此前後不一，以致他們不容許父充滿萬有。只要是健全心思的任何人都會相信，父充滿萬有但這些人從上到下分裂，他們不記得詩人的話：「我若上升於高天，你已在那裡，我若下降於陰府，你也在那裡。」（詠一三九 8）。現在，為了刪除所有定位無形事物之位置的證據，不可知論者又無恥的他們，要找出

什麼藉口來打擊聖經呢？看看他們矛盾的經文：「你坐在我的右邊」（詠一一〇1）；以及「在高天上坐於至大者的右邊」（希一3）。「右邊」的用法不是表明他們所爭辯的較低的位置，而是同等的關係。我們不能用身體的右邊來理解，而是用聖經強調聖子極大尊榮的莊嚴來理解。這個詞卻讓我們的對手解釋為次位的階級。他們要明白基督是天主的德能和天主的智慧（格前一24）、是不可見的天主的肖像（哥一15）、是天主光榮的反映（希一3）、是天主聖父所印證的（若六27），並且祂是父印上自身位格的像。現在我們是要稱這些經文及其他整本聖經經文的證據為聖子持有一個較低的地位，抑要公開宣稱，獨生子的威嚴及其榮耀與父同等？我們要求他們注意聽主自己清晰之言的聲明：祂與父同享榮耀與尊敬。祂說：「誰看見了我，就是看見了父」（若十四9）；「人子在他父的光榮中……降來時」（谷八38）；「為叫眾人尊敬子如同尊敬父」（若五23）；「只有那在父懷裡的獨生子」（若一18）；及「我們見了祂的光榮，正如父獨身者的光榮」（若一14）。他們輕忽這些經文，然後指派子的位置給祂的仇敵。父的胸懷是給祂的子配得的寶座，但是腳凳是留給那些被迫下跪在祂面前的人（詠一一〇1）。我們為了前進到其他問題，僅僅簡要的檢視這些經文。你可以在空閒時組合這些證據，你就會看到獨生子尊貴的榮耀及大能。這個證據對心懷善意的聽眾意義重大，除非「右邊」及「胸懷」是以一個墮落的、肉體的意義解釋，而且試圖限制天主在指定的界限內。形式、形狀，及身體的位置不能限制天主；這些因素與絕對、無限、無實體的概念是完全相反的。更糟糕的是，把這些想法施加在子身上時，就傷害了父的尊榮。所以任何人重複這些論據，並不能拿走子的尊榮，但是卻招致褻瀆父的指控，因為任何大膽反對子

的，邏輯上必然轉移到父。如果某人指派父於高位作為其應得的，而說獨生子坐在下面，他會發現他自己已把天主想像為擁有身體的性質。這些幻想及錯覺來自醉酒及精神錯亂。主教導人：「不尊敬子的，就是不尊敬父」（若五 23），那麼，拒絕敬拜及榮耀與父在本質、榮耀及尊嚴均合一的子，我們當說什麼呢？在那可怕的宇宙性審判的日子，我們還能做什麼合理的辯護呢？主已清楚地宣告，祂要在祂父的榮耀裡降臨（瑪十六27），斯德望看見耶穌站在天主右邊（宗七 55）；保祿在聖神內作證，基督現今在天主右邊（羅八 34）；父已經說：「你坐在我的右邊」（詠一一〇 1）；而且聖神作證祂已經坐在天上尊威的寶座右邊（希八 1）。祂分享寶座與尊榮；難道我們企圖把祂與父同等的寶座貶為較低的位置？坐下，是與站立相反的，表示一個完全確定及穩定的本質。當想要描述天主的不變性與永恆性時，他說：「你永居王位，而我們卻要永遠喪亡」（巴三 3）。右邊的位置表明相同的尊榮，他們怎能如此魯莽地剝奪在頌歌中子與父同等的地位，彷彿祂只配列在一個較低的地位？（六 13-15）

〈隱修長規章〉序

既然我們賴天主聖寵，因吾主耶穌基督的聖名，集聚到一齊，我們的共同目標，是度一個聖的生活，而你們又明白表示熱切希望聽到有關救靈魂的道理，那麼，我深感自己有義務向你們宣布天主的正義。我日夜不忘聖保祿宗徒的這番說話：「我三年之久，日夜不斷地含淚勸勉了你們每一個人」（宗二十 31）。再者，現在這個時機非常合適，並且我們所處的這個地方，十分清靜，能使我們完全擺脫外界的紛擾，為此我們應

該共同祈禱，為給我們的同伴按時配給食糧（路十二 42）；在你們一方面，則應如肥沃的土地，接受天主的聖言，結出百倍豐盛的義德果實（瑪十三 23）。因此，我以——為我們的罪獻身的——吾主耶穌的愛懇求你們，讓我們盡心盡力地專務靈魂的事理，痛哭自己昔日虛度的生活，為了來世的賞報，為了天主父、子、聖神的光榮，勇敢承擔現世的戰鬥。我們不能停留在目前這種懶散的境地，不能再長此被動下去，不能一直今天推到明天，明天推到後天地，始終不著手做實際的工作，白白浪費可以利用的大好時光。天主終有一天，要收我們的靈魂，到那時我們毫無準備，兩手空空，一點善功都沒有，那就必然不准我們參加婚宴。到時我們不免要痛哭自己，一生作惡，浪費了光陰。可惜太晚了，痛悔補贖，已經再不可能了！聖保祿宗徒說過：「如今正是悅納的時候，如今正是救恩的時日」（格後六 2）。的確，現在是作補贖的時候，來生才是得賞報的時候。今生是受苦的日子，來生才是受安慰的日子。如今天主助佑我們改邪歸正，來日天主要嚴厲地、一絲不爽地、追查每個人的一切思言行為。在現世，天主是仁愛寬厚的，到人復活起來時，天主要執行公義的審判，「照每個人的行為予以報應」（羅二 6），有些人要獲得永生，而另一些人必遭到永罰。基督召喚我們進入他的天國，而我們要拖延到幾時，才服從祂的命令呢？為什麼我們還不清醒過來呢？為什麼我們還不從舊日的生活道路上，轉過頭來，嚴格遵守福音的教訓呢？為什麼我們不把那一定要到來的和可怕的一天，經常擺在眼前呢？到了那一天，行善的要被列在吾主耶穌的右邊，接受天國的賞報、而無功無德的，則被列在吾主耶穌的左邊，遭受棄絕，被投入到永火和永遠黑暗的地獄中，據吾主耶穌說：「在那裡必有哀號和切齒。」（瑪二五 30）

我們說希望得到天國，但不想利用到達天國的方法，不肯為遵守天主的誡命，忍受一點困難，卻憑空妄想要與克制罪惡、忍受痛苦的善人，共享同樣的光榮，這如何辦得到呢？坐在屋裡，或在播種時期，睡大懶覺，那麼在收穫的時期，豈能滿載而歸呢？不栽種，不管理葡萄園，又能從哪裡採取葡萄呢？只有勞動的人，才能得到收成。勝利者才能領受獎賞和榮冠。遇到敵人，望風而逃的人，休想得到獎賞。按聖保祿宗徒的話，在競技場上，不但要勝過對手，還必須按照競賽的規則進行，這就是說，不但規定事項，絲毫不能疏忽，就連每一個細節，也務必嚴格執行，因為聖經上說：「主人來時，看見他如此行事，那僕人才是有福的」（路十二 43）——不是隨便做什麼都行，而是「如此行事」。聖經上說：「如果你獻祭做得好，而沒有按規定分肉，仍然是犯罪」（創四 7，《七十賢士本》）。並且，如果我們遵守了某一條誡命，絕不能指望天主對我們所犯的其他誡命，都不予以追究，而賞報我們遵守的某一條誡命。我並不是說，我們實際上能遵守一條誡命，同時又違犯其他誡命。因為按聖經上的正確意義，一切誡命都是互相連貫的，組成一個整體，違犯一條必然違犯其他各條。一個人把託付給他的十塊元寶，扣留下一塊或兩塊，只把其餘交還給主人，絕不能因為他歸還了大部分，就可認為他對主人慷慨，反而，因為他扣留了一小部分，即足以表示他貪吝不義。不必說扣留，即使像那個只領了一個元寶的人，後來原封不動地，歸還了主人，因為他沒有生出利息，也要受罰（瑪二五24及後）。一個十年孝敬父母的人，只有一次忤逆不孝，他也不能稱為恪守孝道，反而應以殺父之罪，受到處罰。吾主耶穌說：「你們去使萬民成為門徒，教訓他們遵守我所吩咐你們的一切」（瑪二八 19-20）。聖保祿宗徒也寫道：「我們在任何事

上，要避免這職務受詆毀，不但沒有給任何人跌倒的理由，反而處處表現我們自己，有如天主的僕役」（格後六 3-4）。若不是每條誡命，對救靈魂都是重要的，又何必把各種誡命都明文規定，並聲稱都應該遵守呢？如果因為我稱自己的弟兄為「瘋子」，就要受火獄的罰（瑪五 22），那麼其他善功，對我又有什麼用處呢？只要還有一種桎梏沒有解脫，縱然在其他許多方面，不再受束縛也無濟於事。聖經上說：「凡是犯罪的，就是罪惡的奴隸」（若八 34）。只要還有一種病纏身，雖然沒有其他病，也會致人死命。

或者有人要說，不全守規誡的教友，所在多有，難道他們守幾條誡命，盡屬枉然嗎？關於這一點，最好舉出聖伯多祿宗徒的事例。聖伯多祿宗徒，雖然做了那麼多好事，受了那麼大的恩寵，但因一次過錯，立刻受到耶穌的批評。耶穌向他說：「若我不洗你，你就與我無份」（若十三 8）。我並不是說，伯多祿拒絕耶穌給他洗腳，是出於蠻不在乎或輕視，反而是表示尊敬。不過有人可能又要說，聖經上記載：「凡呼號上主名號的人，必然獲救」（岳三 5），可見，誰若誠心呼號主名，為救靈魂就夠了。但是，請提出這種疑問的人，再聽聽聖保祿宗徒的話：「人若不信祂，又怎樣呼號祂呢？」（羅十 14）若是信祂，就該傾聽祂的教訓：「不是凡向我說『主啊！主啊！』的人，就能進天國，而是那承行我在天之父旨意的人，才能進天國」（瑪七 21）。的確，幾時一個人實行天主的旨意，但是不按著天主要求，或沒有愛天主的心，他的忠誠是沒有目標的，猶如吾主耶穌所說的：「他們祈禱是為顯示給人；我實在告訴他們，他們已獲得了他們的賞報」（瑪六 5）。為此，聖保祿宗徒教訓我們說：「我若將我所有的財產全施捨了，我若捨身投火被焚；但我若沒有愛，為我毫無益處」（格

前十三 3）。總之，推動我們服從天主命令的動機，可分為以下三種：第一種是奴隸的態度，因為怕受罰而躲避罪惡；第二是傭工的態度，企圖獎賞，為了個人的利益，而遵守誡命；最後第三種是兒女的態度，為追求德行本身而努力，為愛慕制定法律的天主而守法，為有幸得以事奉、光榮美好的天主而自豪。因畏懼而遵守誡命的，時刻警惕，怕因懈怠，而遭受處罰，他將不只注意遵守某幾條誡命，而忽視其他誡命，卻是盡力避免違犯一切，把違反每條誡命的處罰，看作是同等可怕的。由於這個理由，凡「常戒慎的人，必蒙祝福」（箴二八 14），堅持真理的人，始能聲稱：「我常將上主置於我前，我絕不動搖，因祂在我右邊」（詠十五 8）常存有這樣思想的，必不致忽視任何份內應做的事。聖經上又說：「敬畏上主的人，真是有福」，為什麼？因為「他將因遵行主命而歡欣」（詠一一一 1）。可見敬畏天主的人，絕不可能忽視任何一條誡命，在遵守規誡時，也不會粗心大意。同樣，傭工也不可不服從命令，如果他不按主人的吩咐辦事，縱然管理了葡萄園，也不可能得到報酬。假如由於他缺乏必要的注意，使主人不能收穫葡萄，而受到損失，誰還能給他報仇呢？最後一種服務態度，是出自孝愛的心情。兒子在重大事情上，要討父親的歡心，豈能在小事情上，讓父親難過呢？做兒子的若能時常記住聖保祿宗徒的話：「你們不要叫天主聖神憂鬱，因為你們是在祂內受了印證」（弗四 30），他的孝心必然更加真摯。

所以，經常違犯重大誡命，不以天主為父，而加以事奉的，又不信天主許下了優厚的賞報，又不以天主為主人，而加以服從的人，豈能列入以上三類之中呢？先知以天主的口氣說：「如果我是父親，對我的孝敬在哪裡？如果我是主人，對我的敬畏在哪裡？」（拉一 6）因為凡是敬畏上主的人，必

「喜愛祂的誠命」（詠一一一 1）聖保祿宗徒說：「違反法律使天主受侮辱」（羅二 23）。我們若不遵守天主的誠命，一味貪圖世俗的快樂，如何能期待同聖人們，共享真福的生活，同天神一齊在天主台前歡樂慶賀呢？

這樣的期待，不過是我們狂妄的空想。假如我遭到一點小小的不幸，不能感謝天主，安心忍受，怎麼配同聖約伯為伍呢？假如我對仇人不能寬宏大量，又安能同達味聖王站在一起呢？假如我不肯經常克制自己，誠心，專心歸向天主，又如何能與聖達尼爾共同侍立於天主台前呢？假如我不願意跟蹤聖人的芳表，安得同聖人們，共享永福呢？在競賽中，豈能有這樣糊塗的裁判，竟將沒有參與競賽的人，評為優秀者，使他同勝利者，領取同樣的榮冠嗎？將軍論功行賞，絕不會讓沒有參加戰爭的人，同苦戰獲勝，征服敵人的軍人共分戰利品。

天主是慈善的，但也是公義的。論功行賞是公義的本質，如聖經上所說：「上主，求祢賜福與善良人，又求祢賜福心地正直的人！那自甘墮落於自己邪路的人們，上主必使他們與惡徒一齊沉淪」（詠一二四 4-5）。天主是寬大的，但也是公正的法官，聖詠上說：「上主愛護正義與公理，祂的慈愛瀰漫大地」（詠三二 5）；又說：「我要歌頌仁愛與公正，上主，我還要向祢吟詠」（詠一○○ 1）。聖經上還教訓公中有慈，因為「上主富有憐憫與公義」（詠一一四 5）。因此，我們不能只認識天主一半，而將祂的慈愛作為我們消極墮落的仗恃。天主對一些人是雷霆，對另一些人是閃電，目的是不讓祂的慈愛被人輕視。天主使太陽上升（瑪五 45），但也打擊敵人，使他們眼目失明（列下六 18）。天主普降時雨（匝十 1），然而也降火雨（創十九 24）。天主從一方面表示慈祥，從另一方面卻表示嚴厲。一方面讓我們愛祂，另一方面又讓我們怕祂，使我

們不致聽到這樣的話：「難道你不知道：天主的慈愛是願引你悔改，而你竟輕視祂豐厚的慈愛、寬容與忍耐嗎？你固執而不願悔改，只是為自己積蓄，在天主忿怒和顯示祂正義審判的那一天，向你所發的忿怒」（羅二 4-5）。

誰不按照天主的誡命行事，就不能得救，並且一條誡命也不可忽視，因為隨意贊成某些法令，反對另一些法令，把評判權歸於自己，凌駕於立法者之上，這是非常狂妄的僭越，這是對立法者的大不敬。所以，我們既努力度熱心的生活，脫離世俗的紛擾，潛跡隱居，作為遵守福音教訓的幫助，就應該共同關心這個問題，加強警惕，不違背任何一條誡命。如果按照聖經所載和我們上面已經講過的，天主的人應該是成全的（弟後三 17），那麼最關重要的，就是通過遵守各種誡命，成全自己，直至「達到基督圓滿年齡的程度」（弗四 13）。因為按天主的法律，殘缺不全的祭品，縱然是清潔的，也不為天主所悅納。所以，無論誰覺著自己有缺欠，應向大家提出討論。凡不明白的事，經幾個人的認真探討，就很容易辨別清楚，因為按照吾主耶穌的預許（若十四 26），在聖神指導啟示下，探索出來的結果，毫無疑問，必為天主所批准。為此，一方面「我若傳福音，這是我不得已的事；我若不傳福音，我就有禍了」（格前九 16）；另一方面，你們若對遵守傳給我們的誡命，疏於研究，懶於執行，或三心二意，也將冒同樣的危險。吾主耶穌說：「我所說的話，要在末日審判他」（若十二 48）。又說：「我不知道主人的旨意，而做了應受拷打之事的，要少受拷打；那知道主人的旨意，而偏不準備，或竟不奉行他旨意的僕人，必然要多受拷打」（路十二 47-48）。

（以下從略）

聖金口若望：《雕像講道詞》

第七篇　天主的慷慨及仁慈

聖經給人的安慰

昨天我用了許多時間向你們講了很多的事。在那麼多的事中，若你們無法完全記得，我求你們最少牢記以下一點：「天主給予我們傷心的感受，志在使我們痛恨罪惡。」祂用事實予以證明。為此，當我們失去財物、因生病、死亡或其他災禍而沮喪或傷心時，我們不僅得不到任何安慰，反而會增加痛苦。但如果我們因冒犯天主而真誠懺悔，我們可以削減罪孽，由大而小，有時甚至將它完全消滅。是以你們務必牢記，只需為罪過而傷心，無須顧慮其他的事。

另外，請細想：罪惡將死亡及痛苦引進我們的生命，同時也被此二害給摧毀，這在前面已清楚說過了。是以我們要怕的就只有罪惡。

如果我們不怕懲罰，反會避過它，就如那三少年不怕火窯而避過火窯一樣。天主真正的僕人理應如此。

那些活在舊約的人都是如此從容面對死亡，其時死亡猶在，它的銅門鐵壁仍固若金湯。

而我們呢？我們這些滿載恩寵的人若不能達到他們德行的境界，可拿什麼做為藉口和遁詞呢？如今死亡只不過是一個無實的空名。事實上，他是一場空夢、一次旅程、一種轉變、一回憩息、一個寧靜的口岸、是人生、憂傷和辛勞的一大解放。

現在就讓我們結束光講安慰的話吧。

看，我已經五天盡力給你們鼓勵了，我怕已使你們厭倦。為有心接受的人，我們說的已足夠了；為懶得動的人，即使多說幾遍也無用處！現在是我們轉向講述聖經的時候了。

事實上，假如我們沒有談及目前的災難，我們會被罵是兇狠及無人道；但假如我們仍繼續談下去，就會被指為懦夫。

是以我把你們的心託付給上主，祂會向你們的心神說話及使你們擺脫內在的憂慮。如今我返回通常的訓導，其實聖經的講解是充滿安慰及教訓的。這樣，即使看來我們不再安慰你們了，但在講解聖經時，我們仍返到同一的課題上。

造物主的慷慨

我立刻向你們證明，為能領悟的人，聖經是安慰的泉源。我不去搜尋聖經，找出一些鼓舞人心的敘述；但為了給你們看看有關我承諾的一個顯明例子，我就拿今天剛念過的那本書，正好是開頭的部分，那裡似乎沒有半點安慰的思想。看，我向你們證明我的話是真的。

聖經是怎樣開始呢？「在起初天主創造天地：大地還是混沌空虛，深淵上還是一團黑暗。」你們以為這些是安慰和鼓勵的話嗎？他們不是單純談及創世紀的記事嗎？

讓我們揭露隱藏在這些話後面的安慰之寶。請你們留心聽我對你們說的話。當你們聽到：天地、海洋、空氣與水、無數星辰、太陽、月亮、植物、動物、魚和鳥，總之，天主造了整個可見的世界給你，為了救你，為了給你增光，你不感到極大快慰嗎？天主為你創造的這個世界這麼大、這麼美、這麼奇妙，雖然你是這麼渺小，每想至此，你不感到一點兒天主無限

的愛情嗎？

當你聽說：「在起初天主創造了天地」時，你不要輕輕地跳過這句話，但要用想像衡量地之大而深思：天主為我們擺設了一頓怎樣美味豐盛的筵席，其中有四面八方的珍饈佳餚！

天主給了我們一個如此寶貴的世界，不是為了答謝我們的辛勞，或是報酬我們的事奉，而是給了我們作為封地，因為祂在創世的同時也創造了我們有王者之尊的人性。

依照天主肖像受造的人的地位

天主說：「我們依照我們的肖像及模樣造人。」

「依照我們的肖像和模樣」有什麼意思？祂的意思是王者的模樣；正如在天上沒有生靈高於天主，同樣在地上沒有生靈高於人類。

天主願意給人增光，首先依自己的肖像創造了他；其次給了他這一殊榮，不是報酬祂的辛勞，而是作為天主愛情的標記；第三，使他的地位幾乎成了他與生俱來的本性。

事實上，說到地位，有的是與生俱來的，有的是後天得來的。前者如動物中的獅子，鳥類中的蒼鷹；後者如人類中的帝王。

依據本性，人固然不可治人，為此有時人很易失去他的地位。一些外於他本性的質素易於更改或消失。獅子卻不然；獅子的本性超於其他動物，就如蒼鷹之超於其他鳥類。這種王者的尊嚴是物種的自然恩賜，從未聽過獅子會失掉它的。類似王者地位，天主從創世紀之初就賜給了我們，使我們凌駕萬物之上。

不唯如此，天主也願意為我們的本性增光，在天堂上給我

們預備了一個無可倫比的寓所，作為合適的棲身之地。最後，天主賦予我們智能及不朽的靈魂。

天主在責罰我們時所顯的良善

現在讓我們轉向另一話題。其實天主恩愛之大，我們同樣也可以很易證實出來，不論祂對我們的褒或貶。

我請你們留意這思想：不論抬舉或貶抑，恩待或懲罰，天主對我們總是好的。

當異教人或裂教徒向我們質問天主的仁慈時，我們不但可以藉由天主的恩惠，也可以藉祂的懲罰來證明。

假如天主施恩時才算好，施罰時不算好，那麼祂只是一半好。然而事實卻不是如此！人才是這樣，這常會發生，因為人施罰是由於激情及憤怒的驅使。但天主不是喜怒無常的，祂或賞或罰，常是一片慈心的；地獄的威嚇一如天堂的承諾同樣表明祂的善良。

這是怎樣說的呢？看！假如天主沒有用地獄的罰來恐嚇，假如祂沒有預備下懲罰，很少人會到天堂去。永福的許諾激發許多人修行；災難的恐嚇催迫人們去關心自己的靈魂。

誠然，地獄與天堂互相對峙，然而兩者卻目標一致，那就是人的拯救。天堂吸引我們，地獄把我們推向天堂，後者以它的恐怖鞭策著那些漠不關心的人。

如果我重複這一話題，不是沒有理由的。

每當飢荒、旱災、戰亂、皇帝的憤怒或諸如此類的災難侵襲我們時，許多人為了誤導無知的人竟敢言這一切不配天主的先見之明。

正是為了避免誤導，並為了證明當天主遭發飢荒、戰亂或

其他災禍時，祂是因為深情大愛而行，我覺得需要用多些時間來討論這個問題。當兒女傲慢無禮時，就算那些最疼愛兒女的父母們也曉得糾正他們，不准他們入席吃飯、敲打他們、責備他們或用其他嚴厲的方法對付他們。這些人當父母，不僅是在善待子女時，就是在知道需要懲罰時，也是一樣。

人們發怒即失去耐心往往超出常理之外，可是我們相信父母懲罰子女並非由於殘酷無人性，而是由於感情的纏綿。這種理念更應用到天主身上，因天主仁愛無量，超越任何父愛。

為使你能親自體驗我說的話並非私意，讓我言歸聖經。

在懲罰亞當時天主所顯的仁慈

人一但被騙、被惡魔推倒、犯下滔天大罪後，讓我們看看天主怎樣處理吧！祂有沒有把人完全消滅呢？但公義的準則的確要求這樣。人雖然受寵若驚，卻不是顯示半點道德修養，一開始就濫用恩惠，本應要遭殺掉。但天主卻沒有這樣做。人雖對天主忘恩負義，天主沒有嫌棄人，祂待人有如醫生之待病人。

親愛的朋友，請勿輕忽我對你們說的話，但請深思天主下面這一作為的偉大。天主沒有打發天使，或總領天使，或任何人，但親自下到可憐墮落的人那裡去，把他從地上扶起，私下跟他談話，有如對一個遭大難而心碎的朋友一樣。這一作為顯示天主不可言喻的溫情，就如所有天主對亞當說的話也顯示這一不可言喻的溫情。為何我用「所有」這個詞呢？只需第一句話就足以向我們說明祂全部的愛了。天主不喝斥，不向一個受辱的人破口大罵：「蠢人！賤人！我對你恩愛有加，我白白給你一個美妙絕倫的國度，我抬舉你高出地上一切，我多次用事

實給你證明我對你的關愛，多少次明顯地向你展示了我對你的照顧，而你卻信任了魔鬼，信任了妨礙你得救的可惡敵人，而不信任你的主及恩主！」

「魔鬼給了你什麼證據可與我相比呢？」

「難道我不是為了你創造天、地、海洋、太陽、月亮及眾星辰嗎？顯然，天使無須這些受造物。」

「只是為了你及為了你的幸福，我才創造了這個如此偉大的世界：而你卻寧願相信一句隨便說的話，一個詐騙、虛偽的諾言，而不相信我愛心的工程。你把你自己交給魔鬼管轄，違反我的法律。」

可以想像，被得罪的天主很自然地會說出類似或更嚴重的話。但祂並不這樣，正好相反。

從開頭數語可見，天主設法扶起那些躺在地上驚慌失措的不幸兒，搶先呼喚他，鼓勵他。不唯如此，還有甚者，天主用名呼喚他：「亞當，你在哪裡？」（創三9）這是向亞當表明祂的溫情，祂的大愛。這是天主真誠友誼的標記。

哭喪的人不斷重複死者的名。反之，誰憎恨或討厭一個傷害自己的人就連他的名也不願聽。

相反，天主為向人表明罪惡沒有熄滅祂的愛情，抗命沒有摧毀祂的善心，而祂對不幸墮落的人仍充滿仁愛及關懷，遂說：「亞當，你在哪裡？」誠然，天主確實知道他在哪裡，但也知道罪惡封閉了罪人的口，束住了他們的舌頭；良知緊壓著他們，使得他們啞口無言，喉嚨像有鎖鍊鎖著一樣。

天主想刺激他講話，鼓勵他及挑撥他為自己的罪過辯護，好能找些理由去饒恕他。

為此，天主先行向他說話，呼他的名，釋下他沮喪的重負，消除他的恐慌，使他開口說話。

天主問：「亞當，你在哪裡？」「我留你在一邊，你卻走到另一邊；我留你在光榮和幸福中，你卻落到無顏見人及無言以對的困境中。」

請留意天主的善心：他不先向厄娃及蛇問話，而先向犯罪較輕的亞當發問，聽他為自己辯解，俾能從輕發落。

判官通常不會親自審問犯人，雖然前者與後者同樣是人，有一樣的人性，同為天主的僕人。判官打發中間人向犯人傳話，也是靠這些中間人聆聽及審問犯人。

天主不用中間人，祂親自指導及策勵人。但這還不算神奇，神奇的倒是看祂怎樣做亡羊補牢的工作。判官捉到一個賊或盜墓的人後，不會照顧他改過向善，而只知依法懲辦。天主做的正好相反。

天主找到一個罪人時，並不想罰他，但想糾正他，使他改過自新。

天主既是判官、醫生及導師：以判官的身分審案，以醫生的身分治病，以導師的身分教育及輔導犯錯的人走上智慧的成全之路。

如果聖經短短的一句話就能顯示天主如此大的善，假如我們把審訊的全部過程念出來，並向你們逐一解釋，那又怎樣呢？

（以下從略）

敘利亞的聖厄弗冷：《論基督降生》

第十一章

> 主進入她內，變為僕人；
>
> 聖言進入她內，在她內沉默無言；
>
> 雷霆進入她內，靜寂無聲；
>
> 全人類的牧者進入她內，
>
> 祂在她內變為羔羊，聲聲咩咩。

你母親的腹懷顛倒了秩序，哦，祢這號令萬物者！祂富著進入，卻窮著出來；至高者進入她（瑪利亞）內，卻卑下地出來。光明進入她內，衣冠楚楚，卻以令人蔑視的樣貌出來……

祂給了所有人吃的，進入她內，承受飢餓。祂給了所有人喝的，進入她內，忍受口渴。祂赤裸地出來，而祂給了萬物華美的衣冠。（十一 6-8）

奧古斯丁的《懺悔錄》

　　奧古斯丁的《懺悔錄》，是一本難以理解的書，其中有太多的禱文，過於自我譴責，豐富的哲學思考，所表達的感情過於激烈，而且生活的許多層面皆混為一談，要讀出其中端倪並不容易。雖然《懺悔錄》不是一本純粹的哲學書籍，亦非純粹神學或文學著作，但是一本經典的著作。經典著作，是沒有特定或設計好的意義，讀者可以在其中認同自己。《懺悔錄》寫作的風格，不是一般自傳使用第一人稱「我」的敘述方式，是奧古斯丁與天主之間的對話方式進行，而且書中所指的「我」，有時是指他的靈魂，有時是他完整的人，或指向心靈。所以，奧古斯丁在書中提到內在的自我、外在的自我、與向上提升的自我。但是，《懺悔錄》仍是羅馬古代後期的文學經典，因其探索人心靈的緣故，也是天主教哲學人學的經典著作。

　　《懺悔錄》是以對話的方式撰寫，那時奧古斯丁已是希堡的主教（the Bishop of Hippo），是他對自己的一生在祈禱中的反思。書中有三個角色，天主、奧古斯丁的靈魂、與他的自我。在閱讀時，最好是從奧古斯丁對記憶的理論，理解其生命的意義，而且必須辨別奧古斯丁敘述者，與奧古斯丁作者。又因這本書是在祈禱中的寫作，所以「告白與讚美」、（拉丁文書名Confessiones的意義）就成為本書的重要內容。本書的告白可分兩部分，一部分是希堡主教回顧其過去的生活。那時他追求虛榮名利、物質及與身體的享受。但過去已經消失，留下

的是記憶中的內容。記憶既是整個生命過程的展現，回憶是當下對生命的詮釋，而展現在當下的，是已實現的生命。對奧古斯丁而言，他當下與天主的交往，使他知道過去生命的意義，故能重新詮釋生命的方向。在書中奧古斯丁用的語言是過去式，可惜中文無法完全表達。

　　但當下所展現的生命，除了已經實現的，還有可以發展的生命，這是奧古斯丁以敘述者的角色描繪。他不知道未來生命如何發展，這也是他告白的第二部分，當時他已歸向天主，但發現仍然有許多誘惑與罪過，有的是過去留下的習慣，有的是當下發現的。所以，他不斷地向天主提出問題，而天主以聖經回應他的疑問。當奧古斯丁與天主交談時，他用的語言，在文法上是現在式，因此，《懺悔錄》在文法方面，是現在式與過去式交叉並用。

　　其實，奧古斯丁的《懺悔錄》，是描述他與天主的關係。但讀者在閱讀時，不僅要分享他的心路歷程，作者要告訴他們的是，天主臨在於人心靈中。一方面固然應求知性的理解，理解奧古斯丁的思想與神學；另一方面，本書亦是靈修生活的指標，作者要讀者回到自己內心，反觀自己的心靈與天主的關係。或許在反觀的過程中，與天主相遇。奧古斯丁本人在追尋天主時，他的方向先是向外在的物質世界，然後進入內心，在內心發現天主是造物主。人是天主的肖像，所以必須自我提升。而提升的方法，是向天主告白，承認自己的過錯與軟弱，天主無形的力量，使人向上。人是在告白與讚美的過程中重建自我。這是一本哲學性的靈修書籍，當代稱為神祕思想的書，是天主教重要的靈修經典著作。

　　奧古斯丁在他後期所寫的一本《修正錄》（*Retractiones*）中說，《懺悔錄》的前九卷是他生命的回憶，後幾卷是有關聖

經，是對創世紀中所言，「在起初天主創造天地」的反思。誠然，《懺悔錄》的第一至第九卷，是回憶他的一生，與他追尋真理的過程與方向。第十卷描述他進入內心，發現自己與發現天主，發現記憶與生命的關係。第十一卷是從記憶而發現時間的性質，從時間進入永恆。第十二、十三卷是從時間而論時間的起初與宇宙的創造，他同時針對當時的讀者，及一般對創造論誤解的思想家，尤其是摩尼教徒，也回應新柏拉圖學派的理論，天主是從無中創造天地，而人是天主的肖像。天主所造的一切皆為善，而惡是源自人之意志。

奧古斯丁是一位極會發問的人，他向天主提出許多問題：詢問天主是誰？我又是誰？惡是什麼？真理是什麼？幸福又為何？記憶是什麼？時間是什麼？時間與創造的關係？天主在創造天地之前，又做些什麼？在起初又有何意義？……等等。雖然如此，這是一本在祈禱中寫下的書，奧古斯丁是以他的筆尖與天主談話。他年輕時生活放蕩，但他說過，自從他年幼時聽到基督的名字，他永記心頭，不會忘記，所以他的禱詞就是他的生命與思想。為了這個原因，本文所選擇的章節與段落，並不注重奧古斯丁的生平事蹟，而是他追尋天主的過程，與奧古斯丁對後代思想家的影響。奧古斯丁從他十九歲時讀了西塞羅的《哲學勸言》起，開始認真的追求真理，不幸他步入歧途，受了摩尼教的迷惑，使他心不安寧，也感到不滿。後來讀了新柏拉圖學派的書，開始進入內心，他找到了自己，也找到了天主，一直至他皈依天主教，第八卷中，奧古斯丁描述他內心的掙扎，至最後的決定，與第九卷他與他的母親，在一剎那之間體驗天堂與天主接觸。不論是從宗教經驗的層面，文學的角度，或是語言與行文風格，這些都是史無前例敘述。除此以外，奧古斯丁對記憶的分析，與對時間的論述，至今沒有一位

思想家能與之媲美。當代思想家如海德格、柏克森、呂格爾等人，皆深受其時間理論的影響。故對這些主題所摘取的篇幅較長。不論如何，本文選譯的內容若能拋磚引玉，使讀者進而閱讀整本的《懺悔錄》，那是最好不過的了。

《懺悔錄》

卷一

上主的偉大何人能讚美？他的威能偉大無比！他的智慧高深不可探測！上主，人是你的受造物，他天然的稟賦是要讚美你。他身上銘刻了死亡的印記，是他罪過的記號，提醒他你拒絕驕傲的人。雖然如此，他是你部分的受造物，他渴望讚美你。想起你時，他的心深深激動，如果不讚美你，他的心不滿足。因你是為了你而創造我們，我們的心不安寧，除非安息於你。（1）……

我向你告白，天地的主宰，雖然我不能記住我生命的「起初」，但我要讚美你。你讓人們從觀察其他的嬰兒，而發現自己那時期的所發生的事，也從其他婦女的口中得道頗多。（6）……

卷二

我不關心任何事，只要愛與被愛。但我的愛超越心與心之間的感受，超越如彩虹般色澤繽紛的友誼。身體的慾望，甜如蜜糖，與青春期的性愛，在我心中發酵，滲出的煙霧，覆蓋我的胸襟，使心靈黑暗，無法辨別真愛清澈之光，與黑濛濛的性慾。愛情與性慾在我之內沸騰。在我少不更事的年齡，將我捲入我身體慾望的懸崖，使我沉入罪惡的漩渦。

卷三

……我一心要成為優秀的演講家，只是為了可恥且瘋狂的

目的，滿足人心的虛榮。我必讀的書卷使我接觸了名為西塞羅的書本，他的著作幾乎是眾所欽佩，雖然其精神則不然。書的名字是《哲學勸言》（Hortensius），其中鼓勵讀者研究哲學。這本書改變了我對生命的看法。上主呀，也改變了我向你的祈禱，並給予我新的希望與啟示。我所有的空虛夢想突然失去魅力，我的心開始興奮地跳動，帶來令人瀰漫的熱情，以追尋智慧與永恆的真理。我開始從我墮落的深淵中往上攀登，以便回到你身邊。我並不使用此書做為訓練我口齒伶俐的磨石，贏得我心的，並非其寫作的風格，而是其內容。雖然我母親為我支付的學費，應是為磨練我鋒利的舌尖，那時我已十九歲，而她扶養了我，因為我的父親二年前已身亡。……（4）

　　我結識了一群感覺主義者，他們能言善道，亢奮激昂的口中，卻設下魔鬼的圈套。他們以餌開涮陷阱，將天主聖父、天主聖子耶穌基督、天主聖神，安慰我們的安慰者的名字，混為一談。這些名字常常在他們的舌尖上打轉，但只是一些高聲喊叫的聲音，因為在他們心中，他們沒有毫釐的真理。「真理，只有真理」，雖然在他們那裡無法找到真理，但他們幾次三番向我重複此口號。

卷五

　　在我的天主的光照下，我要敘述我的二十有就九的年歲。

　　一位摩尼教的主教名為傅斯特（Faustus），最近來到迦太基。他是魔鬼的大騙子，許多人落入他優雅口才的陷阱。我的確也佩服他，但我已開始辨別口齒的才華與實在的真理，這是我非常渴望學習的。傅斯特其人其事在摩尼教徒中盛傳，我極願知道他如何讓我見識他學問的淵博，我忽視他以何等言詞裝飾其菜色。我已聽說他熟諳一些高深的知識，尤其是各種自然

科學。

我讀過許多自然科學的書籍，記憶猶新鮮。當我將之與摩尼教長篇贅述相較之下，我似乎覺得自然科學家的理論更為真實。……（3）

我的久等及我焦急的盼望終於實現，傅斯特的來臨，他所表現的辯論技巧與善意，綽綽有餘地滿足我。我喜歡他能那麼輕易就找到恰當的語詞，以裝飾他的思想，而不只我一個人拍手稱讚，或許我的呼叫聲比他人更為響亮。但使我感到煩惱的，是有那麼多的人包圍著他要聽他，使我無法接近，如朋友般一來一往地向他暢談我的問題。機會一到，我與幾位朋友得到他的注意，那是個很適合私下討論的時機。我向他提起我的某些疑問，我很快地發現，除了基本的文學知識，他不能稱為是學識淵博。他讀了西塞羅的幾篇演講，一兩本賽內加（Seneca）的書，幾首詩歌，及教中幾位具有拉丁文素養的信徒的著作。他除了每天練習演講之外，這些書籍是他口才的基本資料，是他個人的風采，與他善於利用其智力的能力，為他的演講增添可信度與魅力。……（6）

這次的經驗使我減低對摩尼教教義的熱衷，而我對教中其他老師的信心加倍減少，因我發現，他們所敬仰的傅斯特，顯然無法解決困擾我的許多問題。……

所以，這次的經驗，這位成為許多人致命傷的傅斯特，在不知不覺及無意之中，開始解去我被陷入的圈套裡。因為在你的奧妙的照顧之下，你引領我的手從沒離開我。……（7）

就在那個時候，在你的領導之下，我被說服到羅馬去，教授我在迦太基所傳授的課程。我並不忽視我應向你告白，我是如何被說服的……

我要到羅馬，並非為了可以得到更高的酬庸或更大的榮

譽，雖然這些是催促我去的朋友答應我的。當然，這些條件影響了我，但最重要的原因，幾乎也是唯一的理由，是因我聽說羅馬年輕學生的行為比較收斂，規矩比較嚴格。他們不允許隨心所欲、且毫無禮數地衝進並非自己所屬的老師，而是其他老師的課室。事實上，如果沒有任課老師之許可，他們不能進去。另一方面，在迦太基學生們無法無天，他們的行為令人羞恥，他們橫衝直撞地跑進任何老師的課堂，宛如一群瘋子，打斷任課老師為自己學生所設計的課。他們輕舉妄動簡直不可思議，而且他們常常行為狂暴，如果地方習俗不保護他們，他們應該接受法律制裁的。……（8）

我開始積極地準備教授文學與辯論的工作，這是我來羅馬的目的。開始時我在家中授課，我收了一些學生，他們聽說過我，透過他們，我的名聲開始廣揚。我也開始發現有些困難，是我在非洲時不必面對的。其實，我沒有發現如年輕流氓般的騷動，但我聽說，有的學生隨時可能一起設計陰謀，避免支付老師之束脩，然後集體轉學到他處。他們為了金錢而肆無忌憚，正義對他們而言毫無意義……我仍然厭惡諸如此類的學生，他們的心靈偏邪而狡猾，但我也喜愛他們，希望能教他們修直他們的路，使他們更愛學習，而非金錢，加倍愛你，他們的天主……。（12）

所以，當羅馬市長接到來自米蘭的邀請函，為該市聘請一位文學與修辭的老師，並許下以公費支付一切差旅費，我申請此職位，準備了摩尼教朋友的推薦函，他是那麼沉醉於該教的胡言亂語。這趟旅程，結果是我結束與他們的關係，雖然那是誰都不知此事。那時的市長司孟谷（Symmachus），終於為我舉行一次測驗，以確認我的能力，然後派我到米蘭。

在米蘭我認識了你忠誠的僕人盎不羅斯主教（Bishop

Ambrose），他因具有世上少見的善良而名聞遐邇……我並無自覺你引我見他，使我能自覺地讓他領我認識你。這位天主的人好像父親一般地迎接我，並以主教的身分，告訴我他很高興我的來臨。……（13）

我開始相信天主教的信仰，我本以為針對摩尼教的反駁，信仰是無言以對，其實是可以很確實的維持其主張，尤其是當我聽到舊約聖經中，一段接一段的以預像的方式解釋，我照字面解釋時，這些段落是死文字，但當我聽到其精神的意義時，我開始責怪我先前的失望，至少當時令我假定，要反駁那些厭惡與譏笑法律與先知的人，幾乎是不可能。……（14）

卷六

從此以後，我開始喜好天主教會的教導。雖然某些信理不可證明，教會要求這些必須相信，因若能證明，這些證明亦非一般信眾所能明瞭的，而且有的是完全無法證明。我認為教會十分誠實，不如摩尼教般的自負，他們譏笑那些以信仰接受某些事實的人，避重就輕地許下能以科學知識證明一切，然後發明一系列荒謬的論證，要求其信徒相信，因為無法證明……（5）

從我十九歲至今，已過了一段漫長的時日，在我記憶中是一段足夠令我迷茫困惑的時光，這是我開始誠心誠意追尋真理與智慧的歲月，且我向自己許下諾言，一旦找到了，我將拋下那些支持我浮誇野心的虛榮與瘋狂的幻想。我發現我已達而立之年，但我仍然在原來的泥沼中打滾，因我貪心享用一切世之所予，雖然這只欺騙了我，使我荒廢精力。我不斷東拉西扯地為自己找藉口。

「明天我會發現真理，我會清楚地看到，那就是我要保留

的……」

「傅斯特要來說明一切……」

「學院的懷疑論者呀（The Academics）！他們是多麼優秀的學者！我們是真的是無法確定我們應如何規劃我們的生命……？」

「不行，不行！我們要更仔細的研究，不要失望。我現在發現我以前認為聖經中那些荒謬的段落並不荒謬。它們是可以從另一個角度理解的，而且相當正確。我可以把腳穩穩站立在我年幼時，我父母親要我所站的地方，直到我找到更明顯的真理。但何時何地才可找到？盎不羅斯沒有空閒，我沒有時間讀書。我要到那裡去找我需要的書呢？何時何地可以買到，或跟誰可以借到？為我靈魂的好處，我應該把時間好好規劃，把日子安排好……」

⋯⋯

「我的學生使我整個早上都在忙，但其他的時間我要怎麼利用呢？為什麼不可以敲敲天主的門？但是如果我敲了，什麼時候我才能拜訪我的高朋貴友，因我需要他們的支援？我何時才能準備講課，他們來上課是付我酬勞的？我的心靈何時才能休息以養精蓄銳，因許多煩惱事使我操心……？」

⋯⋯

家人常常催逼我結婚，我也已提了親，而且被接受。我的母親盡其所能的促成我的婚事，因她希望一朝成親，我的罪過將被救恩之水洗淨。因我一日一日地接近受洗的條件，她覺得欣喜。我接受了信仰，她認為是她的祈禱有了回應，你也實現了你的許諾。由於我的要求，也是她自己的心願，她日復一日求你以神見指點她有關我未來的婚事，但你並沒有承諾。她做了一些縹緲奇幻的夢，這是她日有所思的後果。當她告訴我

時，她並不十分確定，也認為是無關重要的事。不像她往常向我描述你對她的顯示時，那樣有信心。她常常說，她有某種她無法以言語描述的感覺，她能辨別何者是你的啟示，何者是她自然而有的夢。雖然如此，我結婚的計畫在進行中，也並詢問了女方的父母。她二年之後方達適婚年齡，但我還算喜歡她，故同意等待。（13）

......

卷七

首先，是你的旨意使我理解你如何拒絕驕傲的人，卻賞賜恩寵於謙遜人。你的作為極其仁慈。藉著你的聖言取了血肉之軀，居住在這世界中，你顯示於人類謙遜的道路。所以，你利用一個人，一個自我膨脹驕恣傲慢的人，提供我幾本由希臘文譯為拉丁文的柏拉圖學派的書籍。在其中我讀到——當然並非字字相同，而是意義相似，且以許多推論證明——聖言在起初就有，而天主願聖言存在他之內，且聖言是天主……但我發現這些書中，並沒有記載聖言來到他的世界，自己的人卻沒有接受他。……（9）

這些書提醒我，要回到自我的內心。在你的領導下，我進入我靈魂的深處。我所以能做到，因為你是我的朋友。我進入其中，以我靈魂之眼，見到不變之光，其光芒照耀我靈魂的眼睛，照亮我的心靈。這並非一切有血肉之軀的生命體，在白日常見之光，亦非同樣的燈火，雖然更為廣泛更為燦爛無比，如在明亮無垠的空間。但我所見到的，與在世間所見到之截然不同，其光芒照射於我心靈之上，但與浮動於水面之油、或高掛於大地之上的天空有異。是在我之上的光，因此光本身創造了我。我在光線之下，因我乃其所造。誰若認識真理，就認識此

光，誰認識此光，就認識永恆。這是聖愛所認識之光。……
（10）

　　……

　　我相信是你的意願讓我先讀到柏拉圖學派的書，然後再讀聖經，因為你要我常常記住這些書留給我的印象。這樣，後來我被你的聖經淨化後，而我的傷口被你的手治癒之後，我能夠理解傲慢與告罪之差異，能夠辨別二種人的差異，就是那些見到應到的終點，但不見為達到目的而應走的路的人，與那些找到可以到達福地的道路，且知道這不是海市蜃樓，而是我們的家鄉的人。……（20）

　　……

　　我趕緊拿到你的聖神所啟示的神聖著作，尤其是保祿的寫作。有一段時間，我認為他自相矛盾，且他著作的內容，不符合法律和先知們所證實的。但這些困難現在已完全煙消雲散。我清楚地理解他簡潔的論述，只有一個意義，我感到欣喜，心中充滿敬畏之情。我開始研讀，我發現任何我在柏拉圖學派的著作中所找到的真理，也記錄於保祿的書中，同時他也讚美你所賜的恩典。因為聖保祿教導我們，誰若有所見，不應誇耀所見的，宛如他之所見，與他能見的力量，好像不是領受的。不論他有任何力量，有什麼不是領受的呢？領受的恩寵，使他不但得到指示如何看到你，永遠如是的你，而且他也得到恩寵可以留住你。……（21）

卷八

　　我的天主，當我記起並承認你的仁慈，我要感謝你，請讓我的身心深深浸潤在你的愛中。讓我整個人喊叫，上主，誰能和你比擬。你將我的鎖鏈給我開釋，我要獻給你讚美之祭。我

要敘述你如何打斷這些鎖鍊，當人們聽到我所敘述的，所有敬拜你的人，要高聲呼喊，「上主在天上地下應受讚美，他的名字是偉大的。」……

因你的啟示，我覺得去見見辛碧其（Simplicius）應該是好主意，按我的觀察，他是你的善良的僕人。你聖寵的光輝，明顯地照亮著他，除此之外，人們告訴我，從他還是孩童的時候開始，他便過著十分熱心虔誠的生活。現在他已是耆老之人，我想他那麼長久的時間，目標不移的按你的指示生活，他應是經驗豐富且學識廣博，事實也是如此。我希望我向他說出我的問題，憑著他的經驗與學識，他能指示一位像我一般心情的人，一條可以跟隨你最好的道路。……（1）

我去拜訪辛碧其，他是盎不羅斯的神師。盎不羅斯愛他如同父親一般，因為是透過他，盎不羅斯接受你的恩典。我告訴他我如何一錯再錯，當我說我讀了一些由維多利斯（Victorinus）譯成拉丁文的柏拉圖學派的書籍，他曾經在羅馬執教修辭學，而且我聽說他逝世時是基督的信徒。辛碧其說，他很高興我僥倖沒有讀到其他哲學家的思想，其中錯誤連篇，且是從現世的原理歸納到的繆象。他指出在柏拉圖學派的著作裡，頁頁隱約指向天主與他的聖言。然後為了鼓勵我追隨基督謙遜的榜樣，他告訴我維多利斯的故事。他在羅馬時與他熟稔。今於此轉述其生平，因是你恩典極大的榮耀。為了你的光榮，我必須敘述。

維多利斯是一位博學的長者，對文藝知識廣博。他研究了許哲學著作，也出版了評論。他是多位知名參議員的師長，為了報答他教學優異的能力，他們在舊羅馬廣場，為他豎立雕像——這是一般世俗人視為極為崇高的榮譽。他常常崇拜偶像，也參與褻瀆的禮節，這是當時風行於多數羅馬王公貴顯的

風氣。……

　　辛碧其告訴我，維多利斯讀了聖經，勤勞用心地讀了許多天主教的文獻。他私下告訴辛碧其，是朋友向著朋友，但從不公開表明，他常常說，「我要你知道，我現在是基督信徒。」辛碧其慣常的回答是，「我不相信你，不把你當成基督信徒，直到你在基督的教會中（the Church of Christ）。」維多利斯笑著說道，「難道是教堂（the church）的牆壁製造基督的信徒？」

　　他常宣稱他是基督信徒，每次辛碧其皆回之以同樣的話，而他也以牆壁戲謔相應。……但後來因他專心研讀的結果，他下了決心。他心裡感到懼怕，假如他仍然那麼軟弱，不敢在人面前承認他，唯恐基督拒絕他。他認為他對聖言仍在低賤的人間時所建立的聖事感到羞恥，是莫大的罪過。他自己對祭拜驕傲的神明及那些不敬的禮節，因驕傲而遵循與接受，但他不感到羞恥。所以，他拋棄了驕傲，懷著慚愧的心轉向真理。辛碧其告訴我，出乎意料之外且沒有任何徵兆，他說，「我們去教堂吧，我要成為基督徒。」辛碧其樂不可支，和他一起到教堂去。他學習教義中重要的信仰奧義，不久之後，在羅馬人的驚奇與教會的喜樂中，他遞上名字，以便在洗禮中重生。……

　　他必須公開宣發信仰誓言的時間終於到了。在羅馬那些將要接受你恩典的人，按慣例必依照規定的形式，在台上及眾人面前，他們公開背誦已熟記的誓言。但辛碧其說，司鐸建議允許維多利斯私下宣誓，這是他們對那些因這禮節而覺得尷尬的人常做的事。但維多利斯寧願在信徒聚會的地方，在眾目睽睽之下，公開宣告他的得救。因為在他所教導的修辭學中沒有救恩，而他卻公然傳授。如果他面對一群瘋子公開發表自己的言論而不膽怯，為何他在你溫順的羊群前，宣讀聖言卻要驚慌？

所以，當他登上台上宣誓時，認識他的人，無不高興地向左右低語。所有的人全認識他，整個教堂的會眾興奮萬分，接二連三的喃喃低語，「維多利斯，維多利斯」。當他們見到他時，瞬間就爆出歡呼聲，但隨即安靜下來要聽他說話。他信心十足地宣發他的真實信仰，眾人願意搶先張開雙手，把他抱在胸前。但他們是以愛與喜樂的雙臂擁抱他，使他成為自己的人。（2）

......

當你的僕人辛碧其告訴我維多利斯的事件時，我心中火熱，想要模仿他。這當然是辛碧其告訴我這事的原因。辛碧其繼續說，羅馬帝皇猶利安（Julian），通過一道法令，禁止基督信徒教授文學與修辭學。維多利斯遵守法令，寧願放棄論述自己語言的學校，而不願離開你的聖言，藉著你的聖言，嬰兒的嘴唇讚美你。這事對我而言並非勇敢的行為，而是運氣，這樣他可以誠心完全為你奉獻。我渴望效法他，但我被緊緊綁住了，但並非他人替我扣上的鎖鏈，而是我自己如鐵鍊一般牢固的意志。……（5）

......

有一天，我不知為了什麼緣故，奈比迪（Nebridius）不和我們在一起。有一位從非洲來的同鄉來見我與亞利比（Alypius），他名為潘齊亞（Ponticianus），在皇帝宮中有要職。他要我們幫他忙，我們就坐下談話。無意中他注意到在我們所坐的桌子旁的一張棋桌上有一本書，他拿起來翻閱，十分驚訝地發現是保祿宗徒的書信，因他以為是我用以充實自己教學的書籍。然後他笑笑地看著我，說他很高興，也很驚訝在我旁邊沒有別的書，只有這一本。當然，他是一位基督信徒，且是你，我們的天主，忠實的僕人。他多次在教堂中，跪在你面

前重複地祈禱，且不斷地默思箇中意義。當我告訴他我專心讀保祿書信時，他開始告訴我們安多尼（Antony），那位埃及隱修士的故事。雖然亞利比與我未曾聽過他的事，但你的許多僕人都尊敬他。當潘齊亞知道事實時，他十分驚訝我們從未聽說過他，他更仔細的敘述，希望將這位偉大人物的事件，灌輸到我們無知的心靈中。至於我們，聽到你在安多尼身上所行的奇妙大事，又是近期內發生，幾乎和我們同個時期，而且有那多見證人，又是發生在真實的信仰與在天主教會內的事，我們驚奇不已。事實上，我們三人都感到驚奇，亞利比與我，是因此故事是這麼奇妙，而潘齊亞因我們以前從未聽過。

故事完了之後，他繼續告訴我們修道院中修士團體的事。他們的生活風格，是品嚐你的甘飴，他們使荒蕪的沙漠結下果實。這些對我們而言，皆為新鮮事。在米蘭也有一個修道院，是在城門之外，且住滿了修士，是盎不羅斯主教負責他們。我們對此也是一無所聞。潘齊亞繼續他的敘述，我們靜默聆聽。……（6）

　　……

這是潘齊亞告訴我們的事。主呀，他在說話時，你將我顛倒翻轉，以看看我自己。因我將自己置諸背後，拒絕自我觀看。你將我安放眼前，讓我看到自己如何污穢，如何醜陋骯髒，滿身傷口與瘡痍。我全看到了，駭然佇立，無地自容，無法逃避自己。如果我設法轉移視線，目光所在是潘齊亞，他依舊在敘述故事，就是這樣你使我再度面對自己，強迫我以自己的眼睛觀看自己，使我看到我的惡劣行為而厭惡之。我早已知道，但我總是假裝是另一回事。我閉眼無視一切，將之遺忘。……（7）

　　……

我的內在自我是一個分裂的家。我激起的強烈衝突，戰火最熱烈時，我的心向著與它共處的靈魂起鬨，我轉向亞利比。我向他大聲喊叫時，臉色顯露出我心中起伏不平，「我們是怎麼了？這故事的意義又是什麼？這些人沒有受過我們的教育，但他們卻能穩穩站立猛攻天堂大門，而我們雖然學富五車，卻仍在血肉之軀的世界中卑躬屈膝。是不是因他們走我們覺得羞愧的路？但要走回頭路不是更糟糕的事？」

　　我記不清我說了些什麼。大概是諸如此類的話。然後我的情緒高昂，無法自制。我無法繼續，轉過身來，亞利比驚訝萬分，啞口無言的瞧著我。因我的聲調異常，臉上的表情與眼光、面紅耳赤和聲音尖銳，這些跡象比我的語言，更清楚地告訴他我的心情。

　　我們住的地方，隔鄰有一個小花園。我們可以自由進出，對屋子裡其他的地方亦然，因為我們的主人，也是屋主，而他並不住在那裡。我因為內心情緒激盪，使我躲避到花園裡，這樣沒人能打斷我內心強烈的鬥爭，因我是我自己的對手，直到得到結果為止。主呀，你知道是什麼結果，但我尚無所知。這個時候我幾乎瘋狂，但是使我健康的瘋狂。我瀕臨死亡，是給我生命的死亡，我知道我內在的惡，但即將在我心中產生的善，我對此卻是一無所知。我就到花園去，亞利比接踵而至，他在身邊並不打擾我的獨處，看到我這種情況，他怎能離開我？我們盡量遠離屋子而坐。我已瘋狂，對自己不接受你的旨意，與你締結盟約，因而怒火填胸。但我骨子裡知道這是我應該做的事。在我心中深處，我的讚美高達上天。要達到此目的，我不必具備船隻或馬車，我不必遠道跋涉，甚至不必跨越從屋子到花園相同距離的路程，要安全抵達，我不需要什麼，只要我意志的決定。但這必須是堅定、全心全意的決定，並非

三心二意的希望，在我心中不斷地反覆思量，使我必須掙扎，因我是一半向上提升，一半墮落在地。

……

　　我探索我的靈魂隱密深暗之處，挖掘其中不可見人的祕密。當我將一切攤開在我心的眼前時，心中颳起狂風暴浪，帶來了洪水般的眼淚。我起身離開了亞利比，以便開懷痛哭一番，因為我發覺，眼淚最好是在獨自一人時流出。我離開略遠，避免因他在我身邊而覺得尷尬。他大概瞭解我的心情，因我似乎說了某些話，從我的哽咽的口氣，他知道我會放聲大哭。我從我們坐的地方站起來，走開了完全困惑。我跪倒在一棵無花果樹下，讓汪汪的眼淚從眼中狂流而下，這是你樂意接受的犧牲。主呀，我有許多話要向你說。不是以同樣的字眼，但意義相近。主呀，你何時才能滿足？難道我們必須經常體驗你的怒火？請忘記我們漫長的罪行。因我覺得我仍然是罪惡的奴隸，在悲痛中我不停地呼求，「我說『明天，明天』要到何時？為何不是現在？為什麼不當下和我醜陋的罪過做個了斷？」

　　我還在質問自己這些問題時，同時不斷地哭泣流淚，心中極端痛苦。突然間我聽到附近屋子裡，有孩童吟唱的聲音，我分不清是男孩或女孩，但不斷地重複這段歌詞，「拿起來讀，拿起來讀」。我抬起頭來，心中揣摩這類歌唱是屬於何種兒童的遊戲，但我並不記起以前曾經聽過。我制止下注的眼淚，站起來，告訴自己說，這只能是天主的意願，要我打開聖經，閱讀我目光所落到之段落。因我聽過安多尼的故事，我回想當時他偶然進了教堂，那時恰好在朗讀福音他聽到了這段話，「去！變賣你所有的，施捨給窮人，你必有寶藏在天上；然後來，跟隨我。」因這些神聖的話，他立刻皈依你。

我匆匆趕到亞利比所坐的地方，因為我起身離開的時候，我把保祿書信的那本書放下。我急忙拿起，翻開書來，默默地讀我眼睛所看到第一段：「不可狂宴豪飲，不可淫亂放蕩，不可爭鬥嫉妒，但該穿上主耶穌基督，不應只掛念肉性的事……」我不想多讀，也不必要，因當我讀完這一句，彷彿一道信心的光，照亮我的心，將疑慮帶來的黑暗一掃而空。

　　我用手指或其他的記號，記下這一段，把書合起來。當我告訴亞利比所發生的事時，臉色已經相當平靜。他也告訴我他當時的感覺，這是我不知道的事。他問我讀的是什麼書，我指給他我所讀的那一段，而他繼續讀下去。我那時不知下文是什麼，是這樣的：「要容納你們中良心過於軟弱的人。」亞利比認為這可應用在他身上。他也告訴了我，這句勸言足以給他足夠的力量，他沒有受猶豫不決的折磨，就下了決心，以這勸言為遵守的目標。這適合他道德堅強的個性，很久以來，他就遠超過我。

　　然後我們進入屋子裡告訴我的母親，他高興萬分。當我們敘述這一切如何發生，她歡喜興奮地光榮讚美你……你使我轉向你，我不再有娶妻的念頭，也對這個世界不再有任何期望，只希望能穩定地站立於信仰的旗下，這是你好幾年前，在她睡夢中顯示給她的。……（11）

卷九

　　我的上主，我是你的僕役，是你婢女的兒子。你將我的鎖鏈給我開釋；我要獻給你讚美之祭。……

　　我是誰？我是什麼樣的人？何種惡事我沒做過？假如我沒行盡惡事，何種惡言我沒說過？假如我沒有口吐惡言，何種惡行我沒想要做？……你見到我深陷死亡深淵之中，是你的力量

吸乾我心中深處的惡臭井水。你只是要求我拋棄我的意念，而接受你的旨意。

在這許多年的歲月裡，我的自由意志究竟在何方？……我的心靈不再被蓬勃的野心及名利的焦慮所吞噬，不再於污泥中翻滾，不再為性慾的瘡痍搔癢，我開始自由自在地與你談話，主，我的天主，我的光明，我的財富，和我的救恩。（1）

我知道你在照顧我，我覺得我應默默地從販賣口舌服務的市場中隱退，而不是轟轟烈烈地離職。我認為年輕的學者，他們不顧及你的法律或和平，只是滿口謊言，在法庭中狂妄地舌鋒相對，我不願他們再從我的口才，買到任何武器，以捍衛他們的謊言。幸好只有幾天就是秋天的假期，我決定多忍耐幾天，假期到時再退出。你已經救贖了我，我不願再自我推銷。你知道這個計畫，除了幾位親近的朋友之外，其餘的人一概不知。

……

除此之外，我的肺部開始脆弱，這是過度讀書之後果。我發現我呼吸困難，胸部疼痛，這是肺部病變的症狀。我的聲音沙啞，不能長久說話。開始時我曾經擔憂，因為我幾乎必須完全放棄教學的辛勞工作，或至少休息一段時間，以便治療病痛或恢復體力。但當安靜等待的意願證明你是天主，這念頭開始在我心中成長，然後成為堅強的決心——天主，你知道這事——我甚至高興找到真實的藉口，可以安撫氣憤的家長，他們為了孩子的緣故，絕不讓我自由。所以，有了這個鼓勵我的思想，我設法耐心等待至時期的終結，按我所能記起的，大約不到三個星期，但我需要盡極大的耐心，等待這麼短的時期。我已沒有謀利的雄心，這曾經助我忍受教學的辛勞，如果我缺少這份耐心，恐怕我已沒有任何道具，可以保護我不受重擔壓

得粉身碎骨。（2）

……

我從我辯論的職業解脫的日子，將要成為事實，但如同我的心靈一般，我已經解脫。事情完成時，你救了我的口舌，就如你已經救了我的心靈一般。我讚美你，且滿懷喜樂我和我的朋友與親人，住進鄉間的屋子裡。在那裡我終於能以筆墨為你服務。我所著述的書籍，就是見證，雖然昔日的氣勢仍然存在，彷彿我仍舊在傲慢的學府中，因努力而氣喘吁吁。書中記錄我與友人的討論，以及我自己單獨在你面前時的抉擇；也有我與奈比迪（Nebridius）往來的信函，他沒有與我們同住，但仍然可讀到我的信件。……（5）

……

我報名加入洗禮的時間到了，我們離開鄉間，回到米蘭。亞利比的意願是與我同時在主內重生。他天性謙虛，適合成為你聖事服務的人，且他以最嚴屬的行動苦修身體，他甚至赤腳走在義大利冰凍的地上，這是很少人勇於實行的事。我們也帶了亞狄奧（Adeodatus），我在罪惡中所生的兒子，你賦予他各種才能。雖然他年方十五，他的智力卻是許多博學而有名望的人無以倫比。……

我寫了一本名為《論教師》（De magistro）的書，是我與亞狄奧之間的對話。你知道第二位參與討論的人，所表達的意見全是他的，雖然那時他年僅十六，我自己知發現他有許多更為優異的稟賦，他的聰慧令我啞口無言。除了你以外，誰能造就這種奇才？但你在他年少時，就使他離開人世，現今我記起他時，心無所懼，不論是他童年或少年的歲月裡，他生命中沒有任何令我為他擔憂的事。（6）

……

在這不久之前，米蘭教會的信徒，開始心意相同並同聲虔誠地歌唱讚美詩，以求得神慰，並增強精神力量。僅僅一年左右的時間，年幼的華倫定皇帝（Valentinian）繼位，他的母親尤蒂娜（Justina），她被誘騙信了亞遼派異端（Arianism），為此而迫害你忠誠的僕人盎不羅斯。在那些日子裡，信徒時常在教堂中守夜祈禱，準備隨時與他們的主教共同犧牲。我的母親，你的婢女，與他們在一起，在那段因憂患而守夜的時期，扮演領導的角色，度著不斷祈禱的生活。雖然你的聖神尚未以熱情點燃我心，但為我這也是動盪不安的時期，整個城市處於警覺與興奮的狀態。就是從那時開始，米蘭教會效法東方教會的常規，在漫長與沉重的守夜時間，歌唱聖詩與聖詠，以激發人們委靡不振的精神。從那時起，這種作法一直維持直今，且許多地方，事實上幾乎全世界的教堂，都學習米蘭教堂的作風。……（7）……

……有許多事情我無法記錄於書中，因為時間緊湊。我的天主，我求你接受我的告白，對許多我保持靜默的，也接受我感恩之心。但以關你的僕人，我的的母親的生平，我心中能想到的，我不願遺漏任何事。……她的父親和她的母親，不知他們的女兒，成長時將成為何等的女性……她常說她良好的教養，並非由母親細心的教導，而是一位年長的佣人，我的祖父小的時候，她曾背著他，如同大女孩背著小嬰孩一般。她的主人與主母，因感激她長期的服務，尊重她年事已高及高尚的性格，對待她就如基督家中可敬的家庭成員。這是他們把女兒交給她照顧的原因。她細心周到的負起她的責任，如有需要，為了對天主的愛，她嚴格地糾正孩童們，教導她們度明智及簡樸的生活。不論她們如何口渴，她不允許她們喝任何飲料，甚至連水

也不能，除非是和父母親進餐，在食用清淡的食物時，唯恐來日養成不良的習慣。她常常給她們一則很好的勸言：「現在因為不讓你們喝酒，你們就喝水。當你們結了婚，掌管你們的食物及酒窖時，水就不能滿足你們，而且飲酒的習慣是難於控制的。」因她立下了這類的規矩，使她能夠抑制孩子們好吃的天性，教導女孩子應如何控制自己的口渴，使她們不再渴求她們所不應該要的。

　　雖然如此，就如你的僕人我的母親，自己常常告訴我，她暗地裡喜好喝酒。她的父母親，相信她是一位聽話的好孩子，按當時的習慣，常要她到木桶中取酒。她慣常用酒杯從酒桶上方開口的地方舀酒，在沒有把酒倒入酒壺中時，她嚐了幾滴，嘴唇幾乎沒有沾上，僅僅如此而已，因她發現她不喜歡酒的味道。她這樣做，並非她欣賞酒的氣味，或酒後的效果，只是孩子好玩的脾氣，常常不知分寸地在戲耍時發洩，然後被長輩的權威改正。在每天的小啜，她每次多加幾滴。……很快就成了習慣，她幾乎是一次乾杯，且一次一整杯。……天主你那時做了什麼？你如何照顧我的母親且治療她的毛病？難道不是你使另一個靈魂口中說出了嚴厲的責備的語言，這些尖酸的話，如同從你祕密的倉庫裡所抽出的鋒利手術尖刀，一刀就將爛瘡割除？我的母親去酒窖時，常是由一位小女奴陪同。有一天，她們兩位單獨在一起，就如一般的奴隸，這位女孩子與她的小主人吵架，她以她認為是最狠毒的話，罵我的母親是酒鬼。這話罵對了。我的母親瞭解她的過錯如何的可恥，她立即判定並棄絕此過失。我們敵人經常藉其毀謗而改正我們的缺失，就如我們朋友的恭維能毀壞我們。……那個女孩子的脾氣失控，她企圖激怒她年輕的女主人，並非要改正她。她是在她們兩人單獨在一起時與她爭吵，或許事情發生時無人在旁，或許她感到害

怕，因她之前沒有將事情告知而被罰。但主呀，你是宇宙中萬物的主宰，你為你的目的而創造深海，你管理橫掃而來的時間巨浪，你甚至使用一人的怒火，以治療另一位的瘋狂。讓這事警惕我們，別讓我們看到我們希望革新生活的人，因我們所說的話而改變，我們將之歸諸於我們的作為。（8）

……

……到了適婚年齡，她的父母將她下嫁夫家，她服事丈夫如同服事主人。她從沒停止感化他，因你裝飾她的許多德行，使他尊重她，愛她，欽佩她，這些就如許多聲音，不斷地向他敘述你。他對她不忠，但她那麼地寬宏大量，他的不忠從來不是他們之間爭吵的原因。她轉向你，希望貞操能隨著信仰而至。雖然他十分仁慈，且他的脾氣暴躁，但我的母親知道如何應付。當他生氣時，她不說一句話，或做任何足以反抗他的事。假如他的氣憤不合理，她經常等候待他平靜下來，心平氣和時，找機會向他解釋她所做的事。

……

她的婆婆因僕人惡意的挑撥離間，起初對她有成見，但她細心的服事，持之以恆的溫柔與忍耐，贏得婆婆的心。結果她的婆婆主動找上她的兒子，向他抱怨，要他懲罰那些搬弄是非的僕人，因他們破壞了婆媳之間的和睦，並對家庭關係有害。派瑞斯急於滿足他的母親，同時要維護家中規矩並保持家人的和諧，從他的母親那裡取得肇事僕人的名字，按照她的期望，鞭打他們。她又警告他們說，誰再說她媳婦的不是，以討她歡喜，將得到相同的待遇。從此以後，沒人敢在她面前告她媳婦的狀，婆媳二人心懷善意，相處十分和諧。……這是我母親的方法，她是從心的學校學到的，在那裡你是她隱藏的老師。

後來她終於贏得她的丈夫，他在他活在世間最後的日子裡

皈依天主。他信基督之後，我的母親不必再為那些他未皈依之前，考驗她的忍耐的過錯而悲傷。她也是你的僕人中的僕人。那些認識她的人，在她身上讚美你、尊敬你、愛你，因為他們感到你臨在於她的心中，而她的談話，就是滿滿的證據。……主呀，既然藉你的恩賜，你容許我們以你僕人的身分說話，我們領受了洗禮的恩惠之後，在她尚未安眠於你的懷中時，她殷勤照顧我們，以同伴的身分與我們住在一起。她照料我們十分周到，如同我們大家的母親，她服事我們每位，宛如是每位的女兒。（9）

在她離開人世的不久之前——主呀，你知道何時何日，我們卻倘然無知——我和母親單獨在一起，在歐斯底亞（Ostia）我們居住的房子裡，倚窗而立，窗外是庭院中的花園。經過漫長而顛簸的旅程，我們遠離群眾，暫時歇歇，等待出發航行。我相信我要敘述的事件，是因你暗中照顧而發生，因我們單獨一起談話，而我們的言談安詳愉快。我們忘記留在後面的，只顧往前看。在絕對真理之前，而你是真理，我們思索諸聖所渡的永恆生命，這個眼所未見、耳所未聞、人心所未捉摸的生命究竟是如何。我們心靈的唇舌，安放在從你的泉源所湧出的天上流水之下，在你之中是萬生之源，使我們盡所能得到泉水的噴灑，或多或少，可以理解偉大深邃的奧祕。

我們談話得到的結果是，無論身體的享受是如何舒適，不論世間的光輝照耀得如何光彩奪目，與諸聖的幸福生活，無可比擬，甚至不值得一提。我們心中愛火漸趨熱烈，將我們向上逐步提升至永恆之天主，我們的思想環顧各等級之物質物，直至天上遠處，那裡太陽、月亮、與星星的光輝，下照大地。我們更上一層樓，思念著、談論著你創造的美妙。最後我們進入我們的靈魂，又超越靈魂深入你以真理養育以色列子民的富饒

境地，那裡的生命，是創造我們所認識的萬物，曾經存在與尚未存在之物的至高智慧。但這並非受造的智慧，是曾經如此，將來永遠如此——或許我不該說，是曾經或將來，因為至高智慧只是現在，因為永恆不在於過去或未來。當我們在談論永恆的智慧時，我們渴望著，盡我們心中全部的力量緊緊追求之，就在一瞬之間，我們獲得了、碰觸到了，然後一聲嘆息，我們離開與我們結合的精神的果實，重新聽到自己的聲音——所發出的語言，有始有終，與你的生聖言相去千里，我們永遠在他之內，賦予萬物新的生命而永不衰竭。

我們繼續談論。……主呀，你知道我那天談話的內容，有關充滿快樂的人世間，與我們所談論的生命，相形之下，這個世界是微不足道。然後我的母說，「我的兒子，這一生為我已沒有任何樂趣了。我在這個世界還能做什麼，我也不知道，因我在世間已沒有其他的希望了。我為什麼希望這一生活得久一點，只有一個原因，也僅僅這麼一個，就是在我死前能看到你是天主教徒。天主滿足了我的希望，而且不僅如此，因為我現在看到你是他的僕人，盡世間之所能而傳播幸福。我在此世還能做什麼呢？」（10）

我幾乎忘記我如何回答她。大約五天之後，或許沒超過五天的時間，她生病發燒。生病時，有一天，她昏迷不醒，短時間內失去意識。我們趕緊到她床邊，很快她就醒過來，我和我的弟弟站在她身邊。她抬頭看著我們，滿臉迷茫地問道，「我在哪裡？」然後看到我們緊挨地站著，悲傷難過得說不出話來。她說，「把你們的母親埋葬在這裡。」我沒說話，盡力不讓眼淚流下來。但我的弟弟說了一些話，為了她的緣故，他希望她回到故鄉安息，而不是身亡異地。她聽到這話時，她焦急地看著他，眼睛流露出責怪的神色，他怎麼還有這種俗氣的想

法。她轉向我說道，「他怎麼這樣說話！」然後她向著我們兩個人，繼續說道，「你們把我埋葬在哪裡都沒關係。別為這事操心！我只要你不論在什麼地方，在主的祭壇前記得我。」

……

在她病後第九天，當時她年五十六，而我三十三歲，她的虔誠熱愛天主的靈魂，從她的身體中解脫。（11）

……我閉上她的眼睛，心中悲傷之情澎湃洶湧。如果我沒有強自忍住，眼淚必定是汩汩而流，所以我的眼睛乾枯。要忍住這些眼淚，是多麼可怕的掙扎。當她嚥下最後一口氣時，我的兒子亞狄奧號啕大哭。我們要他節制時，他才停止。我也感到要跟孩子一般地大哭。但較為理性的聲音告訴我，是我心的聲音，要求我忍住哭泣，我才安靜下來。我們認為，以哀慟哭泣追悼我的母親身亡，並不合適，因為悲痛是一般憑弔亡者的方式，死亡既是完全毀滅，是可悲的情境。但她並非在悲慘的情況中身亡，她也並非完全死亡。對這件事我們十分確定。不但因為我們知道她的一生如何聖善，也因為我們的信仰是真實的，而且我們具有確信不疑的原因。……（12）

……

主呀，請你啟發那些讀這本書的人，在你的祭壇前，記起你的僕人曼尼佳與她的丈夫派狄斯，他已先她身亡。透過他們的身體，你使我來到此生，雖然我不知道如何……這樣，我的母親向我做的最後要求，得以實現，因讀我告白的無數讀者，他們的祈禱，比我單獨一人的回應，更為可貴。

卷十

讓我認識你，因為你是認識我的天主；讓我認清你，就如你認清我一樣。你是我靈魂的力量；請到我的心靈中，使我心

配得上你，這樣你能擁有我心，擁抱它，使之潔白沒有污點。
（1）……

　　主呀，人良心的深處盡裸露於你的眼前。雖然我拒絕向你
告白，難道我還能隱藏些什麼？（2）……

　　如我繼續告白，不是以前的我，而是現在的我，結果所得
的好處是這樣的。我心中快樂，但也恐懼；我心中悲傷，但也
有希望。我不但向你告白，也向人群中那些相信你的人，他們
分享我的快樂，但他們和我一般地面向死亡；那些在天國中是
我的同胞，那些伴我一同走上朝聖之旅，不論他們走在我之
前，或在我之後，或是在我人生的路途中，與我同行的人。他
們是你的僕人，我的弟兄。……（5）

　　主呀，我對你的愛，並不是模糊的感覺，而是肯定與確實
的。……

　　但我愛我主，我愛的是什麼？不是物質之美，或人世間美
好之物；……

　　但我愛的主又是什麼？……我雙目注視世間之物而提出問
題，我所得的答覆僅是萬物所呈現之美。

　　然後我轉向自己而問，「你是誰？」我回答「我是人」。
顯然我有靈魂與身體，一是外在的我，一是內在的我。二者之
中，我該找誰幫我找到我的天主？……

　　我知道我的靈魂較為高尚，因是使身體具有生命的原
理。……（6）

　　那麼我愛天主時，愛的又是什麼？誰是這位如此遠超於我
靈魂之上的存有？我要找到他，該是透過我的靈魂。……
（7）

　　我應該超越我的自然能力，向著造我的天主而自我提升。
接下的能力就是記憶。我的記憶猶如廣闊的田野，或寬敞宏偉

的宮殿，又如倉庫儲存由感覺傳遞而來的、各色各樣無數量的圖像。我的一切思想，不論我的知覺用任何方式，放大、縮小、或改造而形成的思想，一律儲藏其中，其中也藏有任何我想要妥善保留的一切，直到這些被吞沒而深埋於遺忘之中。當我使用我的記憶時，我要它產生一切我希望我記住的東西。有的立刻出現：有的經過一陣子，方姍姍來遲，宛如從內裡某深遠隱密之處，被找了出來；其他則從記憶中接踵而至，緊纏著我們，而我們要的，卻是另外的東西，它們似乎要說，「或許我們就是你要記住的？」我把這些記憶所呈現於我的圖像，掃向一邊，讓我的心靈挑揀所要選擇的，直到最後我所要看到的，從其隱密藏身處，清清楚楚地浮現於我的視線。記憶中物有的是輕易出現，且按我所要求的正確次序呈現。它們輪番出現，位子前後相繼，位子被佔有時，就回到原來儲存的地方，等候我再要時，隨即浮現。我在背誦東西時，就是如此發生。

在記憶中，各樣事物各按其類，分開存留。每種事物由其特殊的通道進入。例如，光線、色彩、形狀由眼睛進入；各種聲音是透過耳朵；各種氣味由鼻子；各種味道由口腔而入。至於觸覺，是全身各部分共有的感覺，使我們能辨別冷熱硬軟粗滑輕重，這些感覺同樣發生於身體之內，以及身體之外。這些感覺全部保留於記憶的廣大儲藏室中，而記憶以某種無法描述的方式，深埋在其裙褶裡，暗自醞釀。

……

這一切發生在我的內心，在記憶的空蕩的四壁中運作。其中有天、有地、也有海，凡是我感官所知覺到的，隨喚隨到，除了那些我已遺忘的事物之外。在內心我也找到自己。我記起我自己和我所做的事，我何時何地完成，以及當時我的心態。在記憶裡也有我記起的往事，不論是發生在我身上的，或是我

從他人那裡聽到的。從相同的來源，根據我自己的經驗，或是我認為可信的來源，因與我的經驗相配合，我能構思各色各樣的圖像。我能將往事編織成一幅關於過去的圖畫，藉此我能預料未來的行為或事件；我也能再次瀏覽默觀，宛如一切盡在眼前。

我若要從我心靈豐富的倉庫尋寶，其中存放著重大事件的圖像，告訴自己說，「我要這個或那個。」這個或那個的個別圖像，即刻浮現心靈中。我或許向自己說，「要是這個或那個會發生就好！」或者我說，「天啊，千萬不能讓這個或那發生！」話一出口，我所談到的事物，它們的圖像從同一個記憶的龐大寶藏中跳躍而出。事實上，如果圖像不存在，我根本無從想起。

……

我在思考這個問題時，我沉迷於驚訝中。我感到困惑。人們外出，欣賞高山峻嶺、海洋中巨大的風浪、廣闊的江河流水、環繞世界的洋海、繞著軌道運行的星星，心中驚歎。但他們並不注意自己。他們想起時，並不感到奇妙萬分。我在描述高山風浪、江河星星，這些是我已見過的事物，或是海洋，這是我由他人親眼目睹而知道的，我並不是以肉眼觀看，除非我以心靈的眼睛，在我的記憶中觀賞，我甚至無法描述，而且它們之間的空間布局廣闊，如同我以眼睛在我身體之外的世界看到的景色一般。當我以眼睛的視線觀看時，我並沒將事物之體，引入心中。物體並不在我內，僅是圖像而已。而且我也知道，哪一個圖像是哪一個官能在我心靈中印下的。（8）

但儲藏在容量廣大記憶中的寶物不僅如此。除了我已遺忘的事物之外，其中也含有我所學到的人文科學的知識。這種知識記憶藏在別處，在一內在的空間，雖然記憶是空間是錯誤的

說法，在這種情況之下，記住的並非圖像，而是事實。凡是我所認識的，無論是文法、辯論技術、或是不同種類的問題，皆存留在我的記憶中，但我不僅是記住圖像而已，將事實拋諸我外，彷彿在耳邊響起，但聲音一鳴即逝。……我的記憶只是以驚人的速度，抓緊圖像，存放在其奇妙的格子系統裡，再以我記住事物時同樣奇妙的方法，隨時重現。（9）

......

那麼，事實如何進入我的記憶？它們來自何方？我並不知道。我學習時，我並非以另一人的心靈相信這些事實。是我自己的心靈認出來，承認是真的如此。然後我將它們保留心靈中，隨時備用。（10）

......

我的記憶也含有我的情緒，但與我們經驗到的不同，那時它們以適合記憶能力的方式，臨在於我們心靈中。因為雖然在我不快樂的時候，我可以記起我高興的時光，而當我高興的時候，我可以想起過去的不快樂。我也可以想到過去的驚恐，但我並不感到害怕，有時我記起某時我求得某物，我回想時並不再要求。有時記憶引起相反的情感，我可以感到高興，因痛苦已經過去，已經終止，或因快樂時光已盡而感到憂傷。如果記憶僅是回顧身體的感受，這事並不令人驚訝，因為心靈是一回事，而身體是另一回事，如果我回想過去的身體所受的疼痛而感到高興，這並非一件奇怪的事。但心靈與記憶同是一個且是相同。我們甚至稱記憶為心靈，當我們告訴某人要記得某事時，我們說，「你要把這事牢記在心」，我們忘記某事時，我們說，「我沒記在心上」……

當我說心靈能體驗四種不同的情緒，就是慾望、快樂、恐懼與悲傷，我從記憶中喚起，使之呈現於我心靈中。假如我按

個別感受的形式，分析或說明，而將情緒放大，不論我要說明的是什麼，我是從記憶中形成的。雖然如此，我記起這些感受時，我從記憶中將情緒引出，但它們並不使我產生任何情緒的反應。（14）

......

我可以談論遺忘，且能認出此名字的意義，但我如何認出遺忘本身，除非我記住了它？我並非討論名字的聲音，而是名字所表達的意義。如果我忘記了遺忘這事本身，我完全無法認出聲音所表達的是什麼。當我記起記憶時，我的記憶藉著本身的能力臨在於自己；但當我記起遺忘，兩件事情呈現，我記起名字的記憶，以及我所要記起的遺忘。但遺忘是什麼，難道不是欠缺記憶？遺忘出現，我就不能記憶。那麼遺忘如何出現，致使我可以記起遺忘？（16）

......

那位失去銅板的婦女，憑著燈光到處尋找，但除非她記得銅板，否則她永遠無法找到，要不然，當她找到時，她如何能知道這就是她在尋找的銅板？（18）

......

所以當記憶失去了某些東西——每當我們忘記一事，而設法記起時。事情就是這樣發生——我們到那裡找回，除非在記憶本身？假如記憶提供我們另外的資料，這也是會發生的，我們拒收不正確的資料，直到我們所要找的出現了。當我們想到時，我們說，「那就是了」，但我們不能這樣說，除非我們認出來，而我們不能認出來，除非我們記住了。（19）

......

那麼，主呀，我要怎麼尋找你？因為當我尋找你，我是尋找幸福快樂的生命。我要尋找你，這樣我的靈魂才能生活。是

我的靈魂活化我的身體，而是你活化我的靈魂。那麼，我要如何尋找這幸福的生命？因為，直到我能肯定地說，「這完全是我所要的，幸福就在這裡」，我並不擁有它。我是否應該到記憶中尋找，宛如我已忘記了，但仍然記得是我忘記了？……誠然，幸福是大家所渴望的，渴望是那麼普遍以至於無人不追求幸福。但如他們那麼強烈地渴望幸福，他們是從那裡知道幸福為何？如果他們知道要熱愛幸福，他們是從哪裡看到的呢？的確，幸福是在我們心內，但如何到我們心內，我就一無所知。……但就某方面而言，人們認識幸福，而我目前的問題，是要發現對幸福的知識，是否是記憶裡。（20）

……

主呀……幸福是以你為喜樂，為你也因你而喜樂。這是真正的幸福，別無其他。……（22）……真正的幸福是喜悅於真理，因喜悅於真理就是喜悅於你，天主呀，你是真理，你，我的天主，是我的真光我向你尋找救恩。（23）……

你看我如何探索我浩瀚的記憶，在其中尋找你。主呀，……而我在我之外找不到你。我沒有發現任何與你有關的事，除了我開始聽到你的那段時間，從那時起，我並沒有忘記你。……（24）

……

我知道愛你已太遲了，又亙古又新穎之美！我知道愛你已太遲了！你在我之內，而我是在我以外之世界。我在外在的世界尋找你，而我面目全非，我墜落於你所造的美物之中。你和我在一起，而我卻不和你同在。世物之美使我遠離你，但是，它們如果不在你內，就無法存在。你呼喚我；你大聲疾呼；你穿破使我耳聾的藩籬。你照亮了我；你的光輝包圍著我；你驅散我的盲目。你散發你的馨香在我四周；我聞其氣，現在我嚮

往你的香氣。我品嘗了你，現在我對你又饑又渴。你觸動了我，而我心烈火望，熱愛你的平安。（27）

卷十一

除了「至高真理」之外，誰是我們的老師呢？甚至當我向能變動的受造物學習，我們也被引至不變的「至高真理」。（8）

天主阿！真理是原始，是你造天地時的「起初」。透過你的「聖言」，你的聖子，他是你的力量，你的智慧，你的真理，你如此奧妙地創造了萬物。（9）

有些人問，「天主在創造天地之前在做什麼？」……他們說，「如果他在休息，無所事事，為什麼他不繼續永遠地空閒，就好像他過去一般的無所事事？如果他願意創造前所未造的東西，或有新的意念，就如心中蕩漾新主意，浮現未曾有過的新念頭，我們如何能說他是真實的永恆？……如果天主願意創造從永遠就存在的宇宙，為何他所創造的其他事物卻不是永恆？」（10）

天主的智慧，你是我們心靈之光，說這些話的人，還不理解你。他們還不瞭解，一切受造物是由你、藉著你而受造。雖然他們努力品嚐、體味永恆，他們的思想仍然繞著凡俗事物拐彎抹角，在時間的過去與未來中隨波逐流……（11）

所以我們可以肯定地說，你沒有創造萬物之前，並沒有時間，因為時間本身是你所創造的。……

那麼，時間是什麼？因問題困難，瞬間難以回覆，以言語說明更為困難。但在日常言談之間，卻最為人所知，或最易於認識之字。……

那麼，時間是什麼？如果沒人向我提問，我知道時間是什

麼；但如果有人問我時間是什麼，而我設法說明，那我卻茫然。雖然如此，我仍能滿懷信心地說，我知道假如事物不流失，就沒有過去。如果事物不會發生，就不能有未來。假使事物不存在，就沒有現在。

那麼時間的三部曲中，過去一去不返，未來尚未來臨，過去與未來如何存在？至於現在，如果現在常存而不流動成為過去，時間就非時間而是永恆。假如現在只因其能流動而成為過去的事實而是現在，我們如何能說現在存在，因其存在就是為了不存在？換言之，我們不能確實地說時間存在，只能根據其轉瞬即失的狀況。（14）

但我們談到「長時間」或「短時間」，雖然只是涉及過去或未來。例如我們說，一百年是很久以前，或很久以後。或許我們認為十天是不久之前，或不久之後。但不存在的事情怎麼能是久或不久？……

讓我們看看，我們人的智慧，是否能告訴我們，現在是多久，因天賦予我們能力能感覺、能測量時距的長短。

現在這個世紀是否是漫長的時間？在回答之前，我們必須想想，一百年是否能是現在。如果我們是在一百年中之第一年，那一年是現在，其他九十九年是未來，所以尚未存在。如果我們是在第二年，一年已過去，一年是現在，其他則是未來。同樣的，構成這世紀的一百年中，我們選擇為現在的，不論是哪一年，在這一年之前的已過去，在這之後的是未來。這證明一百年不能是現在。

假如我們選擇我們所處的那一年為現在，……我們也無法說這一整年是現在。如果整年不是現在，一年並非現在。一年有十二個月，只有一個可能是現在，其餘是過去或是未來。……如果我們再仔細分析，甚至一整天，也不能是現在。

一天有二十四小時，有白日與黑夜。針對一日的第一時辰，其他是未來。針對最後的時辰，其他的則是過去。如果是日正中央，那是介於之前與之後的時辰。甚至一小時，也是由不斷流失的分秒構成。在一小時中，所流失的分秒是過去，其餘所留下的是未來。事實上如果我們可以想像，我能稱為現在的僅是一剎那，甚至無法分為更微小的部分，因為那麼細微的一點，迅速地從未來轉成過去，現在的持續性是沒有長度。如果其持續性略微延長，就能分為過去與未來。當其是現在，就沒有持續性。（15）……

以上之討論十分清楚地顯示，未來與過去皆不存在。所以嚴格地說，說時間是過去、現在與未來，並不十分正確。或許我們可以說有三個不同的時段，更為正確。事件已發生的現在，事件正在發生的現在，事件將要發生的現在。我們的心靈中的確有這些不同的時段，其他的情況我卻沒法發現。事件已發生的現在是記憶；事件正在發生的現在是直接的知覺；事件將要發生的現在是期望。如果我們以這些名字表達，我可以發現這三個時段，我承認它們確實存在。

無論如何，我們仍然說時間是過去、現在與未來。雖然這種說法不十分正確，但我們依舊按照慣例表達。（20）

我方才說過當時間正在流失時，我們測量時間。……但當我們在測量，時間從哪裡流出、流過何物、流往何方？時間只能從未來流出，經過現在而流向過去。換言之，時間從未有流出，經過霎時的現在，而流向不再有。

（若要測量時間，必須有所根據。）根據時間所流出之未來？不能：因尚未存在的我們無法測量。根據時間所流過的現在？不能：因沒有持續性的我們無法測量。那麼，根據時光所流向的過去？不能：因不再存在的，我們無法測量。（21）

假如我們聽到某物發出聲響，響起時我們就不斷地聽。聲音不斷地響直到消失為止，然後就是靜默。聲音消失了，就不再是聲音。未響時是未來，不能被測量，因為聲音尚未存在。現在消失了，不能被測量。因為不在了。聲音持續響時可以被測量，因為那時聲音在響，可以被測量。雖然如此，聲音並非靜止不動，因為聲音是短暫的，不斷地向靜止的那一點穿梭而過。……是否在短暫的那一剎那有了某種持續性，我們就可以測量，但這可不是現在，因為現在沒有持續性。

……

但我們的確測量時間。……（我在說話時，有長音及短音。）在我的耳朵所能做到的，我判斷長音的長度，是將它與短音作比較。我的耳朵告訴我，長音是短音的兩倍長。……

那麼，我測量的是什麼？我作為測量標準的短音，究竟在何方？我要測量的長音現在何處？二者皆已消失，隨風飄盪於過去中，已經不再存在。……我一定不是測量長音或短音本身，因二者已不存在。我該是測量留住在我記憶中的事物。

那麼是我自己的心靈，在測量時間。……一切發生過的事件，在我心靈中留下印象，事情本身消失了，印象仍然存在。我所測量的，是這些印象，因為印象仍然是現在，但並非事情本身，事情瞬間即逝留下印象，本身流動於過去中。

……假如有人願意發出很長的聲音，且事先就決定這聲音的長度，他先在靜默中算出所需要的時間，牢記心中，然後開始發出聲音。聲音不繼地響著，直至到達所預計的長度；或許我不應該說聲音響起，而是已響及未響，是過去與未來，因為聲音在任何已響的時刻，其他部分是即將發響。這過程持續至聲音終止。但發音的人全心注意，而這是現在；而他的聲音不斷地由未來穿梭至過去。未來逐漸縮短，而過去逐漸伸長。

（27）

　　但未來尚未存在如何能縮短，或為過去所收納？過去已不存在如何能伸長？這過程只能是心靈的作用，是在心靈中相互交替。心靈有三個功能，期望、注意及記憶。心靈所期望的未來，通過所注意的現在，傳諸於記起的過去。……

　　假如我要背誦一首我熟悉的聖詠。開始背誦之前，我期望的能力，全神貫注於整首聖詠。一開始背誦，我把存在於期望領域中的，隨著我的注意力，逐句轉移至我記憶的領域中。我執行動作的範圍，為期望與記憶二種能力所瓜分，一方面回顧我已背誦的，另一方面瞻望我尚未背誦的。但我的注意力持續臨在，而未來轉成過去的過程，就在其中經過。（28）

　　主呀，你的奧祕是多麼深奧……你在起初就認識宇宙天地，你的知識永恆不變。同樣的，你在起初創造宇宙天地，你的行動也永不變動。（31）

內容簡介

　　《世界文明原典選讀》全套分為兩系列，共六冊。「古國系列」：I 中國文明經典、II 希臘文明經典、III 印度文明經典；「宗教系列」：IV 猶太教文明經典、V 佛教文明經典、VI 天主教文明經典。

　　全套書由傅佩榮教授總策劃，所選六大文明皆起源於二千年之前，源遠流常，典籍豐富，研究繁多，影響遍及古今中外。各冊皆委請該領域學者專家主編，選擇適合的經典以白話文重新闡釋，各章前皆有明晰導讀，除介紹著作背景，更提點了閱讀該書時需具備的問題意識，令讀者在閱讀時能更貼近原典的思想核心。

　　《世界文明原典選讀VI：天主教文明經典》由黎建球教授主編。天主教文明承接了猶太人的宗教、希臘人的哲學與羅馬人的制度，而文明的發展則是奠基於天主教的信經與對聖經的解釋。聖經可說是天主教文明的核心，這個核心精神體現在耶穌降生成人的事蹟上。因此本書所選的聖經精要是以耶穌降生至教會成立為中心。要認識天主教，可以從閱讀聖經做為開始，而進階認識則是閱讀教父時期作品。

　　教父們奠基了天主教會的重要信理與制度，並駁斥異端保持教會立場，其思想受柏拉圖、亞里斯多德等希臘哲學影響，但也因此發展出獨特的教父時期思想；而　古斯丁上繼教父思想大成，下啟中世紀的西方神學，堪稱為當時代表人物。藉由本書，可窺見天主教文明發展的精神與脈絡。

主編簡介

黎建球

　　現任輔仁大學哲學系講座教授。曾任輔仁大學校長、教務長、訓導長、哲學系主任、教育部顧問室顧問（通識教育及生命教育）、教育部學審會顧問。獲教宗本篤十六世聖諭冊封「聖大額我略教宗騎士團爵士」勳銜，亦為耶路撒冷聖墓騎士團騎士。輔仁大學哲學博士，專長領域為士林哲學、形上學、知識論、倫理學、比較哲學、生命哲學與哲學諮商。著有《先秦天道哲學》、《朱熹與多瑪斯形上思想比較》、《中西兩百位哲學家》、《人生哲學》、《人生哲學的形上基礎》等。

文字校對

馬興國

　　中興大學社會系畢業；資深編輯。

責任編輯

王怡之

　　東吳大學中文系畢業；資深編輯。

）立緒 文化 閱讀卡

姓　名：

地　址：□□□

電　話：（　　）　　　　　　　傳　眞：（　　）

E-mail：

您購買的書名：＿＿＿＿＿＿＿＿＿＿＿＿＿＿＿＿＿＿＿＿＿＿

購書書店：＿＿＿＿＿＿＿市（縣）＿＿＿＿＿＿＿＿＿＿書店

■您習慣以何種方式購書？

　□逛書店 □劃撥郵購 □電話訂購 □傳真訂購 □銷售人員推薦
　□團體訂購 □網路訂購 □讀書會 □演講活動 □其他＿＿＿＿＿

■您從何處得知本書消息？

　□書店 □報章雜誌 □廣播節目 □電視節目 □銷售人員推薦
　□師友介紹 □廣告信函 □書訊 □網路 □其他＿＿＿＿＿＿＿＿

■您的基本資料：

性別：□男 □女　婚姻：□已婚 □未婚　年齡：民國＿＿＿＿年次

職業：□製造業 □銷售業 □金融業 □資訊業 □學生
　　　□大眾傳播 □自由業 □服務業 □軍警 □公 □教 □家管
　　　□其他 ＿＿＿＿＿＿＿＿＿＿＿＿＿＿＿＿＿＿＿＿＿＿

教育程度：□高中以下 □專科 □大學 □研究所及以上

建議事項：

廣　告　回　信
北區郵政管理局登記證
北　臺　字　8448　號
免　貼　郵　票

立緒 文化事業有限公司　收

新北市 [2][3][1]

新店區中央六街62號一樓

- -

請沿虛線摺下裝訂，謝謝！

感謝您購買立緒文化的書籍

為提供讀者更好的服務，現在填妥各項資訊，寄回閱讀卡
（免貼郵票），或者歡迎上網至http://www.ncp.com.tw，加
入立緒文化會員，即可收到最新書訊及不定期優惠訊息。

世界文明
原典選讀

精選原典、專業註解
遨遊人類心靈孕育的智慧天地
探究源遠流長的文化核心

古國系列｜中國文明・希臘文明・印度文明
宗教系列｜猶太教文明・佛教文明・天主教文明（2017年12月出版）

臺灣大學哲學系教授　傅佩榮 ── 總策劃

中國文明
臺灣大學哲學系教授
傅佩榮 主編

希臘文明
臺灣大學哲學系副教授
徐學庸 主編

印度文明
中央研究院中國文哲研究所副研究員
何建興 主編
印度巴拿勒斯大學印度哲學與宗教博士
吳承庭 主編

國家圖書館出版品預行編目 (CIP) 資料

世界文明原典選讀 VI：天主教文明經典 / 黎建球主編.
-- 初版 . -- 新北市：立緒文化，民 106.12
　面；　公分 . -- (世界公民叢書)
ISBN 978-986-360-096-1(平裝)

1. 推薦書目

012.4　　　　　　　　　　　　　　　　　106021936

世界文明原典選讀 VI：天主教文明經典

出版──立緒文化事業有限公司（於中華民國 84 年元月由郝碧蓮、鍾惠民創辦）
主編──黎建球
總策劃──傅佩榮

發行人──郝碧蓮
顧問──鍾惠民

地址──新北市新店區中央六街 62 號 1 樓
電話── (02) 2219-2173
傳真── (02) 2219-4998
E-mail Address ── service@ncp.com.tw
網址── http://www.ncp.com.tw
Facebook 粉絲專頁── https://www.facebook.com/ncp231
劃撥帳號── 1839142-0 號 立緒文化事業有限公司帳戶
行政院新聞局局版臺業字第 6426 號

總經銷──大和書報圖書股份有限公司
電話── (02) 8990-2588
傳真── (02) 2290-1658
地址──新北市新莊區五工五路 2 號
排版──菩薩蠻數位文化有限公司
印刷──祥新印刷股份有限公司
法律顧問──敦旭法律事務所吳展旭律師
版權所有 ‧ 翻印必究
分類號碼── 012.4
ISBN ── 978-986-360-096-1
出版日期──中華民國 106 年 12 月初版 一刷（1 ～ 1,800）

定價◎ 450 元　　立緒